本书为国家社科基金青年项目"人工智能推动中国制造业全球价值链攀升的影响机理与路径研究"（19CGL021）、江苏省自然科学基金青年项目"省域、区域、全国尺度下江苏城市创新网络的结构与机理研究"（BK20190797）的阶段性成果

创新 企业研究丛书

高成长企业发展研究
江苏省高成长企业空间集聚与关联

Report on High-Growth Enterprises

Spatial Agglomeration and Correlation of
High-growth Enterprises in Jiangsu Province

郑琼洁 戴靓 等著

中国社会科学出版社

审图号：GS（2021）5745 号

图书在版编目（CIP）数据

高成长企业发展研究：江苏省高成长企业空间集聚与关联 / 郑琼洁等著. —北京：中国社会科学出版社，2021.11

（创新企业研究丛书）

ISBN 978-7-5203-9295-2

Ⅰ.①高… Ⅱ.①郑… Ⅲ.①企业发展—研究—江苏—2018-2020 Ⅳ.①F279.275.3

中国版本图书馆 CIP 数据核字（2021）第 222015 号

出 版 人	赵剑英
责任编辑	孙　萍
责任校对	赵雪姣
责任印制	王　超

出　　版	中国社会科学出版社
社　　址	北京鼓楼西大街甲 158 号
邮　　编	100720
网　　址	http://www.csspw.cn
发 行 部	010-84083685
门 市 部	010-84029450
经　　销	新华书店及其他书店
印　　刷	北京明恒达印务有限公司
装　　订	廊坊市广阳区广增装订厂
版　　次	2021 年 11 月第 1 版
印　　次	2021 年 11 月第 1 次印刷
开　　本	710×1000　1/16
印　　张	16.5
字　　数	245 千字
定　　价	128.00 元

凡购买中国社会科学出版社图书，如有质量问题请与本社营销中心联系调换

电话：010-84083683

版权所有　侵权必究

序　以高成长企业发展赋能区域核心竞争力

倪鹏飞

当前，世界正经历百年未有之大变局，国际格局深度调整，新冠肺炎疫情的影响尚未消除。构建"双循环"新发展格局是关系我国现代化建设全局的重要战略部署，是未来我国实现经济高质量发展的必由之路。加快构建以国内大循环为主体、国际国内双循环相互促进的新发展格局，是以当前我国现阶段发展状况以及国内外各项环境变化为根据而提出的重要战略抉择。如何在危机中育先机、于变局中开新局，成为企业必须思考的重要课题。作为新技术、新业态的代表，高成长企业代表着未来经济新的增长点，成为推动高质量发展的重要力量。

一　高成长企业高质量发展是引领产业升级的重要引擎

前沿科技型高成长企业的高质量发展正在引领新一轮科技创新。其一，高成长企业大多布局新兴行业，冲入新的尚未形成政策门槛的领域，独树一帜。其二，高成长企业闯入金融、教育、医疗、公共交通等依赖"牌照"作为门槛的行业。其三，高成长企业跨界融合、重塑行业格局、引领产业变革。大量高成长企业在结构调整的大前提下，引领新经济的发展，形成新的经济增长点。其中，人工智能高成长企业着力于关键技术研发突破，在技术与场景应用的方面进行大量探索；生物医药高成长企业聚焦创新药、基因及影像设备，在智能医疗、精准医疗领域技术创新取得进展；智能网联汽车高成长企业加快产业跨界融合与技术创新；智慧物流高成长企业重构传统物流生态，驱动了产业升级；新文娱高成长企业推动文娱科技融合，以短视频等形式引爆风口。因此，一方面，在人工智能、5G等技术的推动下，全球经济进一步从工业经济向信息经济转变，新业态高成长企业在重塑行业格局、引领产业变革方面表现突出；另一方面，高成长企业普遍具有高附加值、低能耗的特征，可以促进经济增长由粗放型向集约型转变。从经济转型升级层面看，独角兽企业不断推动着新旧动能转化，促进新经济崛起；传统企业不断融合生态圈资源孵化高成长企业，发展新动能；同时，跨界高成长企业开拓者传统产业新市场，催生新动能。

二 高成长企业空间网络链接是促进高水平双循环的重要载体

高成长企业的出现背景是新经济，而新兴经济的发展动力源于中国经济转型升级过程中产生的对新兴技术的需求，其最核心的本质变化是信息社会的形成。过去工业经济时代，市场是区域的，不是全球性的。而在智能经济和数字经济蓬勃发展的今天，基于物联网技术和互联网技术的融合，网络空间更多地融入全球产业链，在全世界范围内实现跨空间、多中心地生产产品，从以往的纵线向横向的扁平分布，直接链接全球的消费者和生产者，实现跨国生产和定制。这其中，独角兽企业往往做到了创新平台的搭建，以数据、云计算为代表的服务要素投入其中。一方面，将网络化和在线化的服务要素进行充分整合，另一方面通过网络空间与物理空间的融合将生产制造等服务整合并赋能给被孵化企业和开发者。网络空间提供的服务通过云技术服务、设计众创等方式，可以减少甚至冲破物理距离的限制，更好地拓展功能和延伸服务，继而实现远程提供，带来经济结构的重塑和资源配置方式的改变。本书正是基于空间网络视角，研究区域高成长企业的网络分布和演化，构建高成长企业网络指数，从而反映特定高成长企业的全局影响力和综合创新力。可以说，城市的高成长网络指数越高，其对外的经济辐射和协同创新能力越强。

三 高成长企业创新发展是地域竞争力的重要组成部分

创新能力和市场活力是对提升城市可持续竞争力至关重要。企业发展质量是判断一个城市竞争力的关键指标。我在《中国城市竞争力报告 No.1》一书中，提出了提升中国城市竞争力的"五项基本战略"，其中"塑造核心优势，提升企业竞争力"便是其一。以独角兽、瞪羚企业为代表的高成长企业的爆发，能够显示一个城市整体科技创新实力的提升。

作为经济大省，同时也是创新大省，江苏尤为重视新经济的发展，将新经济作为产业转型升级的关键突破口。以南京为代表的一大批城市，在建设创新名城中牢牢把握新技术与新经济的融合对接点，在完善生态体系中注重高成长企业的梯度培育，在应对新冠肺炎疫情中全面实施新基建、新消费、新产业、新都市"四新"行动计划，逐步成为创新创业的"首选地"。高成长企业正是支撑与成就江苏省创新发展的动力源泉，2018—2020年，江苏省高成长企业呈现持续性迅猛增长，从2018年的422家，到2020年的612家，增长率高达45%。不仅如此，江苏省高成长企业近三年分支布局逐渐从省内拓展至长三角、京津冀、珠三角、关中及成渝地区，企业网络布局更加密集，影响力迅速扩大。

面向"十四五"，江苏省要依托不同城市的优势产业，充分发挥高成长企业的创新作用，加快建设在全国具有典型意义的"高成长企业集聚高地"。优化城市科技创新成果转化载体，着力解决制约科技创新提升的根本性问题，增强创新要素流动，促进创新要素有效配置，推动市场活力和创新动力相辅相成。以创新对接、产业链接、空间衔接的全贯通方式，建立智造技术研究中心（级别）、合作开发中心（形式）和产业应用中心，充分发挥"科技"到"产业"的创新内循环机制，提速高精尖科技成果产业化和示范推广，提升专特优新科技成果商业化和影响力。升级城市工业智造应用示范区。立足未来产业布局，设立城市中央尖端工业智造应用中心，聚焦工业智能装备、智能工厂、智能服务等前沿应用场景，鼓励高成长企业更高效率参与变革技术产业化进程。设立未来城区智能应用中心，汇集高成长企业参与超前市场化应用。

郑琼洁于 2010 年在中国社会科学院城市竞争力中心参与我的一些竞争力研究工作，勤奋努力、成绩突出，获得"孙冶方青年菁英奖学金"。近年来，郑琼洁带领研究团队，依托南京市"高成长企业研究博士工作站"和"江苏省高成长企业研究博士工作站"研究平台，持续开展高成企业研究，有着十分重要的理论价值和现实意义。我受聘担任工作站首席专家，一直在关注工作站的成长。2020 年，工作站团队推出的著作《高成长企业发展研究报告——以南京为例》从企业理论、国际、国内和南京的统计数据以及南京的高成长企业案例的角度深入剖析了区域内高成长企业的发展规律和经验。今年，工作站在南京高成长企业研究的基础上，进一步将研究领域拓展至江苏省，完成了系列成果之《高成长企业发展研究——江苏省高成长企业空间集聚与关联》，从空间视角探讨了江苏省高成长企业的空间发展格局与路径演化规律。希望工作站进一步提升高成长企业的综合性服务功能，逐步将研究范围扩大到长三角地区乃至全国的高成长企业，为经济高质量发展提供高价值的决策参考。

2021 年 10 月

摘　　要

高成长企业作为经济高质量发展的生力军，无论是在技术创新、服务增值，还是在品牌推广、市场布局等方面，都能够向经济和社会各个行业、各个区域广泛渗透，从而引领市场、创新市场。本书分为综合分析篇、分类特征篇、城市专题篇，从空间视角出发对高成长企业的空间集聚与关联现象进行了分析，以期探讨高成长企业的空间发展格局与路径演化规律。

在综合分析篇中，主要介绍了江苏省高成长企业的发展现状、空间网络关联演化与影响机制。首先，回顾了2018—2020年三年中江苏省高成长企业的发展情况。总体来看，江苏省高成长企业的发展整体向好，行业分布集中度不断提升，高成长企业所属行业变化与时代发展背景契合，而苏南地区的高成长企业增长态势良好。其次，介绍了本研究所采用的理论基础，包括"本地嗡鸣—全球管道"理论和"流动空间"理论等。在此基础上，构建了基于链锁网络模型的跨城企业网络，分析了江苏省高成长企业网络指数的测算结果，讨论了高成长企业总部和分支机构的空间分布特征及其演化过程，研究了江苏省高成长企业在全国以及省内的发展路径演化。最后，阐释了江苏省高成长企业网络化布局发展的影响机制。将江苏省高成长企业网络指数与各地级市的宏观经济数据相结合，对网络指数与宏观经济变量进行典型事实分析、计量经济分析和空间计量分析，探寻江苏高成长企业网络指数的关联机制。

在分类特征篇中，主要揭示了不同类型高成长企业、不同产业高成长企业以及不同区域高成长企业的发展规律。首先，探讨了独角兽、潜在（或培育）独角兽以及瞪羚企业三种不同类型高成长企业的网络演化情况。研究发现，江苏省高成长企业对外连接度差距较大，苏南与苏北地区的高成长企业网络发展不均衡。同时，产业数量有所减少，竞争优势可持续性有待进一步提高。其次，讨论了工业、公共服务业、建筑业、交通运输业、批发零售业、租赁商服产业以及信息技术产业等不同产业高成长企业的网络演化情况。研究表明江苏省高成长企业主要在信息技术产业呈现高度集聚特征，工业高成长企业的比重有所降低，公共服务业、批发零售业、租赁商服产业并没有因新冠肺炎疫情而受到较为严重的影响，反而表现出逆势发展的趋势。最后，对比了苏南地区、苏中地区以及苏北地区高成长企业的发展规律，提出了苏南、苏中、苏北应快速做强优势产业、优化创新发展环境、提升人才技术转化力的发展策略。

在城市专题篇中，基于南京视角对2018—2020年度以来422家高成长企业为研究对象，利用核密度分析法、空间聚集度分析法等，探索独角兽、培育独角兽和瞪羚企业的空间分布特征与影响因素。研究发现，南京市高成长企业的空间演变与城市发展同步，呈现辐射性拓展格局、簇团分布与空间集聚等特征。在宁企业积极部署全国发展战略，呈现四周拓展的协同格局。在此基础上，提出了南京市高成长企业的发展策略，包括优化创新企业集聚区与总体空间布局、激发存量空间功能更新，升级区域服务水平，健全创新空间建设政策机制，促进产学研一体化发展等。

目　　录

综合分析篇

第一章　江苏高成长企业发展现状 …………………………（3）
　　一　高成长企业发展背景 ………………………………（3）
　　二　高成长企业发展的数量变化 ………………………（4）
　　三　高成长企业发展的行业变化 ………………………（9）
　　四　高成长企业发展的区域变化 ………………………（17）

第二章　高成长企业网络理论与方法 …………………………（28）
　　一　高成长企业网络的理论基础 ………………………（28）
　　二　企业网络布局的研究方法 …………………………（31）
　　三　高成长企业网络模型构建 …………………………（34）

第三章　江苏高成长企业网络指数结果与分析 ………………（38）
　　一　高成长企业网络指数结果 …………………………（38）
　　二　高成长企业机构的空间布局 ………………………（45）
　　三　高成长企业网络的发展格局 ………………………（48）

第四章　江苏高成长企业网络指数的影响机制 ………………（54）
　　一　城市企业网络指数与宏观经济的关系分析 ………（54）
　　二　城市宏观经济对企业网络指数的影响分析 ………（63）
　　三　城市间空间关联与经济关联分析 …………………（66）

四　城市高成长企业网络指数的空间效应 …………………………（72）

分类特征篇

第五章　江苏高成长企业的发展格局演化 ……………………………（85）
　一　独角兽企业网络的发展格局演化 ……………………………（85）
　二　潜在独角兽企业网络的发展格局演化 ………………………（91）
　三　瞪羚企业网络的发展格局演化 ………………………………（97）
　四　高成长企业未来发展方向 ……………………………………（103）

第六章　江苏高成长企业的行业网络演化 ……………………………（106）
　一　基于产业视角的江苏高成长企业空间
　　　发展与演化分析 ………………………………………………（106）
　二　工业高成长企业演化情况分析 ………………………………（113）
　三　公共服务业高成长企业演化情况分析 ………………………（119）
　四　建筑业高成长企业演化情况分析 ……………………………（124）
　五　交通运输业高成长企业演化情况分析 ………………………（127）
　六　批发零售业高成长企业演化情况分析 ………………………（130）
　七　租赁和商服产业高成长企业演化情况分析 …………………（135）
　八　信息技术产业高成长企业演化情况分析 ……………………（138）

第七章　江苏高成长企业的区域网络演化 ……………………………（145）
　一　高成长企业网络发展的总体分析 ……………………………（145）
　二　高成长企业网络发展的区域分析 ……………………………（149）
　三　高成长企业全域发展的策略分析 ……………………………（164）

城市专题篇

第八章　南京市高成长企业的空间分布研究 …………………………（171）
　一　南京市高成长企业空间格局分析 ……………………………（171）
　二　南京市不同类型高成长企业空间格局分析 …………………（174）
　三　南京市不同行业高成长企业空间格局分析 …………………（176）

四 影响南京高成长企业空间格局的因素 …………………（178）
五 南京高成长企业集聚区空间优化策略 ………………（180）

附 录

附表1 2018—2020年江苏省高成长企业发展相关
政策 ……………………………………………（184）
附表2 2018—2020年江苏省各地区高成长企业
发展政策 ………………………………………（185）
附表3 2018年江苏省高成长企业在全国的网络连接度……（189）
附表4 2019年江苏省高成长企业在全国的网络连接度……（190）
附表5 2020年江苏省高成长企业在全国的网络连接度……（192）
附表6 2018—2020年江苏省高成长企业名单 ……………（194）

参考文献 ……………………………………………………（235）

后 记 ………………………………………………………（249）

综合分析篇

第一章　江苏高成长企业发展现状

新经济发展背景下,江苏省涌现出一批势头强劲、特色突出的高成长企业,独角兽和瞪羚企业在新兴产业中不断开拓且快速发展,成为培育江苏省新经济增长点的中坚力量。2017年,苏南国家自主创新示范区的成立,为科技企业发展壮大提供了良好的环境和条件,为更多的科技企业跨过创业"死亡谷",加速催化成为高成长企业提供了助力。

一　高成长企业发展背景

2020年10月,党的十九届五中全会提出,把科技自立自强作为国家发展的战略支撑,面向世界科技前沿、面向经济主战场、面向国家重大需求、面向人民生命健康,深入实施科教兴国战略、人才强国战略、创新驱动发展战略,完善国家创新体系,加快建设科技强国。这是实现"十四五"规划和二〇三五年远景目标的具体部署,也为新阶段民营经济健康发展、迈向更加广阔的舞台指明了方向。

当前,新一轮科技革命和产业变革方兴未艾,5G、人工智能、大数据、新能源、量子技术等,新的科技创新窗口期已经开启。独角兽企业作为新经济发展的先锋,在新兴产业中不断开拓且快速发展,成为培育江苏省新经济增长点的重要风向标。2021年发布的《中国独角兽企业研究报告2021》显示,2020年中国独角兽数量达到251家,有近九成独角兽集聚京津冀、长三角、珠三角、成渝等经济活跃地区,其中江苏共有19家,位居全国第五,仅次于北京、上海、广东和浙江。在这19家上榜企业中,作为江苏的省会城市南京上榜11家企业。近年来,南京持续推进创新名城建设,主导产业不断优化,创新经济加速崛起，创新生态更加优化，一大批优秀创新型企业如雨后春笋般涌现。另外，江苏其他城市也发展迅速，苏州由2019年仅1家企业上榜发展为3家独角兽企业，常州独角兽企业也上升为3家，无锡和镇江也均有独角兽企业上榜。

可以说，江苏高度重视新经济发展，在推动产业转型中把新经济作为关键突破口，在"强富美高"新江苏建设中牢牢把握新技术与新经济的融合对接点，在完善生态体系中注重高成长企业的梯度培育，正在成为创新创业的"首选地"。

二 高成长企业发展的数量变化

（一）总体数量持续性增长

2018—2020年江苏高成长企业数量持续性增长。2018年独角兽企业共有8家，2019年调整至5家，2020年又增加至8家。潜在独角兽企业在2018年时仅有34家，到2019年增加至56家，2020年增加至97家，与2018年相比，2020年潜在独角兽企业数量增幅达185.3%。瞪羚企业2018年共计380家，2019年共计438家，2020年共计507家，与2018年相比，2020年瞪羚企业数量增幅达33.4%（如图1-1）。

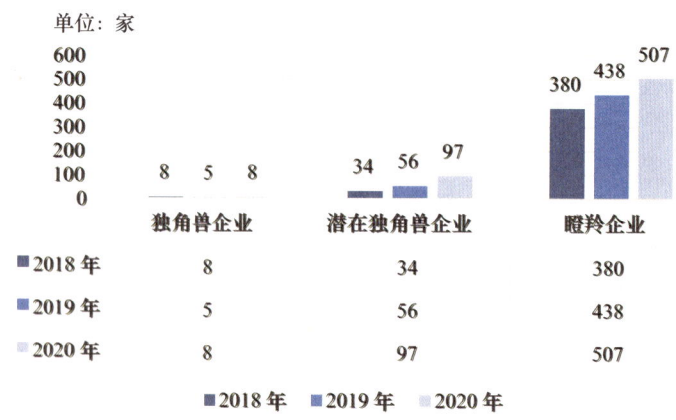

图1-1 2018—2020年高成长企业数量变化

（二）独角兽企业稳中提质

如图1-2所示，2018—2020年江苏独角兽企业数量基本保持稳定。由于高成长企业的评判标准是一个动态过程，不断有新的企业凭借高速的发展成为独角兽企业，同时也有一些企业在独角兽的位置蝉联多年，如孩子王儿童用品股份有限公司、汇通达网络股份有限公司、好享家舒适智能家居股份有限公司、魔门塔（苏州）科技有限公司均是连续两年被评为独角兽的企业，其中有3家为南京市企业，1家为苏州市企业。

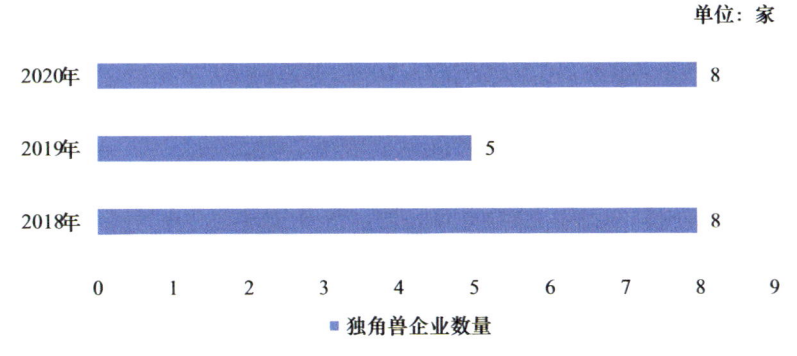

图1-2 2018—2020年江苏省独角兽企业数量变化

独角兽企业持续稳定发展，体现了江苏经济稳中向好、稳中提质的发展态势，为江苏高质量发展注入了新动能。随着江苏省营商环境的不断优化，以及出台的一系列惠企政策和人才吸引制度，未来将会诞生越来越多的独角兽企业。

（三）潜在独角兽企业爆发式增长

从2018—2020年的高成长企业整体变化来看，潜在独角兽企业增长速度最快。从图1-3可知，2018年江苏拥有34家潜在独角兽企业；2019年增长为56家，增加了22家潜在独角兽企业，增长了64.71%；2020年潜在独角兽企业则增长到了97家，相比2019年增加了42家，增速为73.21%。

▶ 综合分析篇

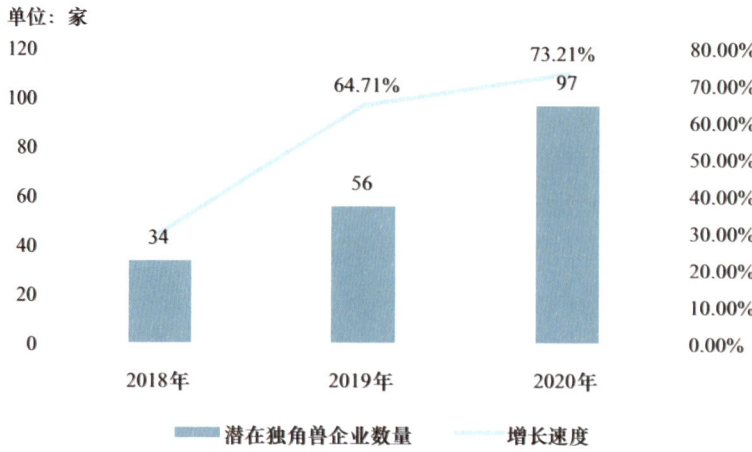

图1-3 2018—2020年江苏省潜在独角兽企业数量及增长速度变化

在2018—2019年，苏州市共有4家企业连续两年被评为潜在独角兽企业，分别为苏州亚盛药业有限公司、苏州开拓药业股份有限公司、苏州清睿教育科技股份有限公司、苏州迈瑞微电子有限公司。据统计，有20家企业在2019年和2020年均被评选为潜在独角兽企业，如图1-4所示，这些企业主要分布在苏州市、常州市、无锡市、南通市，其中苏州市企业最多，由此可见，苏州市独角兽企业的后备军十分强大。值得一提的是，苏州迈瑞微电子有限公司连续三年被评为

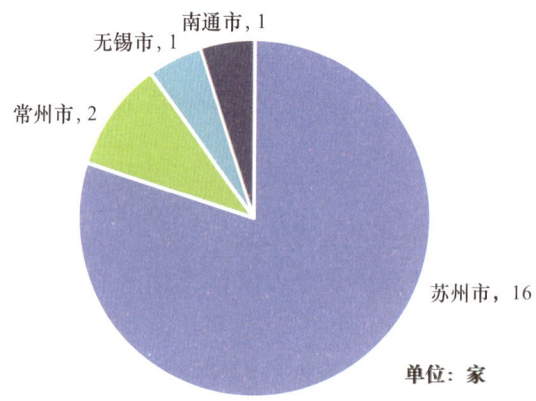

图1-4 2019年和2020年连续潜在独角兽企业区域分布

潜在独角兽企业。

潜在独角兽企业爆发式发展得益于近年来江苏省在创新驱动上持续发力，构建了全链条企业培育体系，打造了"科技型中小企业—高新技术企业—瞪羚企业—独角兽企业—上市企业"的发展梯队，重点帮助企业解决在成长阶段的创新、人才、融资、市场等问题；依托科研院所、新型研发机构、高端创新平台，构建从研发端向企业端延伸的研发创新体系，不断健全以企业为主体的产学研一体化创新机制，促进高端人才等创新资源加快集聚。作为独角兽企业的后备军，潜在独角兽企业是更具发展潜力和成长性的明日之星。

（四）瞪羚企业一路攀升

从图1-5可知，2018年江苏省拥有380家瞪羚企业；到2019年增长到了438家，新增了58家企业，增幅15.26%；2020年增长到507家，新增了69家瞪羚企业，增幅15.75%。3年来，瞪羚企业保持稳定的增长速度，成为培育江苏省新经济增长点的中坚力量。

在2018年和2019年，有87家企业被评为瞪羚企业，如图1-6所示，它们分布在南京、苏州、无锡、常州、泰州、扬州、连云港、宿迁、南通这9座城市，其中有65家企业位于苏州市。2019年与

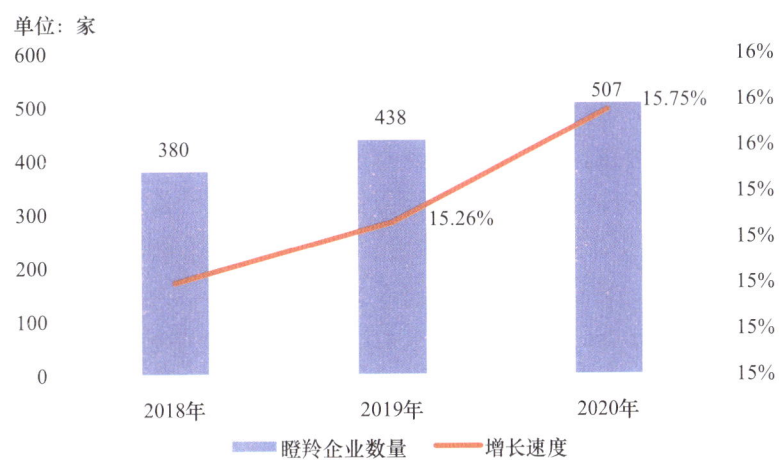

图1-5　2018—2020年江苏省瞪羚企业数量及增长速度变化

2020年均被评为瞪羚企业的数量明显增多，为147家，相较于前两年增长了68.96%，从图中可以看出，南京市、苏州市、无锡市、常州市企业数量均有大幅增加。此外，连续三年被评为瞪羚企业的共有24家，其中苏州市有14家，可以看到，苏州市的潜在独角兽企业与瞪羚企业实力目前居于江苏第一。

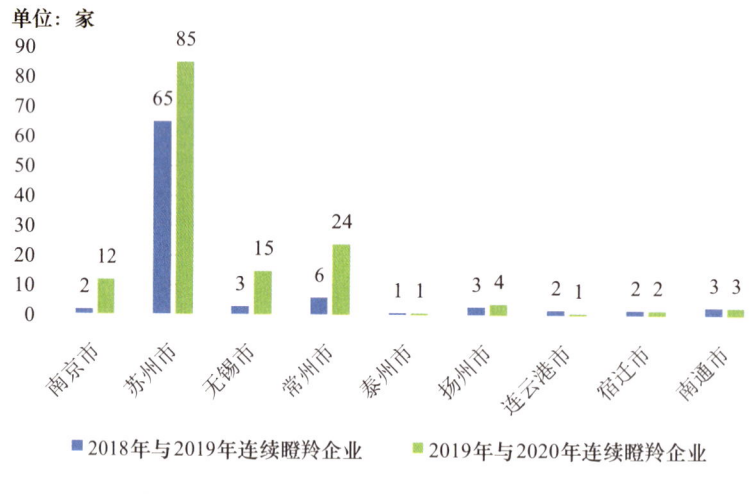

图1-6　2018—2020年连续瞪羚企业区域分布

瞪羚企业在新兴产业领域中不断开拓且快速发展，是江苏省各地区创新活力的代表。这也得益于江苏省在这几年抓住生物医药领域和数字经济兴起的机会，在培育新形态新业态的过程中，抓住了"二次创业"的发展契机，很多瞪羚企业都从这些领域里脱颖而出。未来将有越来越多的瞪羚企业成为江苏省创新驱动发展的后备军。

面对2020年新冠肺炎疫情大考，江苏省高成长企业展现出了厚积薄发的实力，牢牢抓住这次展现科技实力的机会，大大提升了疫情影响下社会各环节的工作效率。未来江苏省将继续围绕战略性新兴产业，加大定向招商引才力度，多渠道培育和挖掘企业源，坚持以技术创新为引导，打造一批创新发展的标杆型企业。只有不停奔跑，持续创新技术，商业模式的独角兽、瞪羚企业才可能不断壮大，拥有发展活力。

三 高成长企业发展的行业变化

(一) 行业分布集中度不断提升

根据江苏省高成长企业2018—2020年的数据整理分析,与2018年相比,2020年独角兽企业行业种类由7类变为4类,有所减少;潜在独角兽企业行业种类由2018年的有14类,2019年的有5类,增加到2020年的13类;2020年瞪羚企业行业种类与2018年相比更加集中,2018年共计26类行业,2019年共计28类,2020年共计23类(如图1-7)。

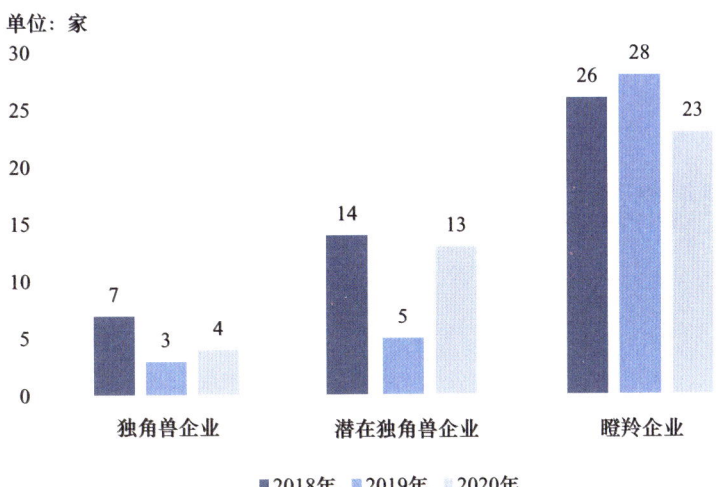

图1-7 2018—2020年高成长企业的行业数量变化

(二) 高成长企业所属行业变化与时代发展背景契合

1. 独角兽企业向信息传输、软件和信息技术服务领域发展

将行业分为11大类(如图1-8),2018年江苏省独角兽企业主要分布在"批发和零售""公共服务及管理"这些传统行业;到了2019年,江苏省独角兽企业开始向互联网领域发展,属于"信息传输、软件和信息技术服务业"的企业更加集中,由2018年的1家增

▶ 综合分析篇

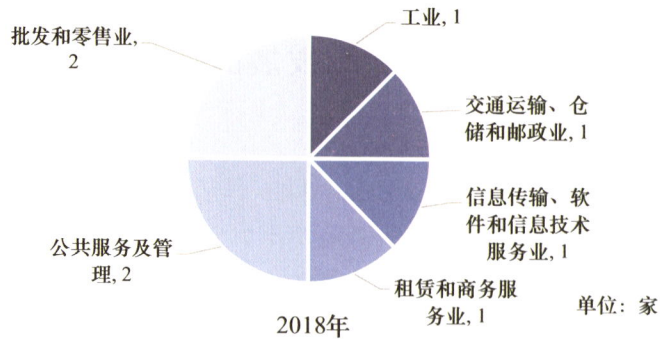

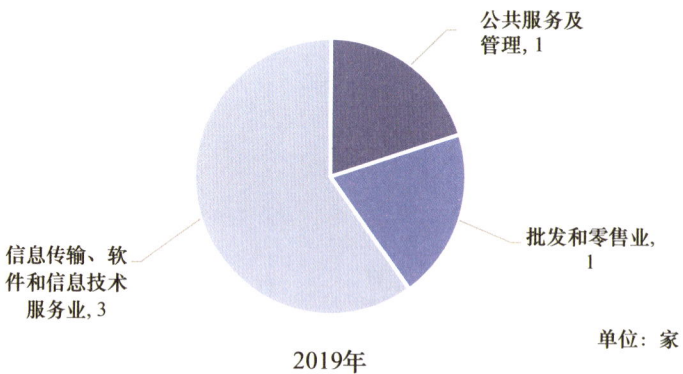

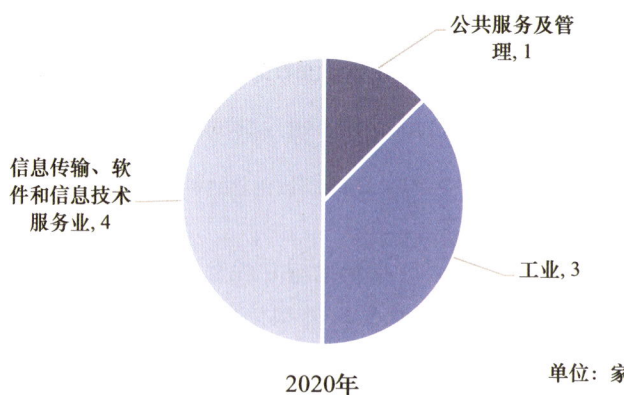

图1-8 2018—2020年独角兽企业所属11部门变化

加至3家；2020年，隶属于"信息传输、软件和信息技术服务"行业更为集中，增加至4家，同时与2019年相比江苏省独角兽企业新增3家"工业"企业，分别是南京世和基因生物技术有限公司、南京传奇生物科技有限公司和江苏康众汽配有限公司。这表明，江苏省在大力发展信息技术产业的同时也兼顾了工业的发展。

将行业细分为42类来看（如图1-9），2018年，江苏省独角兽企业主要集中在以南京知行电动汽车有限公司和孩子王儿童用品股份有限公司为代表的"批发和零售"行业。到了2019年，互联网领域企业迅猛发展，汇通达网络股份有限公司、好享家舒适智能家居股份有限公司和江苏艾佳家居用品有限公司跻身独角兽企业行列，丰富了"信息传输、软件和信息技术服务"行业，相较于2018年该类企业由1家增加至3家；2020年，独角兽企业新增"交通运输设备"行业，行业多样性进一步增加。同时，属于"信息传输、软件和信息技术服务"行业的企业新增南京领行科技股份有限公司、南京诺唯赞生物科技有限公司，江苏省独角兽企业分布进一步由传统行业向互联网、高精尖行业转变。

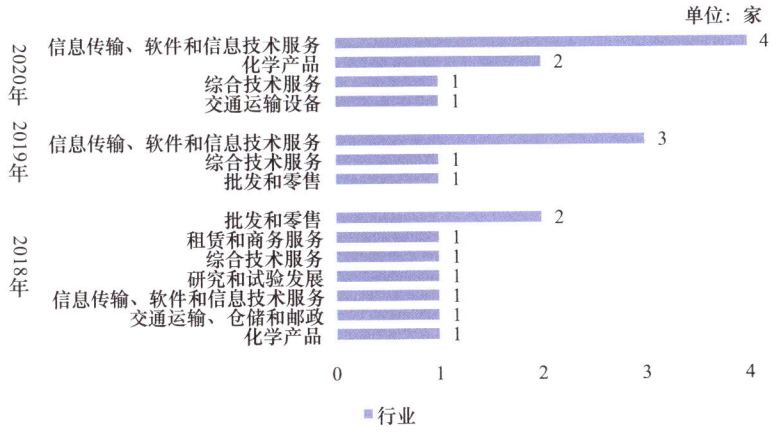

图1-9 2018—2020年独角兽企业所属42类行业变化

2. 潜在独角兽企业行业集聚度明显

总体来看，2018—2020年江苏省潜在独角兽企业在特定行业出现了集聚现象，主要集中在"公共服务及管理""信息传输、软件和信息技术服务业"以及"工业"，且这些领域的企业数量逐年上升。分别来看，江苏省潜在独角兽企业中属于"公共服务及管理"领域的企业在2018年共有19家，2019年共有28家，2020年共有52家，企业数量累年上升，同时该领域企业占比均超五成；属于"信息传输、软件和信息技术服务业"的潜在独角兽企业2018年仅有9家，2019年上升至12家，2020年企业数目继续上升至22家，2018年到2020年增幅达144.4%；属于"工业"的企业也由2018年的4家上升至2020年的14家（如图1-10）。

将行业细分为42类来看（如图1-11），2018年，江苏省共有潜在独角兽企业34家，其中有16家属于"研究和试验发展"行业，占比为47.1%；有9家属于"信息传输、软件和信息技术服务"行业，占比为26.5%；数量排名前五的其他行业分别为"综合技术服务""化学产品"和"批发和零售"行业。

2019年，属于"研究和试验发展"行业的潜在独角兽企业增加至25家，占比为44.6%，江苏随易信息科技有限公司等企业首次被评为潜在独角兽企业，为潜在独角兽企业注入新鲜血液；属于"信息传输、软件和信息技术服务"行业的企业增加至12家，占比为21.4%；数量排名前五的其他行业与2018年相比增加了"通信设备、计算机和其他电子设备""仪器仪表"和"交通运输设备"行业。

2020年，属于"研究和试验发展"行业的潜在独角兽企业继续增加，达39家，占比为40.2%，部分企业如苏州迈瑞微电子有限公司、苏州开拓药业股份有限公司连续三年跻身潜在独角兽行列，同时也新增了如苏州晶湛半导体有限公司等企业；属于"信息传输、软件和信息技术服务"行业的企业增加至22家，占比为22.7%。与2019年相比，2020年潜在独角兽企业所属行业排名前五的新增"批发和零售"行业。

通过数据研究发现，属于"研究和试验发展"行业的潜在独角兽企业的数量虽然逐年上升，但占比逐年下降。同时，潜在独角兽企业所属行业不断调整，这正是印证了江苏省正加快调整产业结构，在大力发展新兴产业的同时也在加快传统行业的发展。

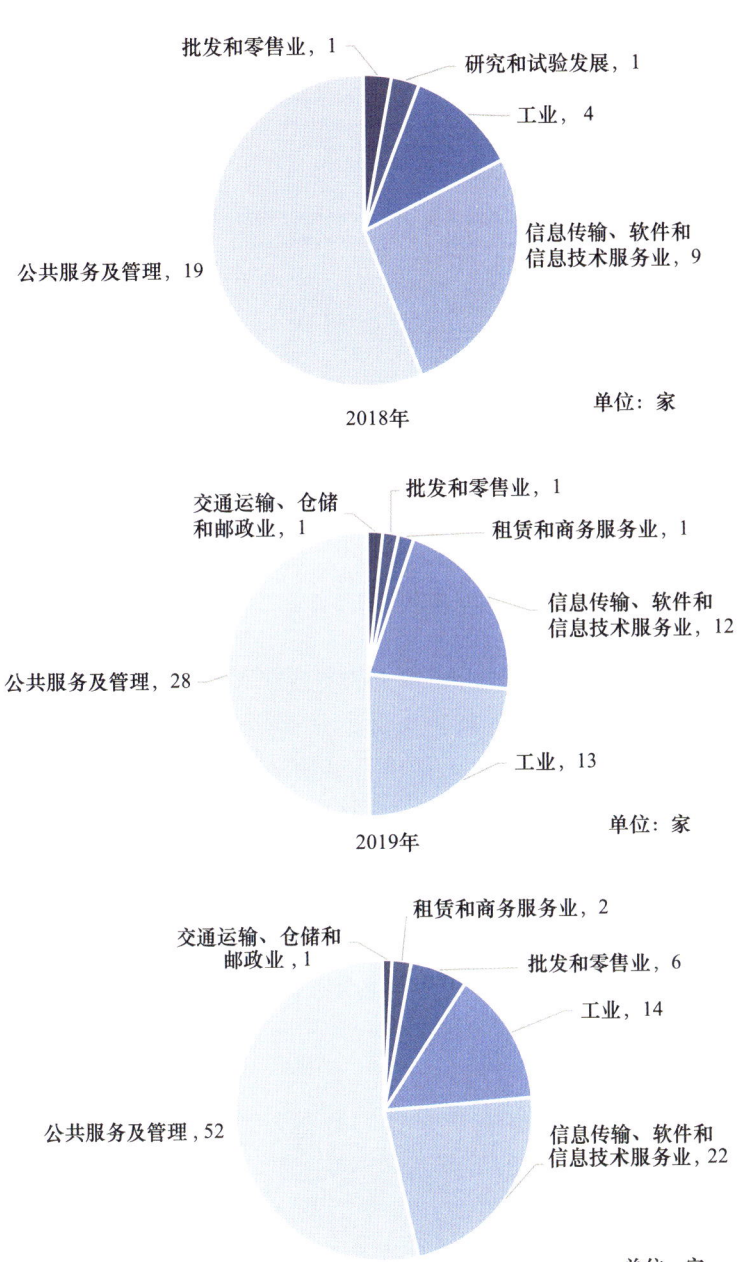

图1-10 2018—2020年潜在独角兽企业所属11部门变化

▶ 综合分析篇

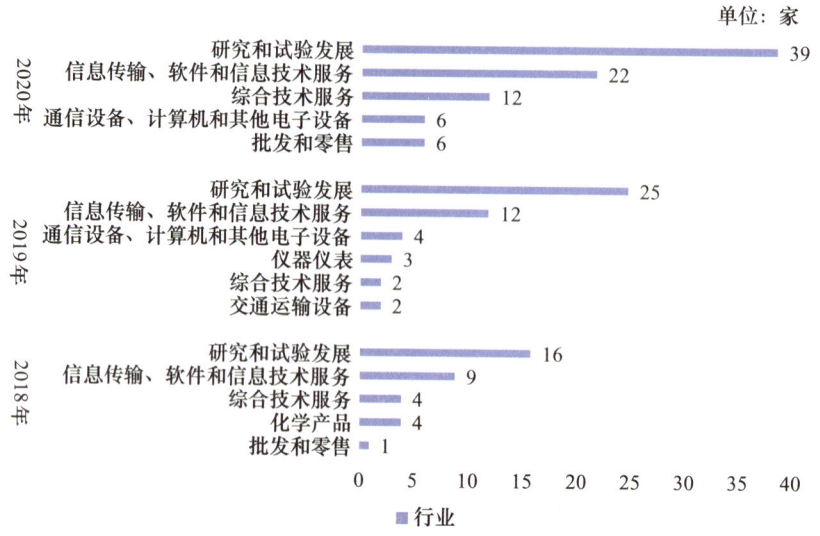

图 1-11 2018—2020 年潜在独角兽企业所属 42 类行业变化

3. 瞪羚企业所属行业占比较大的类型基本不变

2018—2020 年江苏省瞪羚企业所属的主要部门基本不变，其中"工业"部门占比最大，其次是"公共服务及管理"，再次是"信息传输、软件和信息技术服务业"。具体来看，2018 年共有 204 家"工业"部门企业，有 97 家"公共服务及管理"部门企业，有 53 家"信息传输、软件和信息技术服务业"部门企业，三部门共计占比达 93.7%；2019 年，瞪羚企业总体数量有所增加，三部门企业数量亦同步增加，共计 402 家，占比达 91.8%；2020 年，瞪羚企业总体数量及三部门企业数量进一步提升，三部门企业数量达 467 家，占比达 92.1%（如图 1-12）。

比较 2018—2020 年瞪羚企业的数据发现，瞪羚企业所属行业类型丰富，但占比较大的类型基本不变。与 2018 年相比，2019 年数量排名前十的行业类型不变，仅在数量上有所增减，2020 年数量排名前十的行业类型新增"综合技术服务"行业，该类型由 2018 年的 8 家增加至 19 家，新增如南京杰运医药科技有限公司、南京富润凯德生物医药有限公司等企业。属于"研究与试验发展"行业的企业连续三年最多，且呈现出逐年递增的趋势，2018 年仅有 83 家企业

第一章 江苏高成长企业发展现状

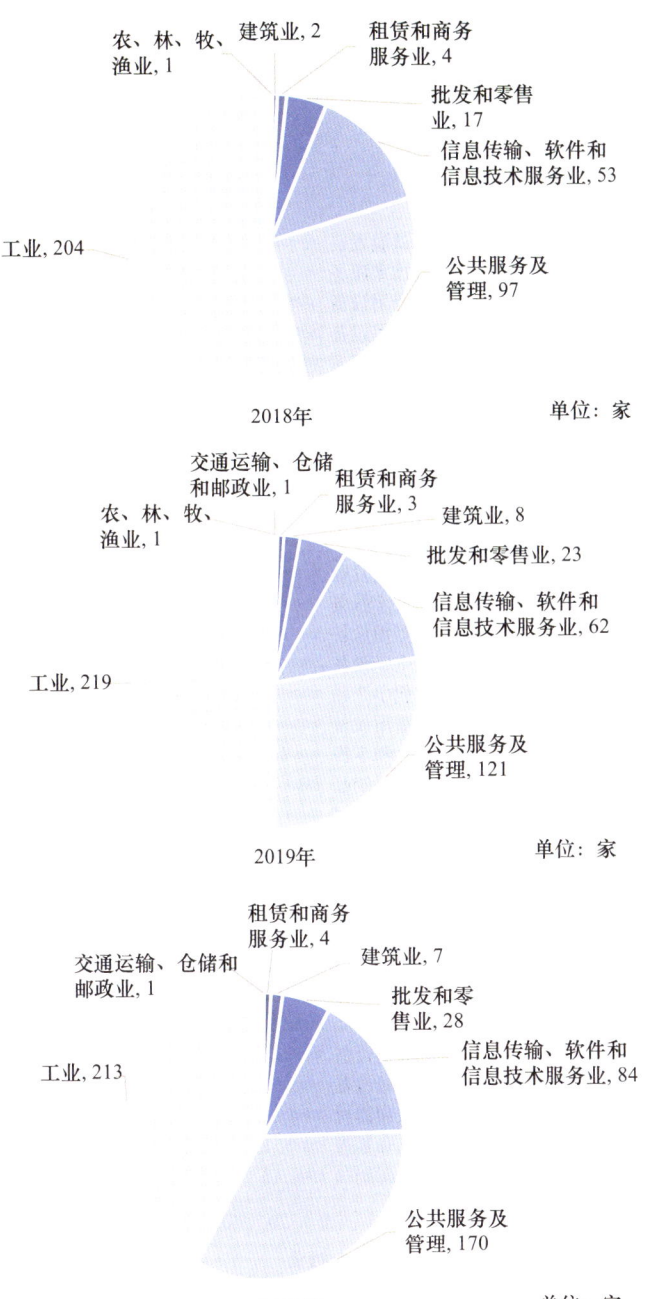

图1-12 2018—2020年瞪羚企业所属11部门变化

属于该行业，2020 年增加至 145 家，增幅达 74.7%（如图 1-13）。这与大数据的蓬勃发展密不可分，同样也反映了新兴产业阵营不断扩大。

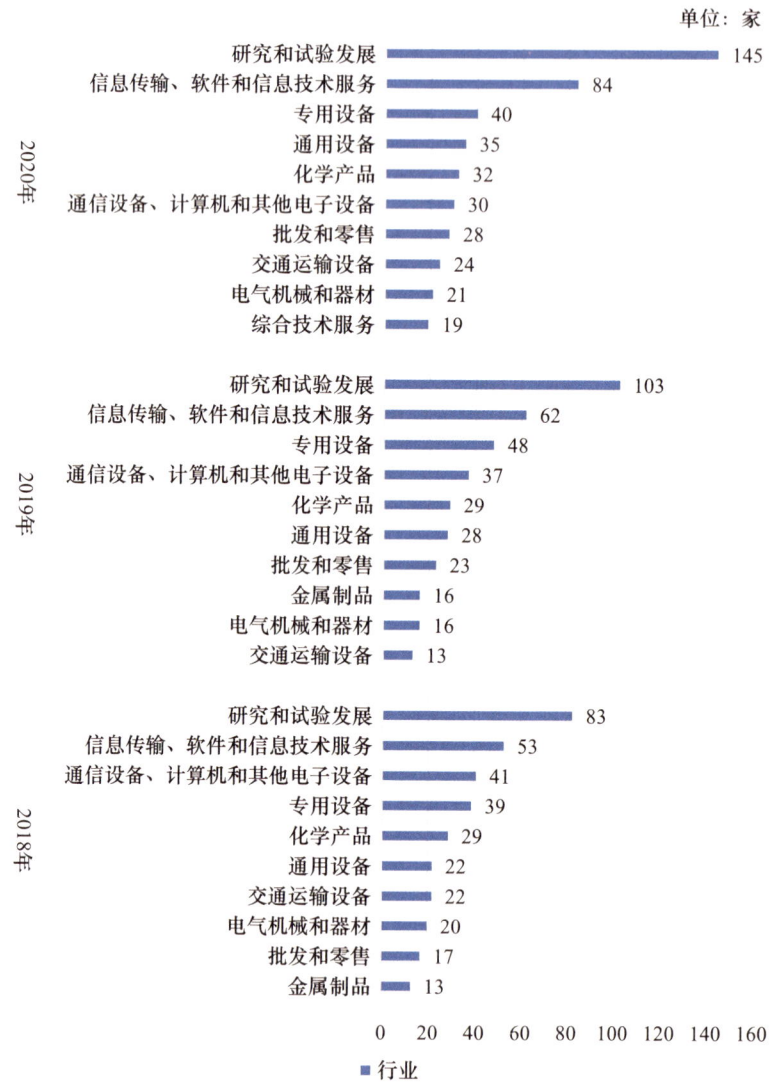

图 1-13　2018—2020 年瞪羚企业所属 42 类行业变化

四 高成长企业发展的区域变化

（一）苏南地区的高成长企业增长态势良好

2018年底到2020年江苏省各地级市的高成长企业数据显示（如图1-14），苏南地区高成长企业的增长态势迅猛，而苏中和苏北地区高成长企业的增长态势则较为缓慢。其中，苏州市的潜在独角兽企业增长数量位居首位，自2018年底到2020年，苏州市以新增37家潜在独角兽企业的优异成绩领跑全省。相比之下，苏南地区其余四座城市的潜在独角兽企业增加数量较少，无锡、南京、常州分别增加了8家、6家、4家，而镇江市自2018年底至2020年尚未增加潜在独角兽企业；对于苏中和苏北地区，只有泰州市、南通市、淮安市、宿迁市以及盐城市各新增了1家潜在独角兽企业。

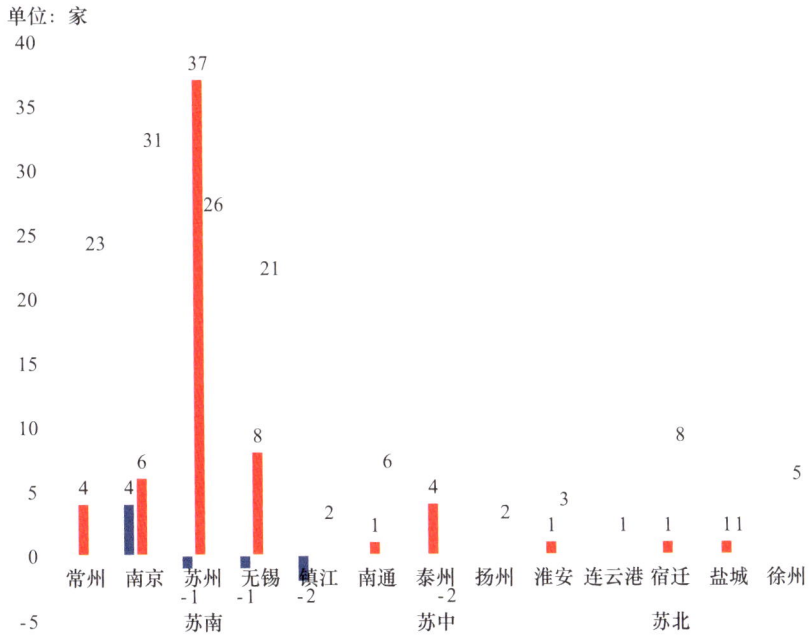

图1-14　2018—2020年各市新增高成长企业情况

2018年底至2020年，苏南地区各市均出现新增瞪羚企业，其中南京市以新增31家瞪羚企业领跑全省，其次是苏州、常州、无锡、镇江，分别增长26家、23家、21家及2家。苏中和苏北地区各市的瞪羚企业新增幅度较小，新增数量不超过10家。南通市新增瞪羚企业数6家，于苏中地区位居第一，其次是扬州市，新增瞪羚企业数2家，而泰州市出现了负增长的情况；宿迁市、徐州市、淮安市的新增瞪羚企业分别为8家、5家和3家，其余苏北地区的城市均新增1家瞪羚企业。全省范围看，2018年底至2020年江苏省各市新增独角兽企业数较少，仅有南京市新增了4家独角兽企业。

随着江苏省深入实施创新驱动发展战略，加快完善创新型企业培育体系，各市的创新型企业集群正在不断培育壮大。得益于优越的创新环境和丰富的创业资源，越来越多的优秀创新型企业在苏南片区茁壮成长，而苏中、苏北各城市，凭借着江苏省政策环境、法制保障和平台资源的叠加效应，也出现了一批新增瞪羚企业。江苏省立足企业发展规律，优化创新环境，正不断涌现出一批批发展迅猛的高成长企业群体，这为高水平建设创新型省份和"强富美高"新江苏提供了有力支撑。

（二）研究和试验发展行业于苏南、苏中地区发展迅猛

根据江苏省苏南、苏中及苏北地区2018—2020年新增企业数据（如图1-15），可以发现苏南和苏北地区新增企业集中在公共服务及管理行业，而苏中地区尚未形成特色产业。

1. 公共服务及管理行业为苏南地区"常青"行业

苏南地区在过去两年间共新增高成长企业158家，分别隶属于公共服务及管理，信息传输、软件和信息技术服务业，工业，批发和零售业，建筑业，租赁及商务服务业等11大行业。其中公共服务及管理行业新增企业数最多，从2018年的115家增至2020年的203家，实现了新增88家的迅猛发展，占新增总数的55.1%。有46家新增企业集中在信息传输、软件和信息技术服务业，占新增总数的29.1%。有10家企业集中在工业，占新增总数的7%。有10家企业集中在批

第一章 江苏高成长企业发展现状 19

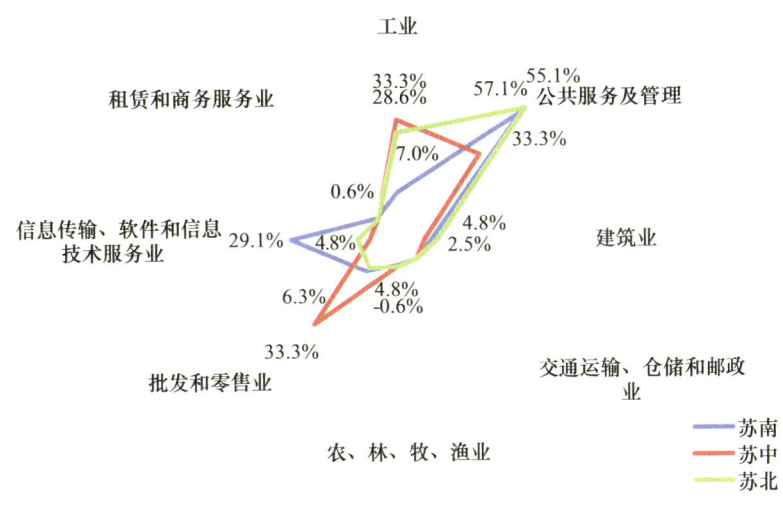

图1-15 苏南、苏中、苏北新增企业行业分布

发和零售业，占新增总数的6.3%。有4家企业集中在建筑业，占总数的2.5%。在租赁和商务服务业新增1家企业，占总数的0.6%。在过去的两年中，苏南地区的交通运输、仓储和邮政业并未新增企业。在农、林、牧、渔业出现了负增长的情况，有1家企业退出了该行业（如图1-16）。

对以上11类行业进行进一步细分，可划分为以下42类。根据图1-17可以看出，苏南地区新增较多的行业属研究和试验发展，信息传输、软件和信息技术服务以及综合技术服务业，分别新增了66家、44家、17家，占总数的41.8%、27.8%和10.8%，这三大类型的行业占据了新增高成长企业的80.4%，其余类型行业新增幅度较小，均在10%以下。在卫生和社会工作、农林牧渔产品和服务、电力、热力的生产和供应、木材加工品和家具这四类行业均有1家企业退出，在非金属矿物制品以及电器机械和器材这两类行业均有3家企业退出。2018年底至2020年退出企业最多的行业为通信设备、计算机和其他电子设备，共有6家企业退出了这一行业。

2. 苏中地区工业仍为主流行业

自2018年至2020年，苏中地区的11家新增企业分别分布在工

▶ 综合分析篇

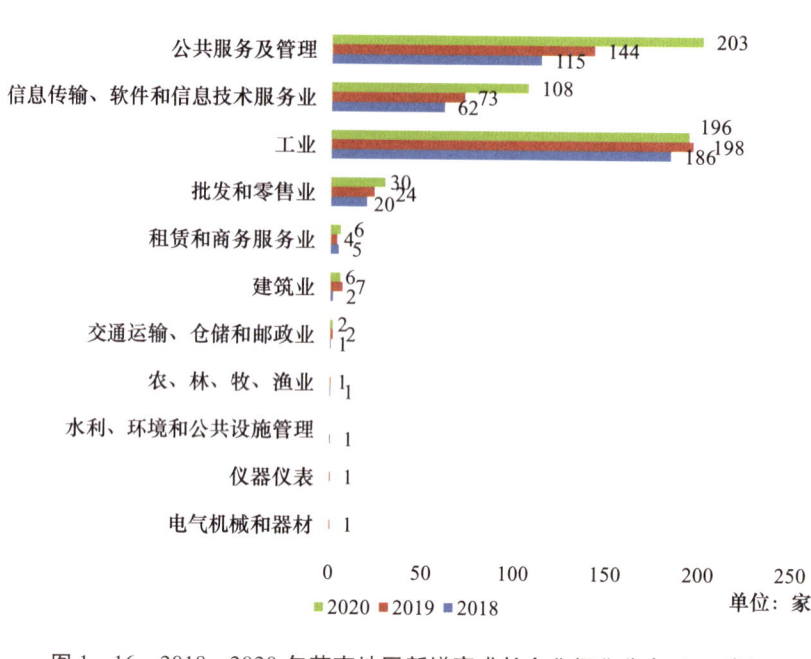

图 1-16　2018—2020 年苏南地区新增高成长企业行业分布（11 类）

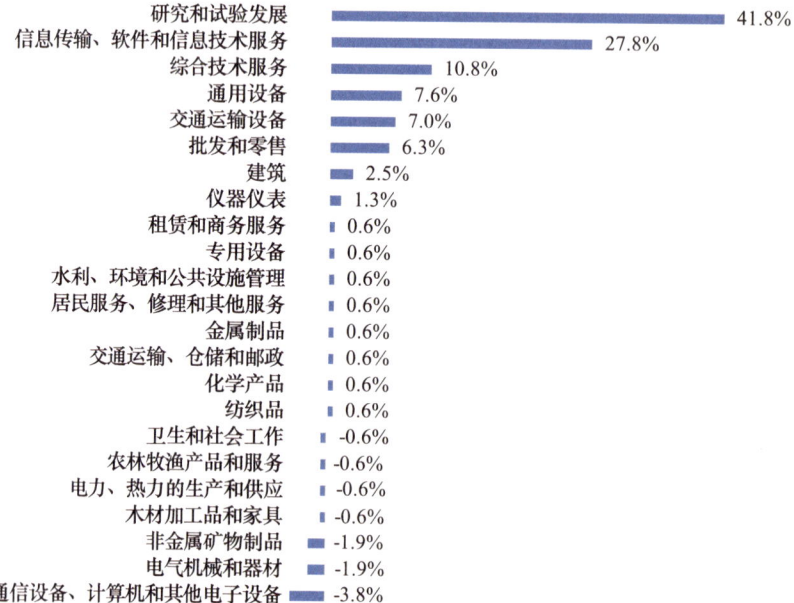

图 1-17　2018—2020 年苏南地区新增高成长企业行业分布（42 类）

业、批发和零售业以及公共服务及管理这3大行业，其余5类行业均无新增企业。从图1-18可以看出，近年来苏中地区的行业发展仍主要集中在工业这一领域。2018年至2020年，工业领域新增4家企业，占新增总数的36.4%。新增企业中，有3家企业集中在批发和零售业，占新增总数的27.3%。有4家集中在公共服务及管理，占新增总数的36.4%。租赁和商务服务业，信息传输、软件和信息技术服务业，农、林、牧、渔业，交通运输、仓储和邮政业以及建筑业这5类行业均无新增企业。

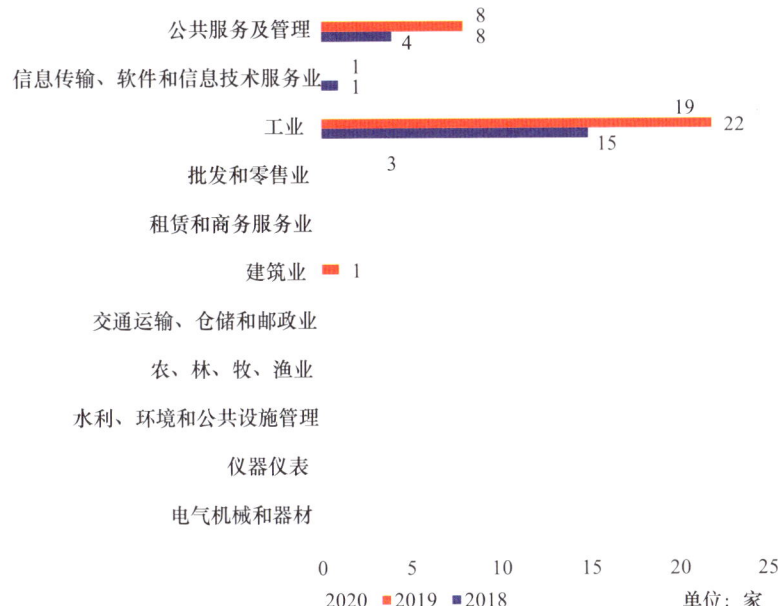

图1-18　2018—2020年苏中地区新增高成长企业行业分布（11类）

进一步对以上11类行业进行细分，可划分为以下42类行业（如图1-19）。与苏南地区相比，苏中地区新增高成长企业的行业类型较少，仅在研究和试验发展，电气机械和器材，批发和零售，专用设备，信息传输、软件和信息技术服务，通用设备，纺织服装鞋帽皮革羽绒及其制品这7类行业有所新增。在这7类行业中，有

5 家企业集中在研究和试验发展行业，占总数的 41.7%，有 5 家企业集中在电气机械和器材，占总数的 41.7%。有 3 家企业集中在批发和零售行业，占总数的 25.0%。在专用设备行业新增 2 家企业，占总数的 16.7%。在信息传输、软件和信息技术服务，通用设备，纺织服装鞋帽皮革羽绒及其制品这 3 类行业均新增 1 家企业，分别占总数的 8.3%。

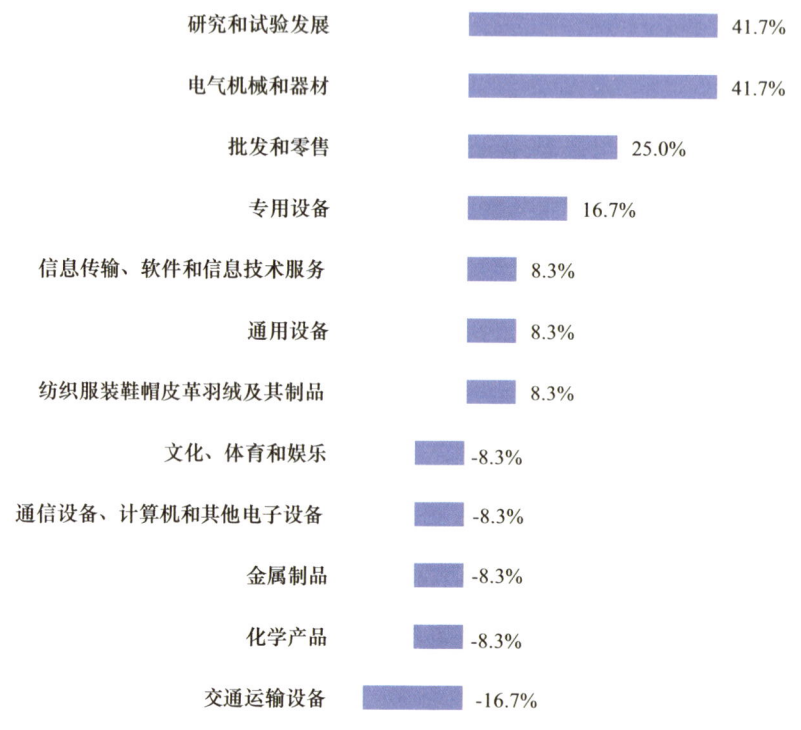

图 1-19　2018—2020 年苏中地区新增高成长企业行业分布（42 类）

3. 苏北地区公共服务及管理行业"异军突起"

2018—2020 年苏北地区共新增高成长企业 21 家，分别分布在公共服务及管理、工业、批发和零售业、建筑业、信息传输、软件和信息技术服务业这九个大行业（图 1-20）。其中公共服务及管理行业新增企业数最多，可以看出，2018 年和 2019 年苏北地区在该行业领域尚无企业，而在 2020 年该行业异军突起，仅一年便有 12 家企业新增，涨幅超过一半，占新增总数的57.1%。工业企业在苏北地区呈现连续增长的态势，该行业在2018年便有9家企业，近年来逐渐增长至15家，新增数占总新增企业数的28.6%。在建筑业、批发和零售业以及信息传输、软件和信息技术服务业分别新增1家企业，占总数的4.8%。而在租赁和商务服务业、农、林、牧、渔业以及交通运输、仓储和邮政业这3大行业均出现了零增长的现象。

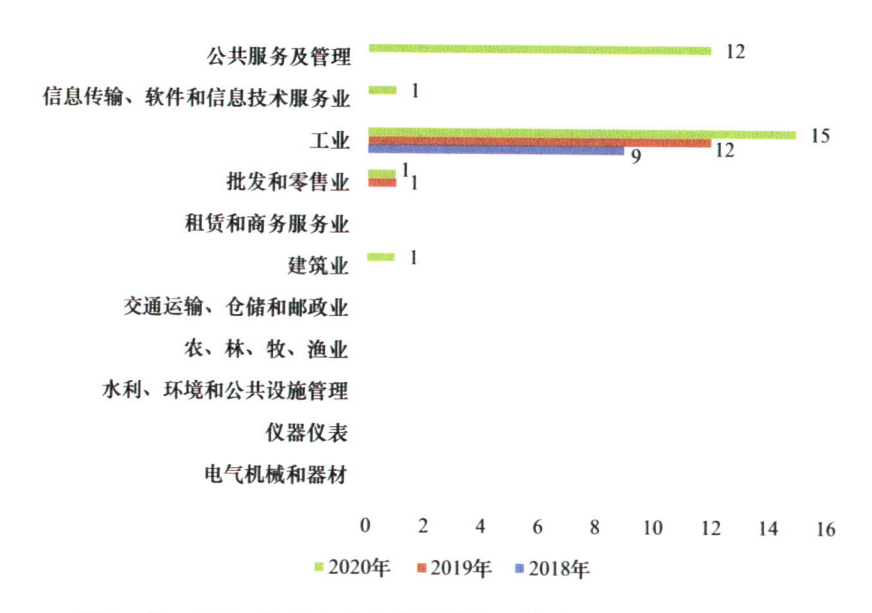

图1-20 2018—2020年苏北地区新增高成长企业行业分布（11类）

在苏北地区新增的21家高成长企业中，我们进一步将其划归至42门类进行分析。由图1-21可以看到，苏北地区新增最多的行业属非金属矿物制品，新增的企业中有3家集中在非金属矿物制品行业，占总数的27.3%。有2家企业集中在交通运输设备行业，占总数的18.2%。在综合技术服务，研究和试验发展，信息传输、软件和信息技术服务，批发和零售，建筑，化学产品，电气机械和器材这7类行业均新增1家企业，占总数的9.1%。有1家企业退出了金属冶炼和延压加工品行业。相比于苏南、苏中两个地区，苏北地区在非金属矿物制品业这样的工业领域发展势头更好，而对于像研究和试验发展，信息传输、软件和

▶ 综合分析篇

信息技术服务等高新技术产业的发展较为缓慢。

可以发现,在过去的两年中,苏南、苏中两个地区的新增高成长企业都集中在研究和试验发展这一高新技术开发行业,而苏北地区的新增企业则偏重于非金属矿物制品行业的发展。随着江苏省大幅增加创新投入,持续深化"放管服"改革和重点领域改革,以企业为主体的技术创新体系正在逐步完善,不断孕育积蓄的科技新动能也在持续发力。

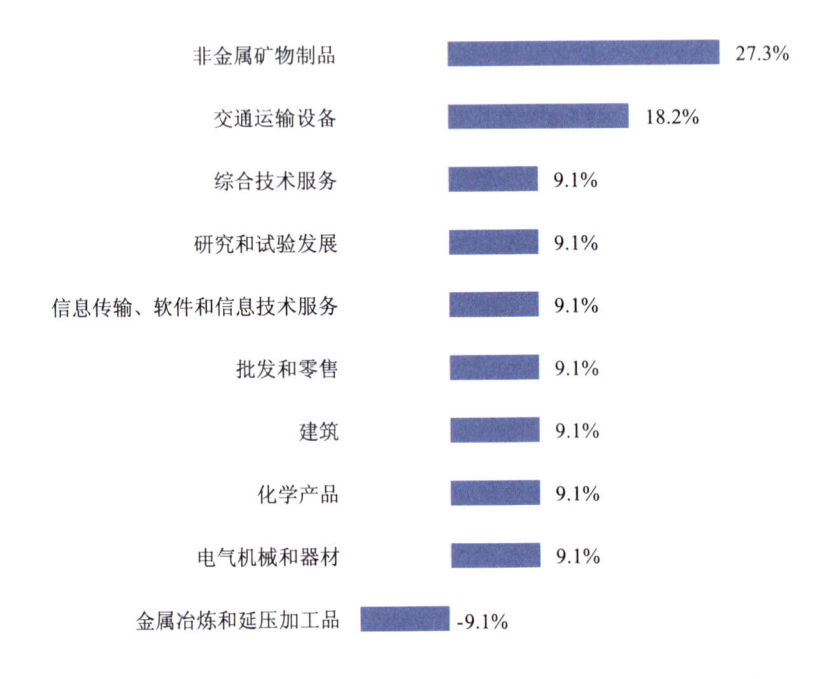

行业	占比
非金属矿物制品	27.3%
交通运输设备	18.2%
综合技术服务	9.1%
研究和试验发展	9.1%
信息传输、软件和信息技术服务	9.1%
批发和零售	9.1%
建筑	9.1%
化学产品	9.1%
电气机械和器材	9.1%
金属冶炼和延压加工品	-9.1%

图 1-21　2018—2020 年苏北地区新增高成长企业行业分布（42 类）

（三）苏南部分城市新增企业行业分布相似

在苏南地区,南京、常州、苏州、无锡这四座城市的高成长企业分布模式各有其特点。其中,南京新增企业最多的行业为信息传输、软件和信息技术服务,共新增 19 家,占总数的 46.3%,其次是工业,新增企业 14 家,占总数的 34.1%。南京在公共服务及管理行业的新增数略少于工业及信息传输、软件和信息技术服务,为 10 家,占总数的 24.4%。除这三类行业外,南京在农、林、牧、渔业以及租赁和商务服务业均有 1 家企业退出（如图 1-22）。

行业	百分比
信息传输、软件和信息技术服务业	46.3%
工业	34.1%
公共服务及管理	24.4%
农、林、牧、渔业	-2.4%
租赁和商务服务业	-2.4%

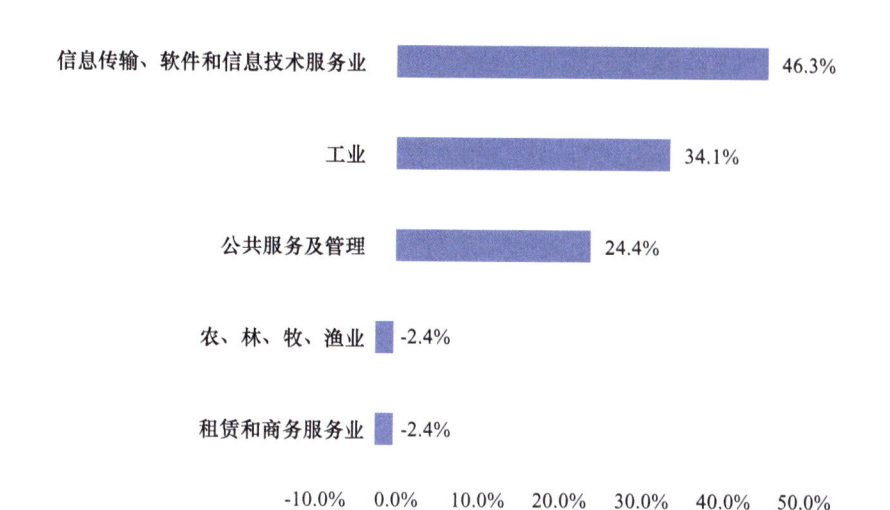

图 1-22 2018—2020 年南京新增高成长企业行业分布

而常州、苏州、无锡这三座城市的新增企业均集中在公共服务及管理这一行业。根据图 1-23，无锡在公共服务及管理这一行业的发展十分迅猛，该行业企业数由 2018 年的 12 家，发展到了 2020 年的 36 家，实现了 88.9% 的新增比例。此外，无锡在信息传输、软件和信息技术服务业以及批发和零售业均有良好的发展，分别新增了 2 家企业，占总数的 7.4%，在建筑业和交通运输、仓储和邮政业分别新增 1 家，占总数的 3.7%。在过去的两年中，无锡在工业领域撤出的企业最多，有 3 家企业退出这一行业。

苏州在公共服务及管理这一行业的新增比虽然低于无锡，但苏州在这一行业的企业基数大，该行业，2018 年便有 74 家企业，而 2020 年达到 112 家，新增企业数占总数的 60.3%。苏州市在信息传输、软件和信息技术服务业的发展仅次于公共服务及管理，该行业在过去的两年中新增 17 家企业，占总数的 27.0%。在批发和零售业新增 8 家企业，占总数的 12.7%。建筑业新增 3 家企业，占总数的 4.8%。交通运输、仓储和邮政业及租赁和商务服务业均新增 1 家企业，占总数的 1.6%。与无锡相同，苏州市在工业领域退出企业数最多，有 5 家企业退出工业这一行业（如图 1-24）。

▶ 综合分析篇

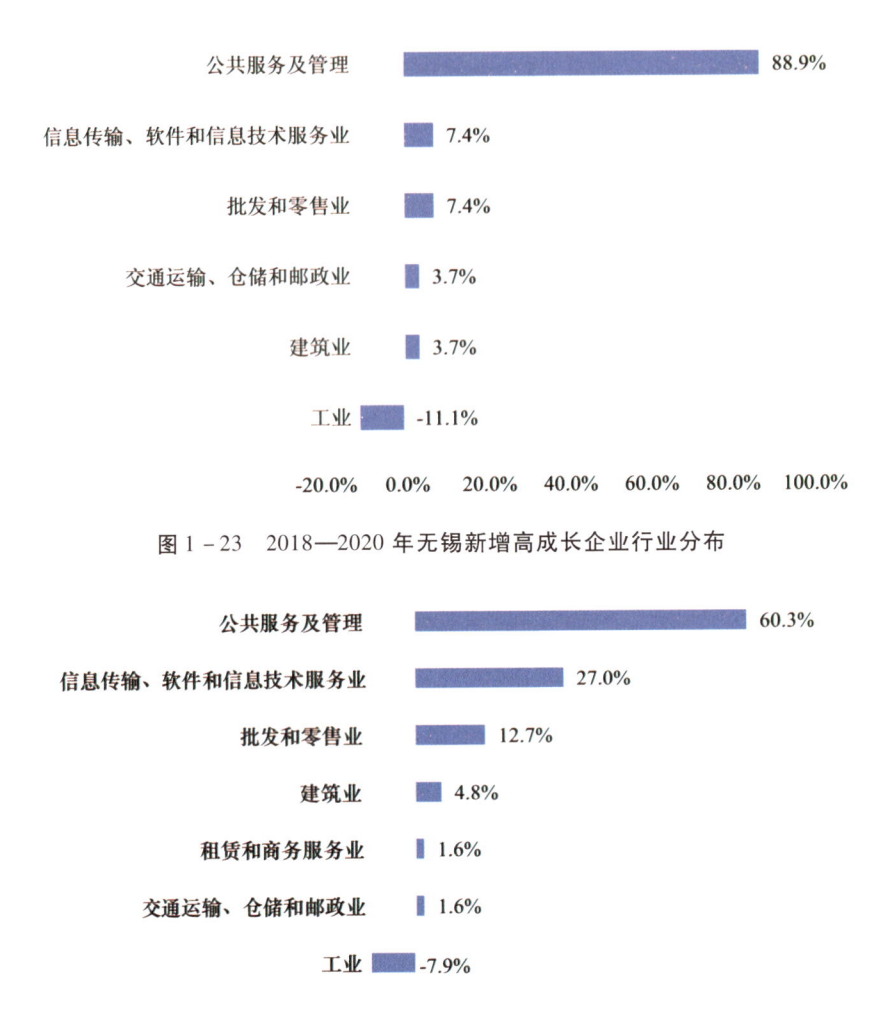

公共服务及管理　88.9%
信息传输、软件和信息技术服务业　7.4%
批发和零售业　7.4%
交通运输、仓储和邮政业　3.7%
建筑业　3.7%
工业　-11.1%

图 1-23　2018—2020 年无锡新增高成长企业行业分布

公共服务及管理　60.3%
信息传输、软件和信息技术服务业　27.0%
批发和零售业　12.7%
建筑业　4.8%
租赁和商务服务业　1.6%
交通运输、仓储和邮政业　1.6%
工业　-7.9%

图 1-24　2018—2020 年苏州新增高成长企业行业分布

常州市新增企业最多的行业为公共服务及管理行业，该行业的企业数由 2018 年的 7 家增至 2020 年的 21 家，新增企业数略少于苏州和无锡，共新增了 14 家企业，占总数的 51.9%。此外，常州市在信息传输、软件和信息技术服务业的新增企业数为 8 家，占总数的 29.6%。与苏州和无锡不同，近两年来，常州在工业领域有 7 家新增企业，占总数的 25.9%。在租赁和商务服务业新增 1 家企业，占总数的 3.7%。对于交通运输、仓储和邮政业以及批发和零售业均有不同程度的企业退出，在批发和零售业有 2 家企业退出，在交通运输、仓储和邮政业均有 1 家企业退出（如图 1-25）。

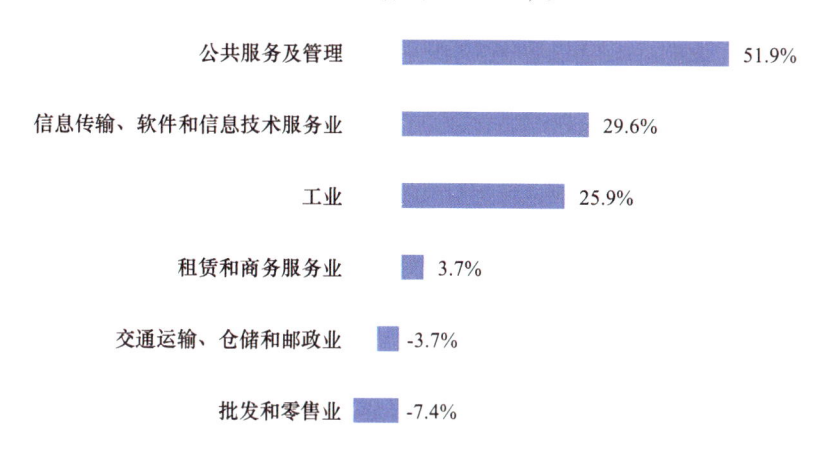

行业	百分比
公共服务及管理	51.9%
信息传输、软件和信息技术服务业	29.6%
工业	25.9%
租赁和商务服务业	3.7%
交通运输、仓储和邮政业	-3.7%
批发和零售业	-7.4%

图 1-25　2018—2020 年常州新增高成长企业行业分布

根据分析可知，南京、常州、苏州、无锡这四座城市的高成长企业发展良好，行业分布模式各有其区域特点。其中，苏州和无锡的新增企业分布基本相同，并且这两座城市的行业发展模式也较为相似，各类型行业的新增比基本保持同步（如图 1-26）。

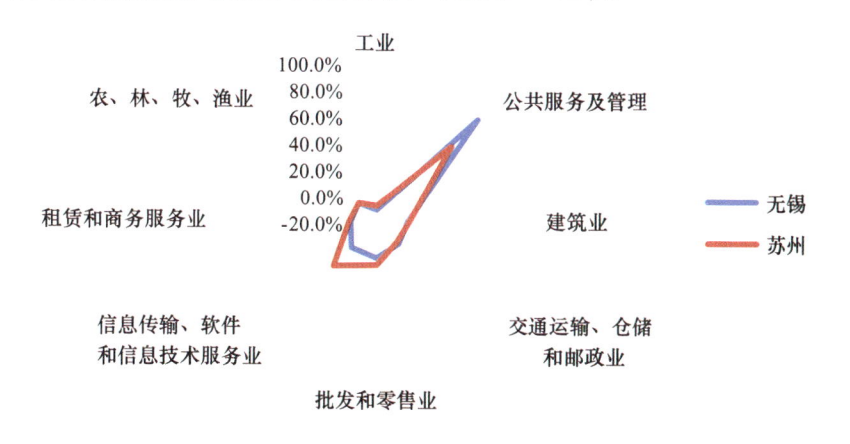

图 1-26　苏州和无锡的新增高成长企业分布

第二章　高成长企业网络理论与方法

在"流动空间"时代，城市的发展与城市间的竞争不仅在于存量资源，更在于其获取外部资金、人力、信息、技术、知识等资源的能力。城市网络作为显化城市节点及其相互关系的集合，成为新时期探索城市系统等级性、区域性与发展路径的新兴范式。企业作为城市经济发展和创新活动的直接参与者与主要驱动者，其网络化布局可为城市打开新区位窗口；而表征创新经济的高成长企业，其异地布局更是城市获取外部高能级资源和借用规模的重要通道。因此，高成长企业网络是解读城市综合实力和发展潜力的有效途径，本研究侧重于企业的异地布局和跨城网络。

一　高成长企业网络的理论基础

（一）本地嗡鸣—全球管道理论

高成长企业的多区位布局和网络化发展是其获取战略资产、提升综合竞争力的有效途径。同一企业因在不同区位布局而形成的组织网络，可为市场信息、客户需求、创新知识、专业见解等提供流通渠道。这种网络可分为本地网络与异地网络两种：本地网络是指企业因布局在同一城市的不同区域而形成组织网络；异地网络则是指企业因布局在不同城市的各个区域而形成组织网络，两种网络对企业发展的功能和效用具有异质性（Bathelt et al., 2004）。

1. 企业的本地嗡鸣。企业的发展与创新活动根植于所在城市特定的制度体系与社会文化中，受城市自身禀赋的影响与约束（胡国建和陆玉麒，2020）。一方面，这种城市属性被视为企业发展或区域创新的基本投入，正如"产业空气"（Industrial atmosphere）理论所传达的，只要企业进入这个区域（Being there），本地化的知识技术便会通过"本地嗡鸣"（Local buzz）扩散和获益（苗长虹，2004）；另一方面，企业会因为地理、制度、文化、信息等多维邻近性可与本地其他企业进行面对面交流，从频繁的互动中学习和模仿其他企业那些难以编码的隐性知识，产生相似的社会关系、技术路径和表达方式，从而使企业拥有"城市名片"。

企业的本地网络发展，强调企业因地理邻近而能达到频繁的面对面交流机会，从而建立起基于地方社会资本、本地信任和共同价值的合作网络关系。合作主体在本地网络中的受信任程度较高，在信息交换和本地学习过程中的机会主义风险较低。然而，由于过于密实化的本地网络会使企业和区域内知识和信息的冗余性越来越高，并引致"信息过载"，进而使得本地创新的价值不断降低，信息固化程度不断加深，加速企业和城市的技术锁定（Broekel and Hartog，2013）。同时，过度嵌入本地网络也会逐渐使得企业的信息分享和交换成为"强制义务"，生产和创新活动的边际收益逐渐降低，限制合作主体持续创作的主动性，进而对企业发展和创新激励机制产生破坏性作用（Bathelt，2007）。

2. 企业的全球管道。企业的异地布局和拓展，是企业产权关系和组织架构（如公司总部、分支机构、研发、生产、营销等部门）在多空间尺度不同城市的构建和映射。一方面，企业在异地网络中的再嵌入过程为其打开了新的"区位窗口"，因而可以接触更多客户与供应商，吸引资金技术和市场信息等资源，增强综合创新能力，扩大市场占有率和提升企业整体绩效；另一方面，企业分支机构引领着总部的资金流、人才流、信息流、知识流、技术流进入其他城市，有助于促进当地产业的更新换代、激发城市技术创新。

这种交互模式和结构性嵌入，通过"全球管道"（Global pipeline）为本地企业提供了接触外部新知识、新市场信息和专业化人才的可能，形成更加结构化、正式化和规范化的合作网络。相比于本地网络，异地网络两端的合作企业地理距离较远、制度背景和技术背景存在不同程度的差异，故而建立和维系稳定的跨本地交互关系需要投入大量的时间、精力和金钱（Cao et al.，2021）。此外，异地网络发展能否有效运行也依赖于企业自身的"吸收能力"（Absorptive capacity），即对外部资源要素的理解、消化和利用能力（Bathelt，2007）。尽管如此，有效的管道一旦建立，便能为企业和区域的创新发展注入新的活力，降低陷入技术锁定的风险。

（二）流动空间理论

受 Christaller 和 Losch 的中心地理论的影响，早期的学者认为城市体系呈现出由位于中心的大城市主导的阶梯状层级结构，城市的等级规模决定了城市的影响范围，信息流通方式从高等级城市向低等级城市垂直传递。这是一种相对封闭的、静止的、等级性的空间组织逻辑。然而，随着全球化和区域一体化的深入、通信和信息技术的发展，城市之间跨地域的水平联系（合作和互补的关系）不断加强，联系通道不断增多。面对新时期出现的这些新变化，传统的中心地理论解释力有限，城市研究范式出现了"网络化"的转向（Capello，2000）。

网络范式强调城市外部联系的重要性，而非城市自身规模等属性。在网络中拥有较好位置的城市可以通过与其他城市的关联"借用规模"（Borrow size），以弥补自身发展的局限（Meijers，2016）。产业空间的集群化、交通基础设施与信息通信技术的发展推动了城市之间各种要素（如人口、资金、商品、信息、技术等）密集流动，传统的"场地空间"日益被"流动空间"取代（Castells，1996）。这种基于流动空间的网络化模式重构了区域关系，促使城市的中心职能在地理空间上深刻重组，多个中心城市在功能网络中成为枢纽节点。Sassen（1991）重新解读全球城市，认为纽约、伦敦、东京是通过高端生产性服务企业的跨国公司网络获得全球城市的地位。Castells（1996）提出"流动空间"的新理念和网络社会的崛起，指出"城市不是靠他所拥有的东西，而是通过流经他的东西来获取并积累财富、控制和权力"。Taylor（2004）把城市的外部联系称作"城市的第二本质"，即城市也是一种关系现象，并提出"中心流理论"（Taylor et al.，2010）作为中心地理论的补充。Pflieger 和 Rozenblat（2010）也认为"城市作为网络存在于网络之中"。Batty（2013）和 Neal（2013）都主张要深刻理解城市就不能仅将其当作空间中的地点，更应该将其视为网络和流的体系。

Castells（1996）认为流动空间由三个层次构成：第一层为网络的物质基础（航空和因特网组织的"硬网络"）；第二层为构成网络节点的地点（如城市）；第三层为以工作等方式在空间上组织起来的全球精英（建立在第一和第二层次基础上的"软网络"）。从本质看，城市网络是城市间各种实体流或虚拟流的空间表现。随着理论的不断创新和丰富，城市网络的实证研究也不断发展。

1990 年以来，通过不同的网络视角，国内外学者对城市体系的结构进行广泛讨论。其中，以基础设施网络和企业经济网络为主。基础设施网络是其他类型网络联系的物质基础，如代表硬网络的航空、铁路、公路、海运等交通网络（Derudder and Witlox，2005；王娇娥等，2009；王列辉和朱艳，2017）和代表软网络的通信互联网网络（Townsend，2001；汪明峰和宁越敏，2006）。此外，企业网络也是流动空间实证研究的重要一支。例如，以全球化与世界城市小组 GaWC 为代表的企业网络视角，关注城市间由高端生产性服务行业所形成的链锁关系。受其启发，赵渺希和刘铮（2012）构建中国城市间的企业网络；谭一洺等（2011）、路旭等（2012）、王聪等（2013）则关注重点城市群区域的企业联系。随着创新发展战略提出，有关高成长企业、金融企业组织关系和空间扩张的探讨大量出现在城市和区域组织结构的研究中（Pan et al.，2017；黄晓东等，2021）。

二　企业网络布局的研究方法

通过企业的总部分支机构信息构建其异地网络，需要实现企业组织关系在地理空间上的投影，即经历"点对点"向"面向面"的转换。企业与城市之间关系密切，城市作为企业进行经济发展和创新活动的空间载体，如果企业样本量足够大，选择合理的算法，在某种程度上企业关系可以模拟城市间的经济联系和创新联系。同时，企业作为城市的行动者和子集，其总部通过设立分支机构将资金、劳动力、软件和硬件设备延伸到不同城市进行"空间生产"而产生要素流，该要素流网络可以反映城市的借用规模能力和外部效益。运用企业在异地的区位布局信息模拟跨城企业联系网络的方法通常有两大类：企业总部分支单线隶属联系法和企业总部分支链锁网络模型法。

（一）单线隶属联系法

企业总部分支单线隶属联系法是基于企业总部和各个分支机构的位置信息，将总部与分支的组织架构联系直接对应为总部所在城市与分支所在城市之间的单线要素流联系。例如，企业总部与分支机构之间的要素流动可表现在企业总部将制定的发展战略、规章制度、技术章程、设计说明、资源配置等显性要素下发给分支机构，分支机构经过本地整合过程后将实践反馈给总部。一般借鉴 Alderson 和 Beckfield（2004）提出的跨国公司总部—分支隶属关系法（Ownership linkages model）构建城市网络，体现了企业间要素流动上传下达式的单线联系，特别是显性要素流动，该网络指数侧重于反映城市的企业资本支配能力。

企业集团通常以实力雄厚的总部（母公司）为核心，通过资本运作、管理控制等方式设立分支机构（子公司）得以发展，因此企业母子隶属度关系是度量企业空间发展格局的重要方式。例如，Alderson 等（2010）以世界 500 强企业的母子关系为依据，探讨全球城市资本支配能力的差异及其在企业版图中核心—边缘的结构特征。赵渺希和李海燕（2019）基于长三角地区的全行业企业名录，通过企业组织的隶属性联系识别所属城市间的地域联系，揭示 2001—2017 年长三角企业形成以市场为导向的功能多中心、跨行政边界的网络交互发展格局。马丽亚等（2019）基于 2017 年注册地在东北三省上市的母子企业联系信息，分析企业空间发展的集聚特征与多中心态势。李雨婕和肖黎明（2021）采用企业—城市网络转译的隶属联系模型，研究中国绿色金融企业网络发展的空间结构特征及其影响因素。

（二）链锁网络模型法

企业总部分支链锁网络模型法的逻辑不同于单线隶属联系法，认为只要企业组织架构足够紧密，要素资源不仅可以在总部分支间垂直传递，还能在不同分支机构间水平流动（Taylor，2001）。例如，不同地区分公司可通过正式（技术合作、信息共享等）和非正式（员工流动、头脑风暴等）的关系推动经济活动、知识技术和创新文化的跨部门流转。这种方式的互动覆盖面更大，涉及内容更广，所有企业均存在建立联系的可能性。一般借鉴世界知名智库 GaWC 提出的跨国高端生产性服务企业的链锁网络模型（Interlocking network model）来构建城市网络（Taylor and Derudder，2015），体现了企业所有部门间存在联系的可能与强度，特别是隐形要素流动，该网络指数侧重于反映城市的企业资本服务能力（李涛等，2019）。

链锁网络模型法将不同等级的企业部门对等为其在特定城市的服务价值，通过对应服务价值的乘积和表征城市间最大可能的企业要素流动与交互联系，受到了大批学者的青睐。例如，Derudder 等（2018）基于 175 家高端生产性服务企业的全球区位选择和链锁网络模型，揭示中国城市融入世界高端生产性服务产业链的路径和演化规律。曹前等（2018）基于中国百强互联网企业部门机构信息，依据机构重要程度从高到低将总部、非主营业务总公司、主营业务分公司、非主营业务分公司、办事处、无机构的城市分别赋以"5、4、3、2、1、0"的服务价值，采用链锁网络模型分析中国互联网企业空间格局演化与城市网络特性。周晓艳等（2020）也借鉴曹前等（2018）的思路，创建"城市独角兽企业服务值"，以表征独角兽企业在城市的服务价值，进而探究新经济时代中国城市独角兽企业的创新发展路径和网络特征。

由于单线隶属联系法只刻画总部与分支机构间的实际联系数量，而忽视不同分支机构间的潜在可能互动，因此相关研究会要求企业样本具有全面性且所涉及的城市具有无偏性。但本研究重点在江苏高成长企业（独角兽企业、培育独角兽企业和瞪羚企业）的空间布局及网络发展，未涵盖其他省份各城市的高成长企业全样本。采用单线传递联系法构建的城市网络会较为稀疏，且极化分布于江苏个别城市，无法作出细致地对比分析。相反，链锁网络模型法因考虑所有公司部门间的潜在联系而能构建出密度较大的城市网络，不会因样本的区域性而影响城市高成长企业网络指数的测算及其科学性。

因此，本研究基于江苏高成长企业（独角兽、培育独角兽和瞪羚企业）总部分支机构信息，采用链锁网络模型法构建城市间的企业网络，测算江苏各市的高成长企业网络综合指数及其基于企业类型和产业类型的分项指数，进而分析2018—2020年江苏高成长企业网络化发展的时空演化特征，以期为各城市不同类型不同产业的企业创新和高质量发展提供政策建议。

三　高成长企业网络模型构建

（一）基于链锁网络模型的企业网络构建

1. 城市—企业二模矩阵赋值。在链锁网络模型中，首先要建立由n家企业及其区位布局所涉及的m个城市构成的n×m的企业服务价值矩阵V，矩阵中的元素V_{ij}为服务价值系数（Service value），表征企业j在城市i中的重要程度与发展能力。在参考相关研究、咨询领域专家和访谈相关企业负责人的基础上，企业服务价值系数以0—4五标度赋值，以表征企业在不同城市发展能级的异质性。

具体赋值规则为：若一个企业在某城市没有设立任何机构，则服务价值系数为0；若一个企业在某城市设有营业部、服务部、实验室、办事处和服务中心等规模较小或功能较为单一的机构，则服务价值系数为1；当一个企业在某城市设有一个分公司、分社、分院等具有一定规模且从事经营活动的机构时，服务价值系数为2；若设有的分公司、分社、分院数量大于等于两个，则服务价值系数为3；而当某城市拥有一个企业的总部时，其服务价值系数为4。

以2020年独角兽企业南京领行科技股份有限公司为例，首先，进入该企业"企查查"网站（https：//www.qcc.com/）主页查找总部分支机构信息（如图2-1），企业总部设立在南京市江宁区，由于城市口径统一到地级行政区划，所以给南京赋值为4。同时，该企业全国58个城市都设有分公司，则默认企业在这些城市的服务价值系数和发展能级为2。其次，核对每个分公司地址可以发现苏州、金华和威海均设有两个分公司，所以将其赋值改为3。最后，将其余没有设立该企业任何机构的城市赋值为0。以此类推，完成每一个企业在不同城市的服务价值系数矩阵的建立，最终得到城市—企业的二模矩阵。

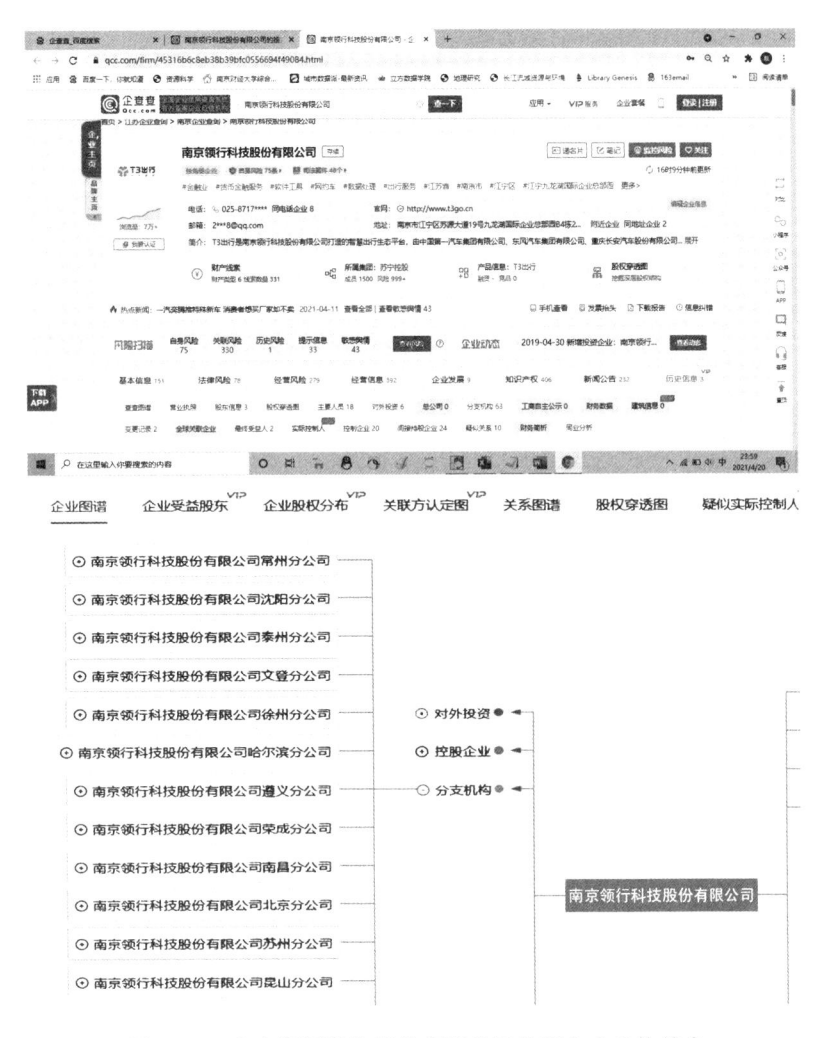

图2-1 南京领行科技股份有限公司总部分支机构信息

每个企业的总部分支机构信息需要充分挖掘各类数据源，通过企业官方网站、企查查、企业年报、检索平台、新闻资讯、招聘信息等资料综合获取。企业部门类型、规模和职能分工信息绝大部分可通过企业名称直接解译,如"***营业部""***办事处""***分公司""***公司"等。此外,对于信息不明的企业,可通过企业年报、电话咨询和实地调研进行深入了解,以保证数据的准确性与可靠性。需要指出的是,每个企业在不同城市的服务价值系数,是通过人工识别逐一赋值并交叉验证的方式完成,在这一过程中剔除了注销、吊销、倒闭等在搜索年份内消亡的分支机构,且地址信息以实际办公地址为准,而非注册地址。

2. 二模矩阵—模化投影。根据 Taylor 的链锁网络模型和网络投影算法,将城市—企业的二模关系转化为城市—城市的一模关系 CDC(City Dyad Connectivity),具体公式如下:

$$CDC_{ab,j} = V_{aj} \cdot V_{bj} (a \neq b)$$

$$CDC_{ab} = \sum_{j=1}^{n} CDC_{ab,j}$$

其中,$CDC_{ab,j}$ 指城市 a 和城市 b 基于企业 j 而产生的连接度;V_{aj} 和 V_{bj} 分别指企业 j 在城市 a 和城市 b 的服务价值系数;CDC_{ab} 是城市 a 和城市 b 基于所有企业而产生的连接度;n 为企业数量。

图 2-2 二模网络—模化投影转化示意

图 2-2 通过简化的实例来阐述二模网络—模化的转化过程,左边是企业 A 和 B 在南京、苏州、无锡的二模联系网络及其矩阵,右边是这三个城市通过企业 A 和 B 所产生不同强度的直接联系网络及

其矩阵。以南京—苏州的联系为例，其 CDC 值为 A 企业产生的 4×3 和 B 企业产生的 2×4 的联系值之和 20；南京—无锡、苏州—无锡这两个城市对的 CDC 也依次类推得 12 和 14。最终，城市—企业 3×2 矩阵转化为城市—城市的 3×3 矩阵。

（二）江苏高成长企业网络指数的测算

经过二模矩阵一模投影转换后，得到基于企业联系的无向且对称的城市网络，忽略矩阵的对角线值（即城市自身联系，因为本研究不考虑本地网络）。根据一模城市网络，计算江苏城市的高成长企业网络指数，即全局网络连接度或联系度 GNC（Gross Network Connectivity），具体公式如下：

$$GNC_a = \sum_{b=1}^{m} CDC_{ab}$$

其中，GNC_a 是城市 a 的全局网络连接度或联系度；CDC_{ab} 是城市 a 和城市 b 基于所有企业而产生的连接度或联系度；m 为所涉及的城市数量。

城市的全局网络连接度可分为综合指数和基于企业类型、产业类别的分项指数。综合指数是基于城市间因所有高成长企业而产生的联系计算全局网络连接度，称为高成长企业网络指数。

本研究将高成长企业分为独角兽企业、培育独角兽企业、瞪羚企业 3 种类型，因此基于企业类型的分项指数包括独角兽企业网络指数、培育独角兽网络指数、瞪羚企业网络指数，分别对应基于城市间因独角兽企业、培育独角兽企业、瞪羚企业而产生的联系计算其网络连接度。

同理，由于本研究的高成长企业涉及工业、公共服务和管理业、建筑业、交通运输和仓储邮政业、批发和零售业、信息技术服务业、租赁和商服业、农林牧副渔业 8 大产业，所以基于产业类型的分项指数包括城市的工业网络指数、公共服务和管理业网络指数、建筑业网络指数、交通运输和仓储邮政业网络指数、批发和零售业网络指数、信息技术服务业网络指数、租赁和商服业网络指数、农林牧副渔业网络指数，分别对应基于城市间因各类产业的企业而产生的联系计算其网络连接度。

第三章　江苏高成长企业网络指数结果与分析

基于江苏高成长企业网络的理论梳理与方法介绍，本章节开展2018—2020年江苏高成长企业网络实证研究，主要涉及江苏高成长企业样本的确定、江苏城市高成长企业网络指数的结果分析、企业总部分支机构的空间布局演化与企业网络在省内与全国的发展路径演化。江苏城市的高成长企业网络指数是量化该城市高成长企业在异地网络再嵌入程度的指标，可直观反映特定高成长企业的全局影响力和综合创新力。城市的高成长企业网络指数越高，其对外的经济辐射和协同创新能力越强。本章节侧重于江苏城市高成长企业网络综合指数，而分类型、分产业、分地区的高成长企业网络指数详见后续章节。

一　高成长企业网络指数结果

（一）江苏高成长企业选择

江苏高成长企业的确定依据为江苏省生产力促进中心发布的江苏省高新技术产业开发区独角兽企业和瞪羚企业评估结果。根据评估结果，2018年江苏高成长企业有422家，包括8家独角兽企业，34家培育独角兽企业和380家瞪羚企业；2019年江苏高成长企业有499家，包括5家独角兽企业，56家培育独角兽企业和438家瞪羚企业；2019年江苏高成长企业有612家，包括8家独角兽企业，97家培育独角兽企业和507家瞪羚企业。除独角兽企业数量略有波动，其余类型的高成长企业均逐年增加。

由于本研究的高成长企业网络是基于企业跨城布局的区位网络，

第三章 江苏高成长企业网络指数结果与分析

地级行政区划是区位的基本单元，所以企业样本中需清洗掉以下两种企业：（1）没有分支机构的企业，因为无法形成总部分支机构链锁模型网络；（2）总部和分支机构在同一城市不同区县的企业，因为这种网络属于本地网络，而本研究侧重点在于异地网络，即跨城市的企业组织网络。基于此，最终确定了2018年的91家、2019年的111家、2020年的137家江苏高成长企业，具体名单如表3-1所示。

表3-1　2018—2020年江苏高成长企业研究样本

类型	企业名称（2018年）
独角兽	惠龙易通国际物流股份有限公司、南京知行电动汽车有限公司、信达生物制药（苏州）有限公司、江苏车置宝信息科技有限公司、江苏恒神股份有限公司、孩子王儿童用品股份有限公司
培育独角兽	苏州亚盛药业有限公司、前沿生物药业（南京）股份有限公司、山石网科通信技术有限公司、江苏康宁杰瑞生物制药有限公司、天聚地合（苏州）数据股份有限公司、苏州思必驰信息科技有限公司、易视腾科技股份有限公司、天演药业（苏州）有限公司、苏州信诺维医药科技有限公司、苏州叠纸网络科技股份有限公司、江苏晨泰医药科技有限公司、苏州嘉图软件有限公司、南京乐韵瑞信息技术有限公司
瞪羚	南京拓界信息技术有限公司、中广核达胜加速器技术有限公司、赛业（苏州）生物科技有限公司、江苏智途科技股份有限公司、江苏恒神股份有限公司、南京金斯瑞生物科技有限公司、无锡士康通讯技术有限公司、无锡中科光电技术有限公司、无锡中微爱芯电子有限公司、江苏汤姆包装机械有限公司、常州市拓源电缆成套有限公司、常州市璟胜自动化科技有限公司、江苏正辉太阳能电力有限公司、南京药石科技股份有限公司、苏州优纳科技有限公司、苏州协鑫光伏科技有限公司、苏州朗捷通智能科技有限公司、苏州朗坤自动化设备有限公司、江苏风云科技服务有限公司、东曜药业有限公司、天演药业（苏州）有限公司、江苏赛融科技股份有限公司、苏州同元软控信息技术有限公司、扬州扬杰电子科技股份有限公司、江苏敏捷科技股份有限公司、江苏硕世生物科技股份有限公司、苏州华碧微科检测技术有限公司、苏州赛芯电子科技股份有限公司、苏州苏试广博环境可靠性实验室有限公司、飞利浦医疗（苏州）有限公司、苏州市软件评测中心有限公司、苏州创易技研股份有限公司、苏州弗士达科学仪器有限公司、苏州安可信通信技术有限公司、江苏博迁新材料股份有限公司、昆山勃盛电子有限公司、江苏蒙哥马利电梯有限公司、华进半导体封装先导技术研发中心有限公司、江苏康为世纪生物科技股份有限公司、江苏鑫亿软件股份有限公司、南京泉峰汽车精密技术有限公司、苏州科达科技股份有限公司、聚灿光电科技股份有限公司、苏州市伏泰信息科技股份有限公司、苏州英诺迅科技股份有限公司、利穗科技（苏州）有限公司、同程网络科技股份有限公司、三浦工业设备（苏州）有限公司、盛科网络（苏州）有限公司、银科环企软件（苏州）有限公司、模德模具（苏州工业园区）有限公司、江苏梦兰神彩科技发展有限公司、耐世特汽车系统（苏州）有限公司、苏州博实机器人技术有限公司、盟拓软件（苏州）有限公司、思瑞浦微电子科技（苏州）有限公司、创发信息科技（苏州）有限

续表

类型	企业名称（2018 年）
瞪羚	公司、无锡中微腾芯电子有限公司、安费诺（常州）高端连接器有限公司、昆山维信诺科技有限公司、无锡中德伯尔生物技术有限公司、沃太能源南通有限公司、无锡赛晶电力电容器有限公司、南京华讯方舟通信设备有限公司、苏州热工研究院有限公司、南京万德斯环保科技股份有限公司、江苏国茂减速机股份有限公司、苏州华兴源创电子科技有限公司、江苏元泰智能科技股份有限公司、南京云创大数据科技股份有限公司、苏州大宇宙信息创造有限公司、无锡文思海辉信息技术有限公司

类型	企业名称（2019 年）
独角兽	汇通达网络股份有限公司、孩子王儿童用品股份有限公司、魔门塔（苏州）科技有限公司
培育独角兽	江苏塔菲尔新能源科技股份有限公司、南京云创大数据科技股份有限公司、江苏塔菲尔新能源科技股份有限公司、八爪鱼在线旅游发展有限公司、苏州桐力光电股份有限公司、飞依诺科技（苏州）有限公司、无锡朗贤轻量化科技股份有限公司、凯美瑞德（苏州）信息科技股份有限公司、联掌门户网络科技有限公司、苏州极目机器人科技有限公司、好活（昆山）网络科技有限公司、苏州锴威特半导体股份有限公司、苏州亚盛药业有限公司、山石网科通信技术股份有限公司
瞪羚	南京药石科技股份有限公司、南京华讯方舟通信设备有限公司、南京万德斯环保科技股份有限公司、南京金斯瑞生物科技有限公司、江苏博睿光电有限公司、南京江原安迪科正电子研究发展有限公司、中苏科技股份有限公司、南京南瑞信息通信科技有限公司、南京云创大数据科技股份有限公司、南京拓界信息技术有限公司、华设设计集团股份有限公司、南京斯瑞奇医疗用品有限公司、无锡市艾克特电气股份有限公司、无锡天云数据中心科技有限公司、无锡海斯凯尔医学技术有限公司、无锡中科光电技术有限公司、天芯互联科技有限公司、无锡士康通讯技术有限公司、江苏凌志环保工程有限公司、江苏风和医疗器材股份有限公司、永安行科技股份有限公司、特雷克斯（常州）机械有限公司、江苏浩森建筑设计有限公司、常州力安液压设备有限公司、江苏宏微科技股份有限公司、江苏鑫亿软件股份有限公司、江苏国茂减速机股份有限公司、安费诺（常州）高端连接器有限公司、江苏振邦智慧城市信息系统有限公司、中移（苏州）软件技术有限公司、苏州朗捷通智能科技有限公司、苏州威尔汉姆堆焊技术有限公司、苏州市伏泰信息科技有限公司、江苏盖亚环境科技股份有限公司、苏州智铸通信科技有限公司、苏州众言网络科技有限公司、苏州泓迅生物科技股份有限公司、凯美瑞德（苏州）信息科技股份有限公司、创发信息科技（苏州）有限公司、苏州大禹网络科技有限公司、天聚地合（苏州）数据股份有限公司、江苏风云科技服务有限公司、聚灿光电科技股份有限公司、飞依诺科技（苏州）有限公司、卡博森化学科技（苏州）有限公司、金螳螂精装科技（苏州）有限公司、苏州金唯智生物科技有限公司、雅玛信过滤器（苏州工业园区）科技有限公司、智慧芽信息科技（苏州）有限公司、盟拓软件（苏州）有限公司、信达生物制药（苏州）有限公司、苏州方位通讯科技有限公司、江苏北人机器人系统股份有限公司、天演药业（苏州）有限公司、思瑞浦微电子科技（苏州）

续表

类型	企业名称（2019年）
瞪羚	股份有限公司、苏州顺芯半导体有限公司、苏州纳微科技有限公司、江苏汇博机器人技术股份有限公司、苏州华碧微科检测技术有限公司、苏州新代数控设备有限公司、苏州金螳螂园林绿化景观有限公司、利穗科技（苏州）有限公司、飞利浦医疗（苏州）有限公司、盛科网络（苏州）有限公司、泽尼特泵业（中国）有限公司、银科环企软件（苏州）有限公司、苏州市软件评测中心有限公司、苏州华兴源创电子科技股份有限公司、苏州创易技研股份有限公司、苏州工业园区高泰电子有限公司、创达特（苏州）科技有限责任公司、江苏神彩科技股份有限公司、福斯流体控制（苏州）有限公司、苏州首创嘉净环保科技股份有限公司、苏州安可信通信技术有限公司、江苏天瑞仪器股份有限公司、苏州金山太阳能科技有限公司、迪思特空气处理设备（常熟）有限公司、西部技研环保节能设备（常熟）有限公司、博格华纳汽车零部件（江苏）有限公司、苏州铁近机电科技有限公司、中广核达胜加速器技术有限公司、江苏哈工药机科技股份有限公司、江苏长隆石化装备有限公司、苏州中固建筑科技股份有限公司、南通庞源机械工程有限公司、江苏宝众宝达药业有限公司、江苏麒祥高新材料有限公司、江苏博克斯科技股份有限公司、扬州扬杰电子科技股份有限公司、江苏淘镜有限公司、江苏硕世生物科技有限公司、江苏康为世纪生物科技有限公司、江苏辰宇电气有限公司

类型	企业名称（2020年）
独角兽	南京传奇生物科技有限公司、南京领行科技股份有限公司、汇通达网络股份有限公司
培育独角兽	南京芯驰半导体科技有限公司、南京英锐创电子科技有限公司、南京乐韵瑞信息技术有限公司、先声医学诊断有限公司、南京文火传媒有限公司、南京江行联加智能科技有限公司、迪哲（江苏）医药有限公司、无锡朗贤轻量化科技股份有限公司、中芯长电半导体（江阴）有限公司、常州聚和新材料股份有限公司、江苏云学堂网络科技有限公司、诺一迈尔（苏州）医学科技有限公司、苏州万店掌网络科技有限公司、苏州无双医疗设备有限公司、苏州裕太车通电子科技有限公司、苏州和阳智能制造股份有限公司、天聚地合（苏州）数据股份有限公司、天演药业（苏州）有限公司、八爪鱼在线旅游发展有限公司、苏州鲜橙科技有限公司、苏州朗动网络科技有限公司、苏州叠纸网络科技股份有限公司、苏州博纳讯动软件有限公司、苏州源卓光电科技有限公司、凯美瑞德（苏州）信息科技股份有限公司、苏州易锐光电科技有限公司、度亘激光技术（苏州）有限公司、苏州极目机器人科技有限公司、苏州桐力光电股份有限公司、昆山新蕴达生物科技有限公司、好活（昆山）网络科技有限公司、泰州亿腾景昂药业股份有限公司、宿迁联盛科技股份有限公司

续表

类型	企业名称（2020年）
瞪羚	南京药石科技股份有限公司、南京志卓电子科技有限公司、江苏环保产业技术研究院股份有限公司、南京泉峰汽车精密技术股份有限公司、南界乐韵瑞信息技术有限公司、江苏金智教育信息股份有限公司、南京江原安迪正电子研究发展有限公司、南京迈瑞生物医疗电子有限公司、南京万德斯环保科技股份有限公司、南京天祜软件有限公司、中苏科技股份有限公司、南京乐鹰商用厨房设备有限公司、南京濠璟通讯科技有限公司、南京生兴有害生物防治技术股份有限公司、南京拓界信息技术有限公司、南京索酷信息科技股份有限公司、南京诺丹工程技术有限公司、南京云创大数据科技股份有限公司、南京宁粮生物工程有限公司、南京海泰医疗信息系统有限公司、江苏智恒信息科技服务有限公司、无锡英臻科技有限公司、无锡邑文电子科技有限公司、无锡海斯凯尔医学技术有限公司、无锡美偲科微电子有限公司、江苏中科君芯科技有限公司、无锡天芯互联科技有限公司、中芯长电半导体（江阴）有限公司、江苏风和医疗器材股份有限公司、徐州华夏电子有限公司、江苏中机矿山设备有限公司、江苏影速光电技术有限公司、常州聚和新材料股份有限公司、江苏鑫亿软件股份有限公司、江苏赞奇科技股份有限公司、常州百瑞吉生物医药有限公司、安费诺（常州）高端连接器有限公司、江苏国茂减速机股份有限公司、征图新视（江苏）科技有限公司、江苏振邦智慧城市信息系统有限公司、艾思玛新能源技术（江苏）有限公司、苏州朗坤自动化设备有限公司、苏州朗捷通智能科技有限公司、苏州威尔汉姆堆焊技术有限公司、中移（苏州）软件技术有限公司、信达生物制药（苏州）有限公司、飞利浦医疗（苏州）有限公司、苏州叠纸网络科技股份有限公司、思瑞浦微电子科技（苏州）股份有限公司、金螳螂精装科技（苏州）有限公司、苏州思必驰信息科技有限公司、星童医疗技术（苏州）有限公司、新代科技（苏州）有限公司、苏州博纳讯动软件有限公司、苏州桐力光电股份有限公司、苏州高泰电子技术股份有限公司、苏州中明光电有限公司、苏州嘉图软件有限公司、创达特（苏州）科技有限责任公司、利穗科技（苏州）有限公司、苏州盈天地资讯科技有限公司、苏州华碧微科检测技术有限公司、苏州东微半导体有限公司、江苏盖亚环境科技股份有限公司、苏州金螳螂园林绿化景观有限公司、苏州广立信息技术有限公司、苏州弗士达科学仪器有限公司、苏州纳微科技股份有限公司、苏州朗拓软件有限公司、苏州同元软控信息技术有限公司、卡博森斯化学科技（苏州）有限公司、优泰科（苏州）密封技术有限公司、苏州众言网络科技股份有限公司、苏州智铸通信科技股份有限公司、苏州光格科技股份有限公司、苏州大宇宙信息创造有限公司、江苏元泰智能科技股份有限公司、飞依诺科技（苏州）有限公司、神彩科技股份有限公司、江苏赛融科技股份有限公司、苏州金唯智生物科技有限公司、苏州大禹网络科技有限公司、江苏汇博机器人技术股份有限公司、智慧芽信息科技（苏州）有限公司、江苏天瑞仪器股份有限公司、江苏延长桑莱特新能源有限公司、罗伯泰克自动化科技（苏州）有限公司、迪思特空气处理设备（常熟）有限公司、苏州优尼昂精密金属制造有限公司、苏州铁近机电科技股份有限公司、苏州赛森电子科技有限公司、苏州中固建筑科技股份有限公司、沃太能源南通有限公司、江苏恒信诺金科技股份有限公司、扬州扬杰电子科技股份有限公司、镇江赛尔尼柯自动化有限公司、江苏兆能电子有限公司、江苏康为世纪生物科技股份有限公司、宿迁科思化学有限公司、江苏广新重工有限公司、江苏辰宇电气有限公司

(二) 江苏高成长企业网络指数

基于指数测算逻辑可知，无论是基于企业类型，或是基于产业类别，其各自分项指数之和均等于综合指数。由前文已悉知，2018年、2019年和2020年有效企业样本分别是91家、111家和137家，企业类型中瞪羚企业数量占据多数（见表3-2），产业类别中以工业、公共服务和管理业、信息技术服务业为主（见表3-3），其余归属5大产业类别的企业数量较少。

表3-2　　　　2018—2020年分类型高成长企业数量　　　　单位：家

企业类型	2018年	2019年	2020年
独角兽企业	6	3	3
培育独角兽企业	13	14	33
瞪羚企业	72	94	101
合计	91	111	137

表3-3　　　　2018—2020年分产业高成长企业数量　　　　单位：家

产业类别	2018年	2019年	2020年
工业	26	26	28
公共服务和管理业	34	40	54
建筑业	1	6	3
交通运输和仓储邮政业	1	0	0
批发和零售业	4	6	5
信息技术服务业	24	30	45
租赁和商服业	1	2	1
农林牧副渔业	0	1	1
合计	91	111	137

根据前文所述的研究方法和数据来源，构建2018—2020年江苏高成长企业网络，进而计算出江苏13个地级市基于所有高成长企业

联系的全局网络连接度,即江苏城市的高成长企业网络指数(见表 3-4)。

表3-4 2018—2020年江苏城市高成长企业网络指数

城市	2018年综合指数	2019年综合指数	2020年综合指数
苏州	1212	1964	1630
南京	560	1311	1450
无锡	244	773	602
南通	184	930	410
徐州	100	654	356
常州	136	868	326
扬州	108	394	296
泰州	68	514	246
连云港	52	248	238
淮安	128	436	46
宿迁	100	288	32
盐城	140	720	28
镇江	212	616	16
GINI	0.50	0.31	0.56
首位度	2.16	1.50	1.12

由表3-4可知,苏州和南京的高成长企业网络指数在江苏一直位居第一和第二。2018—2020年,苏州的高成长企业受疫情影响显著,在2019年网络发展指数达到1964峰值后,2020年回落到1630,降幅为17%。而南京的高成长企业网络发展态势强劲,网络综合发展指数由2018年的560增至2020年的1450,为2018年的2.59倍。同时,南京的高成长企业韧性较大,在疫情影响下能保持稳健的上升趋势,疫情后仍有10%以上的增幅,与苏州的差距逐年缩小,使得苏州的首位度从2.16下降至1.12。

从2020年的综合网络指数来看,无锡、南通、徐州、常州、扬州、泰州、连云港的高成长企业发展处于第二梯队,指数在200到700,与第一梯队的苏州和南京差距明显;第三梯队的城市有苏北的淮安、宿迁、盐城和苏南的镇江，高成长网络指数均低于100。三个梯队城市高成长企业网络指数的组间差距较大，疫情使得江苏城市的位序格局产生较大变动，不同城市对其响应能力的差别充分映射在企业的恢复程度上，城市间基尼系数因此增大，为0.56。

2019年江苏各城市的高成长企业发展较为均衡，基尼系数最小，仅为0.31，除苏州和南京综合网络指数较高外，南通和常州的高成长企业发展也毫不逊色，指数均大于800，呈现出多极发展态势；无锡、盐城、徐州、镇江、泰州紧追其后，网络指数大于500；排名靠后的淮安、扬州、宿迁、连云港，其指数值也均不低于200，组间差距整体较小。疫情后，镇江和盐城的网络指数出现断崖式下跌，下降幅度超过95%，体现出这两个城市本地抗风险环境的脆弱性和高成长企业的敏感性。

二 高成长企业机构的空间布局

（一）江苏高成长企业总部分布格局演化

就江苏高成长企业总部的区位而言，如图3-1所示，大部分高成长企业的总部设在江苏省内，2019年与2020年有少数企业总部设于省外其他城市（如深圳）。

高成长企业总部主要集中于苏州和南京，这两座城市汇集了约七成的总部数量。2018—2020年苏州与南京的总部数量一直在不断增长，苏州总部数量从52家扩大到72家，增长速度有所放缓；相比之下，南京的总部数量增长迅猛，从13家扩大到32家，增长速度从2019年的15%跃升至2020年的113%。无锡和常州总部数量总和次之，占比超过10%，变化平稳但占比有下降趋势。苏中地区2018—2020年总部数量变化趋于平稳，唯独2020年南通总部数量归于0。苏北地区城市的总部数量在不断增加，2018年仅宿迁拥有一家总部，2020年扩大至9家，总部数量占比不断攀升，宿迁和徐州总部经济崛起显著，其余省内城市总部数量变化不显著。

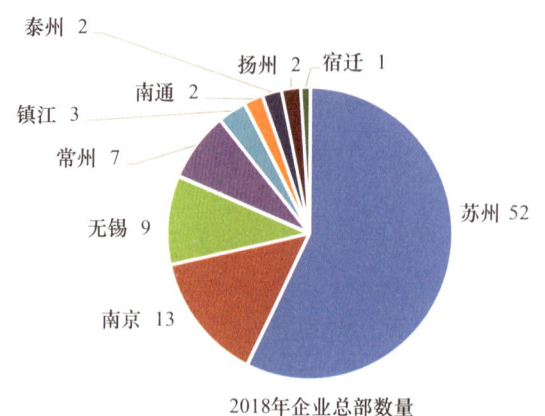

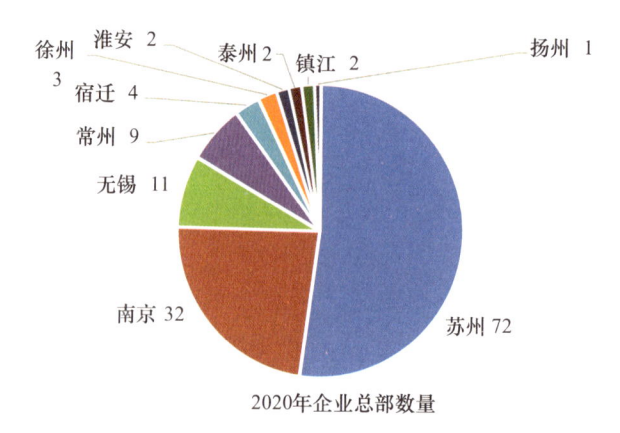

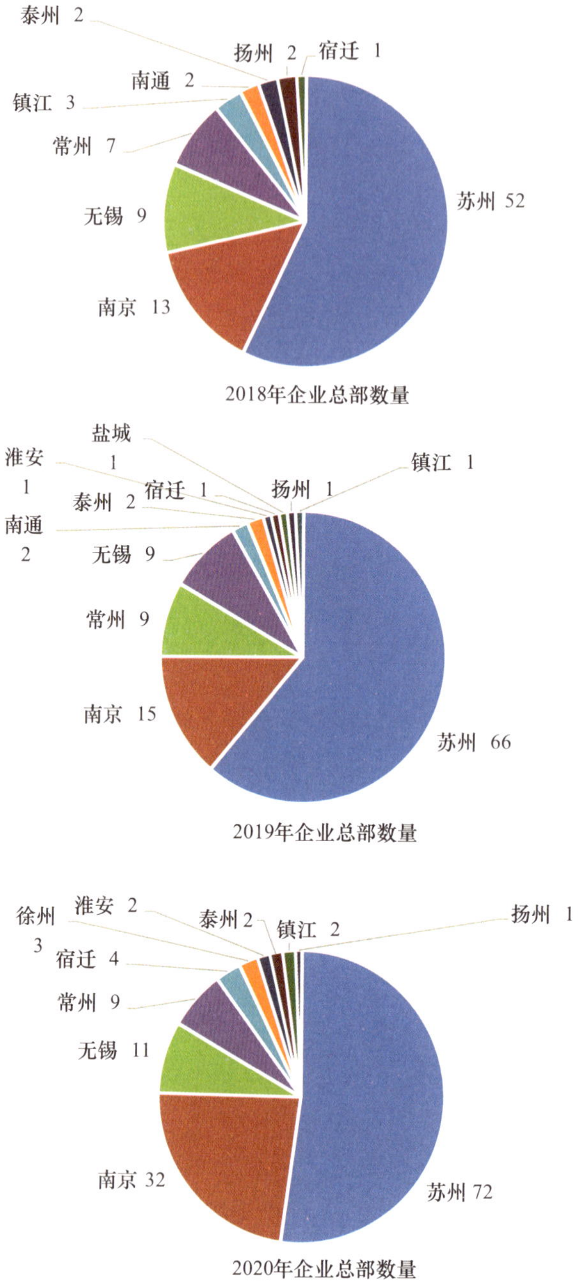

▶ 综合分析篇

2018年企业总部数量
苏州 52；南京 13；无锡 9；常州 7；镇江 3；南通 2；泰州 2；扬州 2；宿迁 1

2019年企业总部数量
苏州 66；南京 15；常州 9；无锡 9；南通 2；泰州 2；淮安 1；盐城 1；宿迁 1；扬州 1；镇江 1

2020年企业总部数量
苏州 72；南京 32；无锡 11；常州 9；宿迁 4；徐州 3；淮安 2；泰州 2；镇江 2；扬州 1

图 3-1 2018—2020 年江苏高成长企业总部数量分布

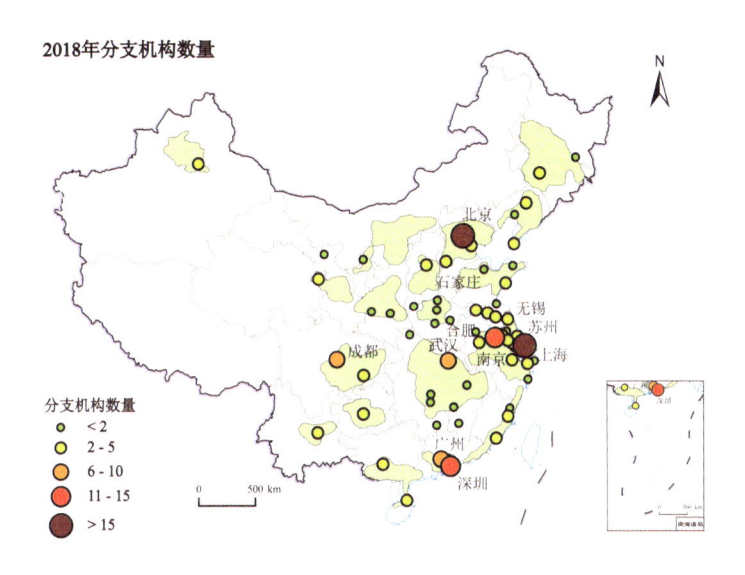

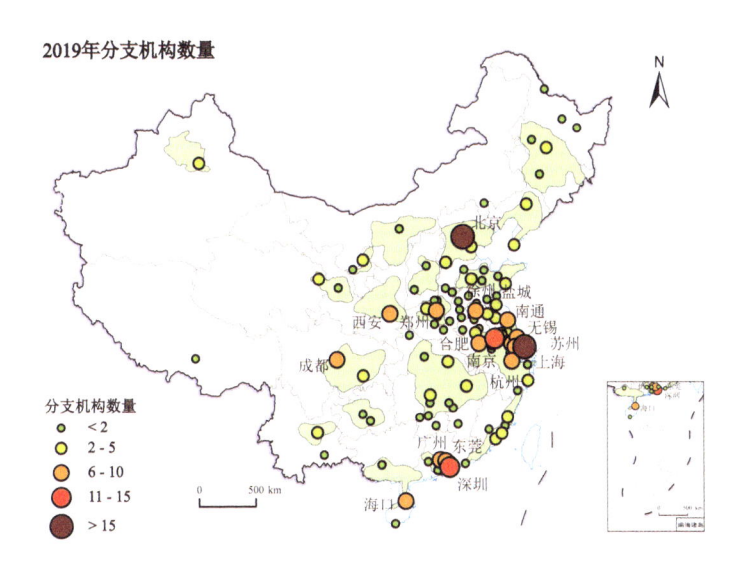

（二）江苏高成长企业分支分布格局演化

就江苏高成长企业分支机构的布局而言，如图 3-2 所示，分支机构基本均位于"十三五"规划的城市群范围内，偏好分布于省会城市，分支机构的数量总体呈增长趋势。

▶ 综合分析篇

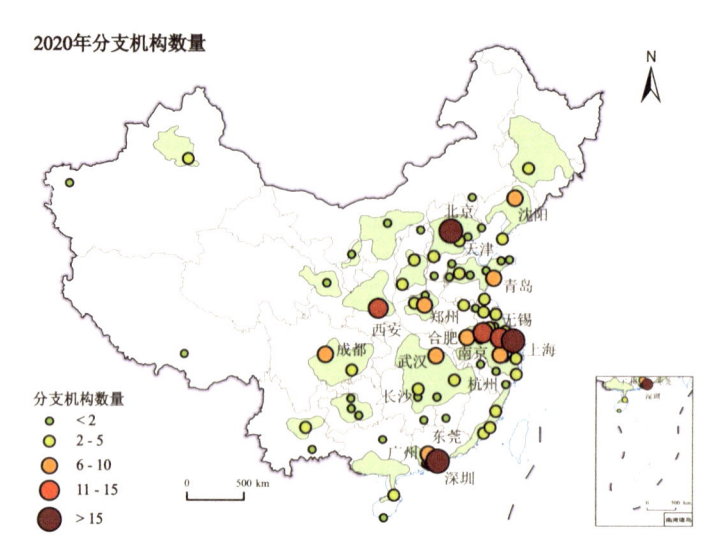

图 3-2 2018—2020 年江苏高成长企业分支机构空间分布

从具体数据来看，落在长三角、京津冀、珠三角城市群内的分支机构数量之和超过分支机构总量的一半，2018 年三大城市群分支机构的数量更是达到了总量的 64%，总计 226 家分支机构中长三角拥有 82 家、京津冀拥有 43 家、珠三角拥有 20 家。2019 年高成长企业分支机构分布总量增长了 53%，其中长三角城市群环比增长 43%，2020 年因为疫情影响减少了近 10%，但相较 2018 年仍保持了增长态势。2018—2020 年省会及以上城市拥有一半以上的分支机构数量，2019 年更是达到了 74%，其中拥有分支机构数量前四的城市分别是北京、上海、南京和深圳，北京和上海一直占据着绝对数量优势，2020 年深圳（19 家）实现了赶超南京（15 家），与北京、上海跻身分支机构数量排头兵。

三　高成长企业网络的发展格局

（一）江苏高成长企业在全国的发展路径演化

图 3-3 显示了 2018—2020 年江苏高成长企业的中国网络化发展空间格局。整体而言，2018—2020 年江苏高成长企业的发展范围不断拓展，企业对外联系增强，呈现出以胡焕庸线为界东密西疏、由

第三章 江苏高成长企业网络指数结果与分析 49

2018年全国网络

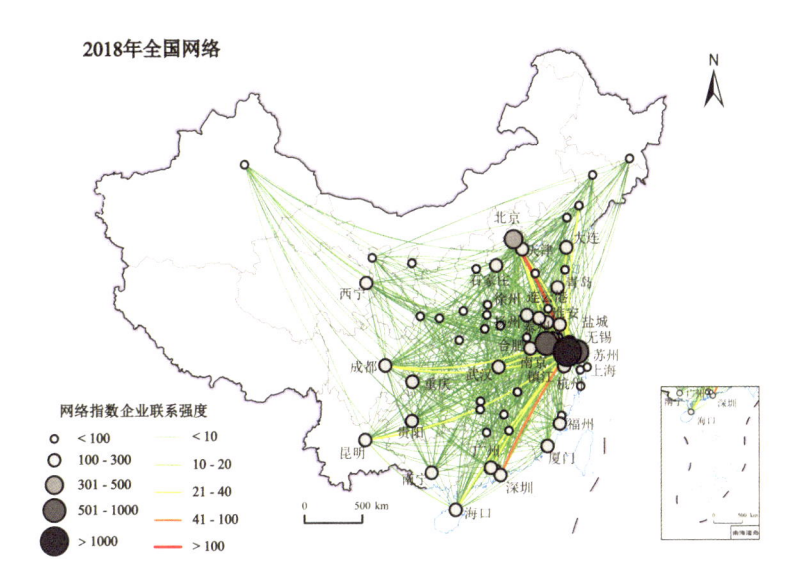

2019年全国网络

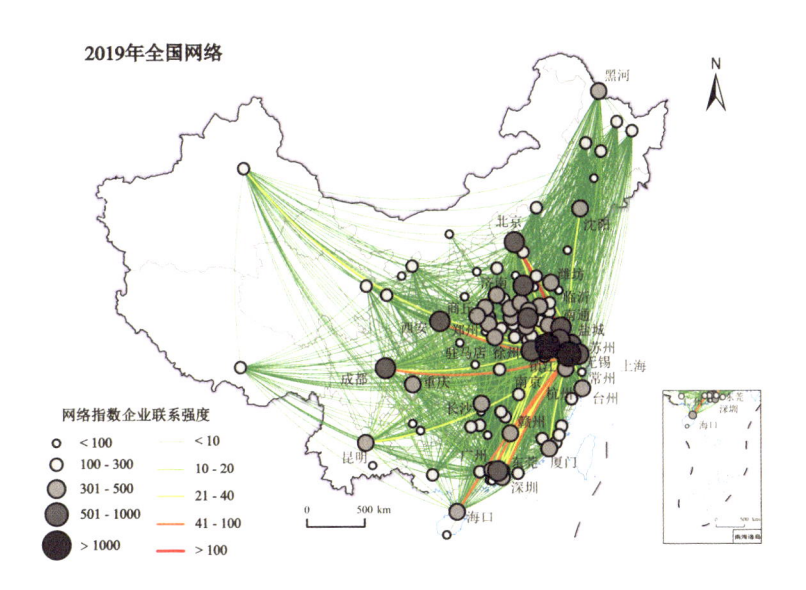

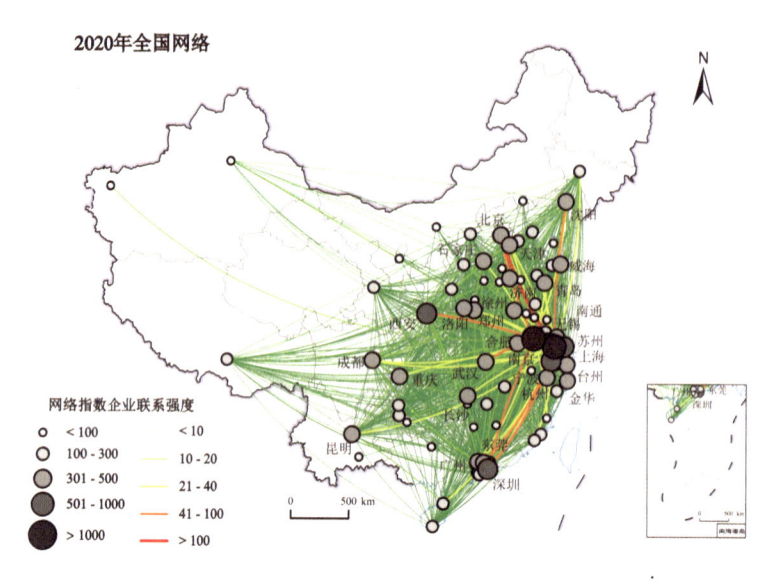

图 3-3 2018—2020 年江苏高成长企业的全国网络化发展格局图

沿海向内陆城市递减的空间格局特征。江苏高成长企业绝大部分的外部联系位于胡焕庸线以东南，与西部城市的联系稀少。

具体而言，2018 年江苏高成长企业在全国仅有 609 条对外联系，整个网络较为稀疏，与北京、上海、深圳、广州和武汉等城市之间企业联系相对密切，互动频繁。2019 年江苏高成长企业网络有所加强，对外联系骤升至 2504 条，网络密度大幅增加，一方面与新疆、西藏以及黑龙江等省份联系数量增多，另一方面与中西部城市西安和成都的联系强度跃升，成为仅次于北京和上海的省外联系，由此通过西安和成都辐射中西部地区城市。2020 年江苏高成长企业的对外联系相对 2019 年有所下降，为 1625 条，主要是与黑龙江、新疆的联系减少。整体格局是通过苏州、南京、北京、深圳、成都和西安等区域核心城市将长三角与京津冀、珠三角、成渝以及关中城市群有效联系起来。以"长三角—京津冀—珠三角"为核心形成江苏省高成长企业对外辐射的主要通道，反映了三大城市群之间极强的企业资本和创新资源的流动性。并由此三大城市群辐射带动东北、西南以及东南沿海地区城市群，从而实现江苏企业的创新发展路径。

（二）江苏高成长企业在省内的发展路径演化

图3-4显示了2018—2020年江苏高成长企业的省内网络化发展空间格局。整体而言，2018—2020年江苏高成长企业的省内网络化发展较为稀疏，企业联系度由南向北递减。2019年经历了明显地向苏中苏北的空间拓展后，受疫情影响2020年除苏南城市与徐州和连云港还保持着少数紧密联系外，苏南与苏中苏北的企业联系再次被割裂，形成极化的发展态势。

具体而言，2018年高成长企业网络在省内主要由苏州单核组织，首位度高达2.16，除苏州和南京外的11个地级市综合网络指数均低于300，这些城市的对外影响力和资源集聚力较弱。2019年省内高成长企业网络由苏州和南京双核组织，各市综合网络指数成倍增长，苏南、苏中和苏北地区部分城市企业竞争力出现大幅度的提升，苏南地区的无锡、常州和镇江，苏中地区的南通和泰州以及苏北地区的盐城和徐州综合网络指数均超过500甚至直逼1000，同时苏南地区与苏北地区之间的城市联系相较2018年有所增长，尤其是苏州与盐城。

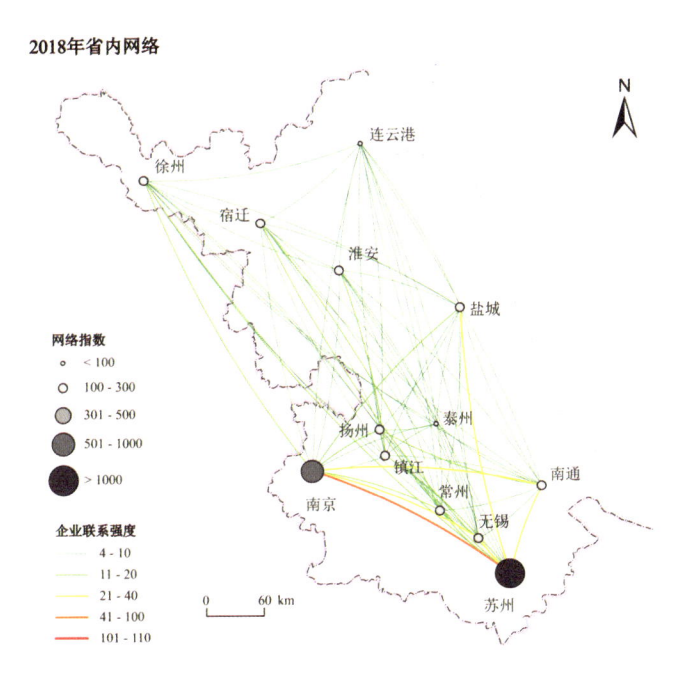

2018年省内网络

▶ 综合分析篇

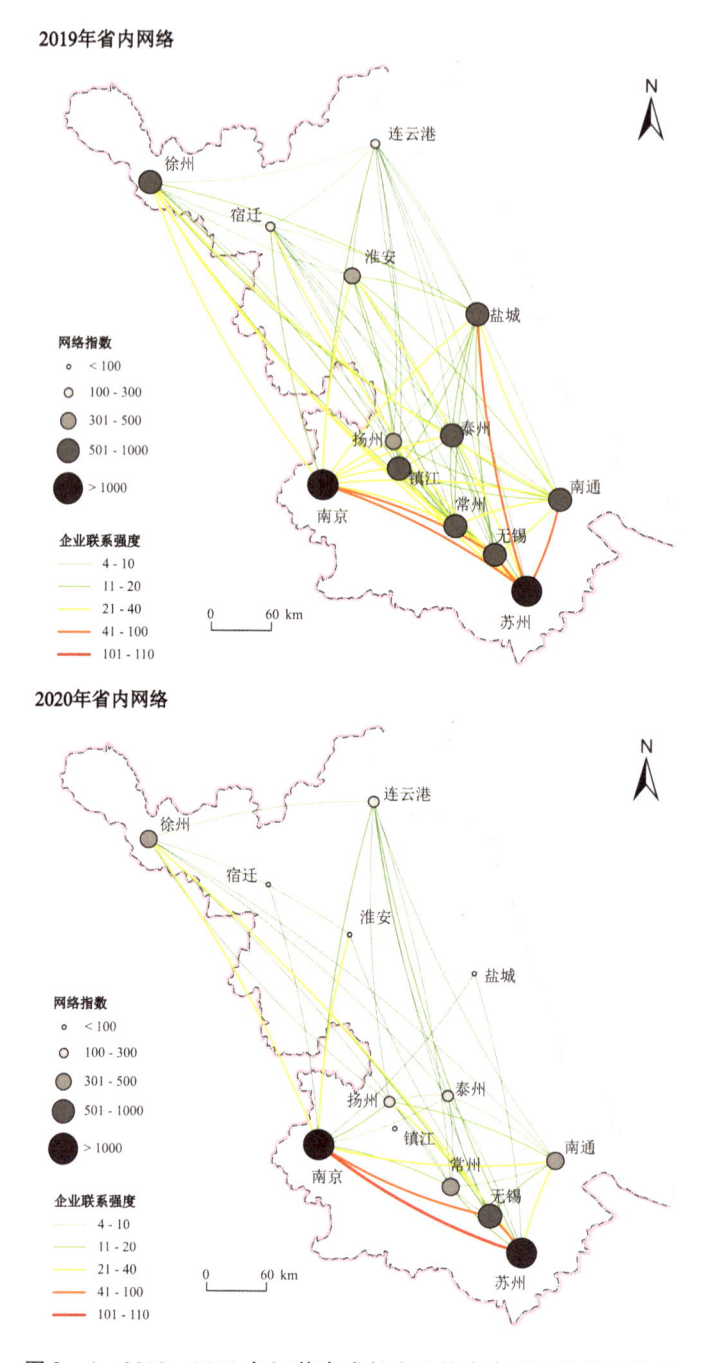

图 3-4 2018—2020 年江苏高成长企业的省内网络化发展格局

2020年省内高成长企业网络密度下降，除南京外，城市综合网络指数均出现了不同程度的下降。其中，2019年企业网络竞争力有所崛起的苏北地区城市出现了显著降级，以盐城最为突出，苏北地区城市先前与苏南所维系的密切联系仅剩徐州和淮安，苏北地区城市企业的网络连接度大幅度下降。虽仍然维持了苏州和南京双核组织的网络空间格局，但整体而言省内城市的协同创新能力和网络发展水平不及2019年。

第四章 江苏高成长企业网络指数的影响机制

本章将江苏13个地级市的高成长企业网络指数与其宏观经济数据相结合进行影响机制分析，宏观经济数据主要包括GDP、人均GDP、第一、第二、第三产业占比、制造业就业情况、进出口和外商投资等宏观经济指标。对网络指数与宏观经济变量进行典型事实分析、计量经济分析和空间计量分析，以探寻江苏高成长企业网络指数的关联机制。

一 城市企业网络指数与宏观经济的关系分析

（一）综合网络指数与经济指标的关系

1. 综合网络指数与GDP的关系

2020年，江苏GDP为10.27万亿元，在全国仅次于广东省，较2019年增长3.7%，比全国平均增长率高出1.4个百分点。GDP总量突破10万亿元标志着江苏综合实力跃上了新的大台阶。在江苏省内各城市中，苏州、南京、无锡和南通均已进入万亿元俱乐部，所有13个地级市GDP均在3000亿元以上。从图4-1中GDP水平与高成长企业网络指数的散点图来看，高成长企业综合网络指数与GDP水平呈现非常强的正相关关系，GDP较高的苏州和南京两市在综合网络指数上也遥遥领先于其他城市。具体以2020年各市GDP的排名来看，前六名分别为苏州、南京、无锡、南通、常州和徐州，2020年高成长企业综合网络指数的排名分别为苏州、南京、无锡、南通、徐州和常州；GDP总量与高成长企业网络成长指数的前六名城市完全一样，只有第五和第六名的顺序发生了颠倒。可以看出，总量 GDP 水平与高成长企业综合网络指数存在高度的一致性。

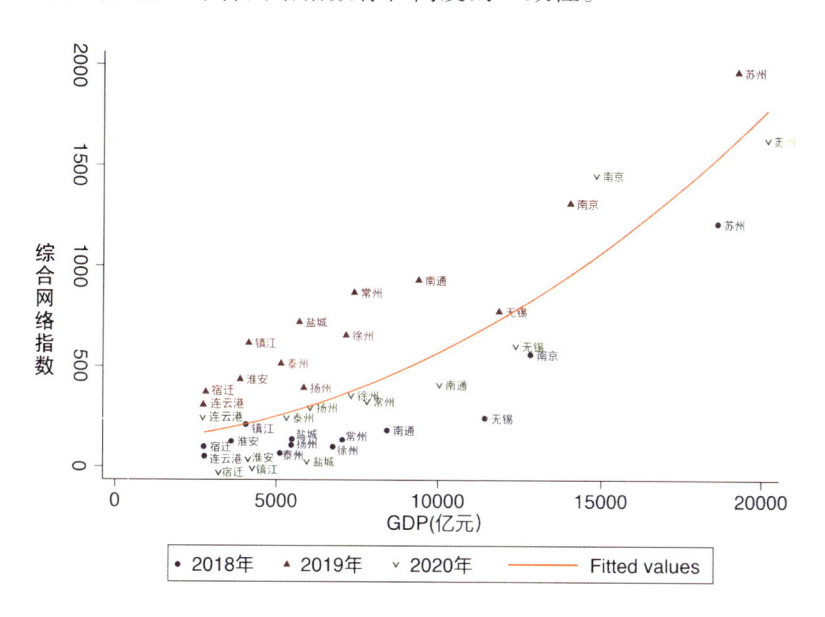

图 4-1　2018—2020 年江苏各市高成长企业综合网络指数与 GDP 散点图

2. 综合网络指数与人均 GDP 的关系

2020 年，江苏人均 GDP 达 12.5 万元，位于各省、自治区之首。这也是自 2009 年起江苏人均 GDP 连续 12 年稳居全国各省（区）之首。人均 GDP 前六名的城市分别是：无锡、苏州、南京、常州、南通和扬州。从图 4-2 中各市高成长企业综合网络指数与人居 GDP 散点图来看，这二者之间并不像 GDP 总量那样呈现非常显著的线性关系，从二次拟合曲线来看，正 U 形较为明显，在人均 GDP 处于中等水平的泰州、扬州等城市的高成长企业综合网络指数低于人均 GDP 更低的淮安和徐州等城市。

3. 综合网络指数与专利授权数的关系

从图 4-3 的高成长企业综合网络指数与专利授权数的散点图来看，与图 4-1 中 GDP 总量的情况较为类似，呈现较为明显正相关关系。从 2019 年各市专利授权量的排名来看，前六名为苏州、南京、

▶ 综合分析篇

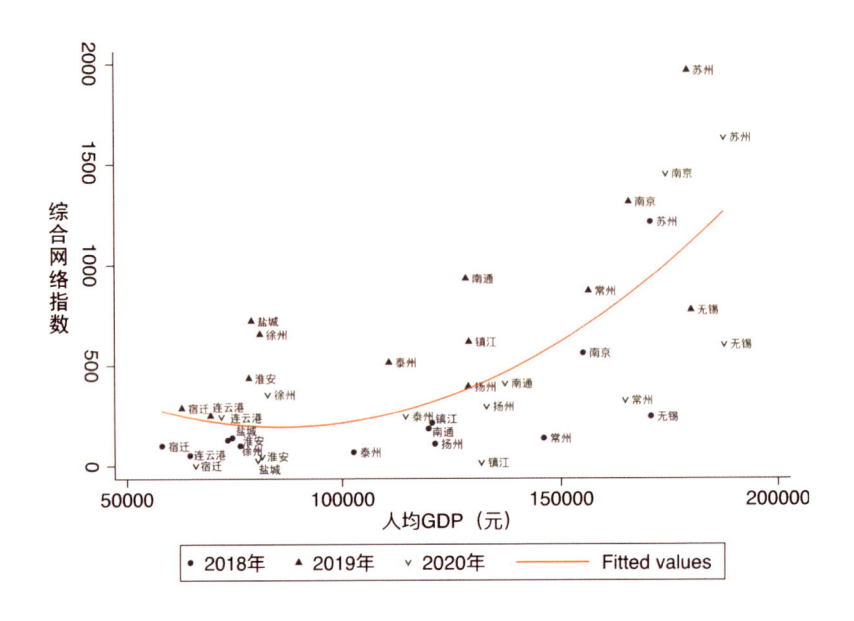

图 4-2 2018—2020 年江苏各市高成长企业综合网络
指数与人均 GDP 散点图

无锡、常州、南通和扬州，除扬州有着较高的专利授权量，但高成长企业网络指数较低外，其余排名与城市的综合网络指数较为一致。

4. 综合网络指数与产业占比的关系

从图 4-4 可以看出，工业增加值占比与高成长企业综合网络指数关系并不明显，特别是网络指数较高的南京，其工业增加值占比却是最低的；而工业增加值占比较高的苏州、常州、南通和无锡等城市的综合网络指数较高。一般来说，三产比重的变化反映着经济发展的进程，根据国际发达国家的发展经验，随着经济的发展，三次产业中，农业、工业的占比在不断下降，而服务业的占比在不断上升。从图 4-4 来看，南京的工业增加值占比是最低的，而南京的服务业占比为全省最高，2019 年南京服务业占 GDP 比重已经达到 62% 左右。从三产比重与高成长企业综合网络指数关系来看，工业增加值占比较高的苏州、南通等城市与服务业占比较高的南京都有较高的网络指数。不过从服务业占比与高成长企业综合网络指数来看，有很强的正相关关系。这也能说明高成长企业网络成长情况与经济发展阶段有很

第四章 江苏高成长企业网络指数的影响机制

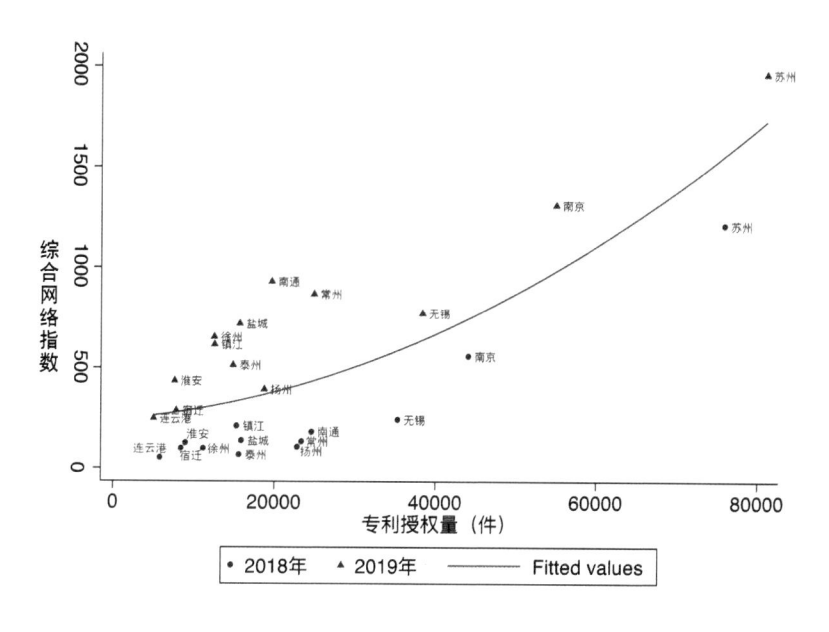

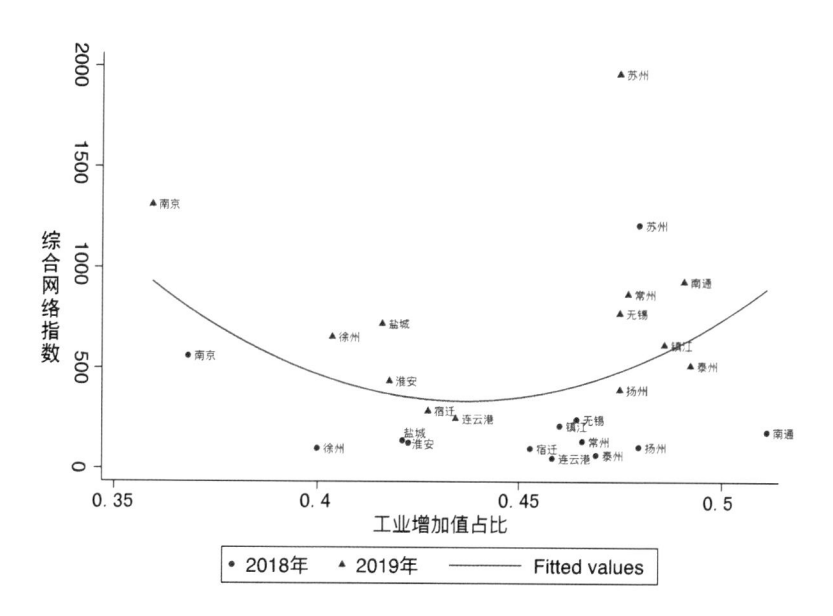

图 4-3 2018—2019 年江苏各市高成长企业综合网络
指数与专利授权数散点图

▶ 综合分析篇

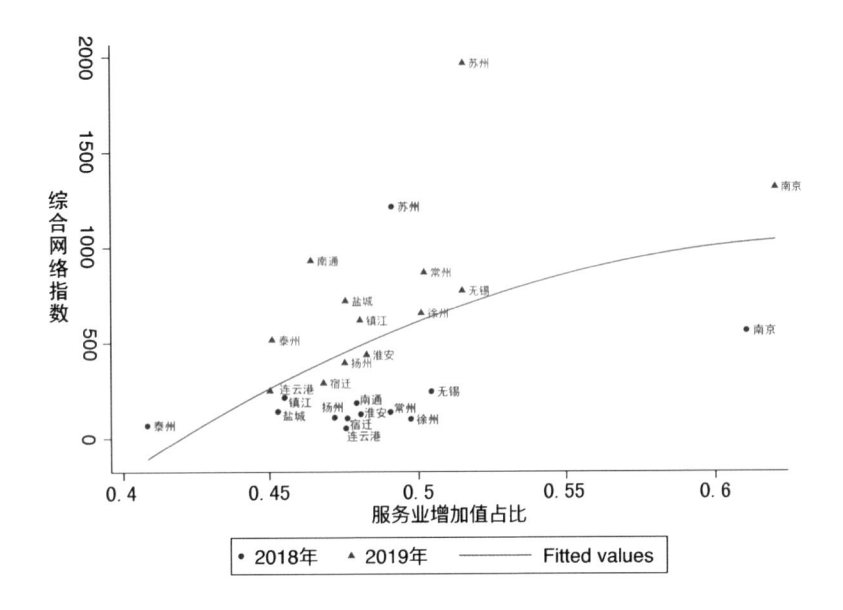

图 4-4 2018—2019 年江苏各市高成长企业综合网络
指数与产业占比散点图

强的相关关系。

5. 综合网络指数与制造业就业人员占比的关系

从2018年高成长企业综合网络指数与制造业就业人员占比来看，二者有一定的正相关关系。其中苏州和南京是两个较为突出的点，南京有着较高的综合网络指数，而其制造业就业人数低于无锡、常州和泰州；苏州的制造业就业人员占比远远领先与其余各城市，但其也拥有着最高的综合网络指数，如图4-5所示。

（二）瞪羚网络指数与经济指标的关系

2018—2020年江苏高成长企业数目总量由2018年的422家增长到2020年的612家。其中，独角兽企业2018年为8家，2020年仍为8家，总体来看独角兽和潜在独角兽企业的网络成长指标的区域差异极大，独角兽的8家中有7家位于南京，1家位于苏州。为了对网络指数与宏观经济数据关系做进一步验证，将瞪羚企业的网络指数与宏观经济指标散点图在图4-6中展示。

第四章 江苏高成长企业网络指数的影响机制

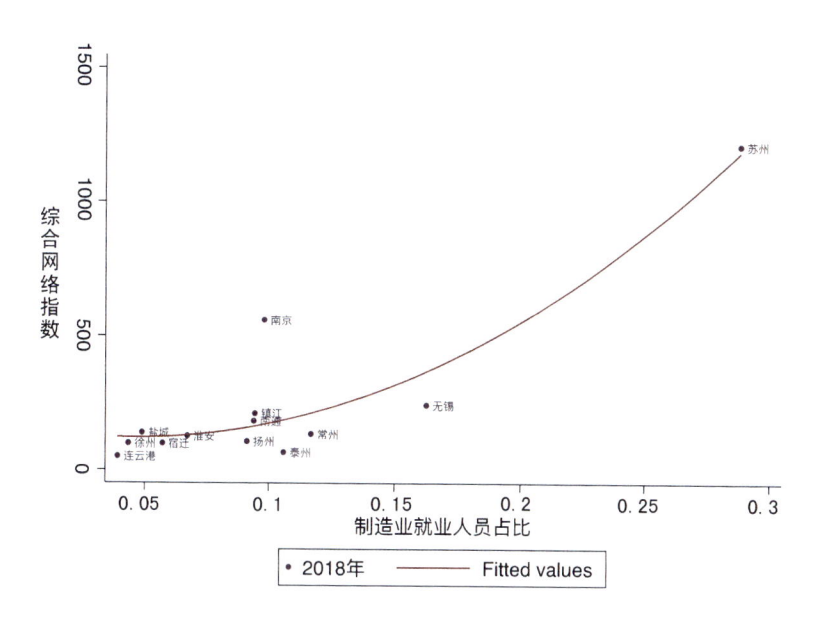

图4-5 2018年江苏各市高成长企业综合网络指数与
制造业就业人员占比散点图

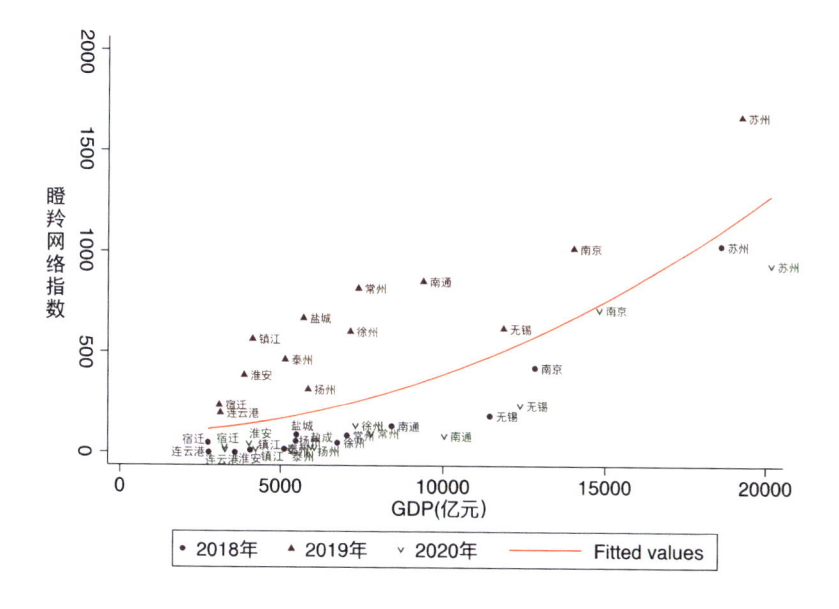

▶ 综合分析篇

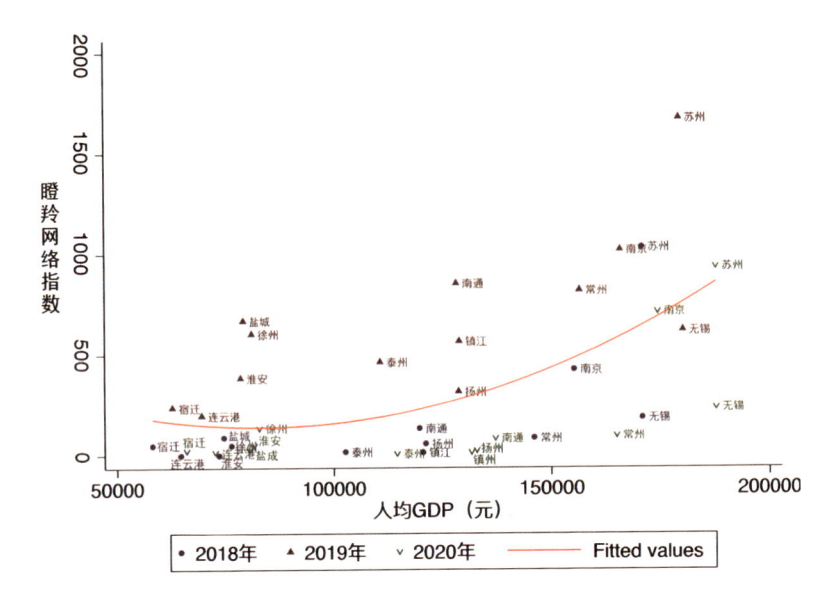

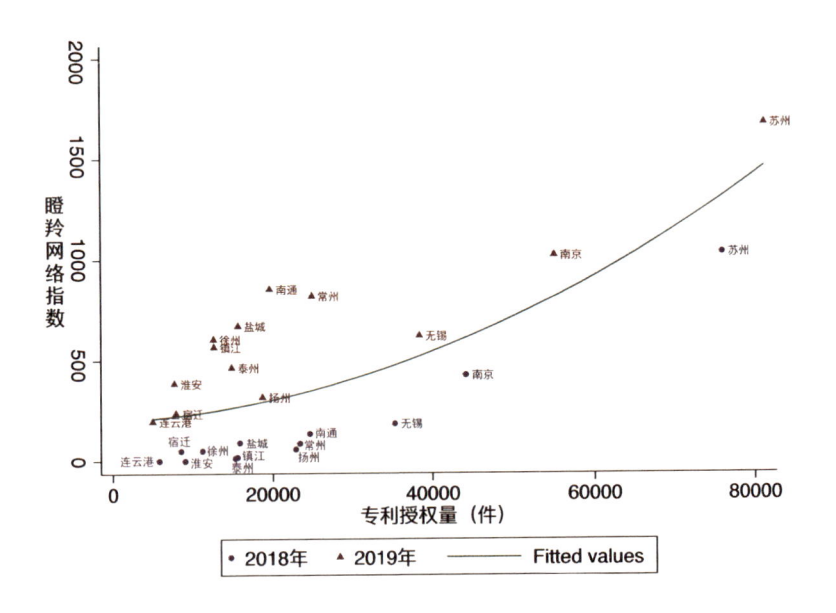

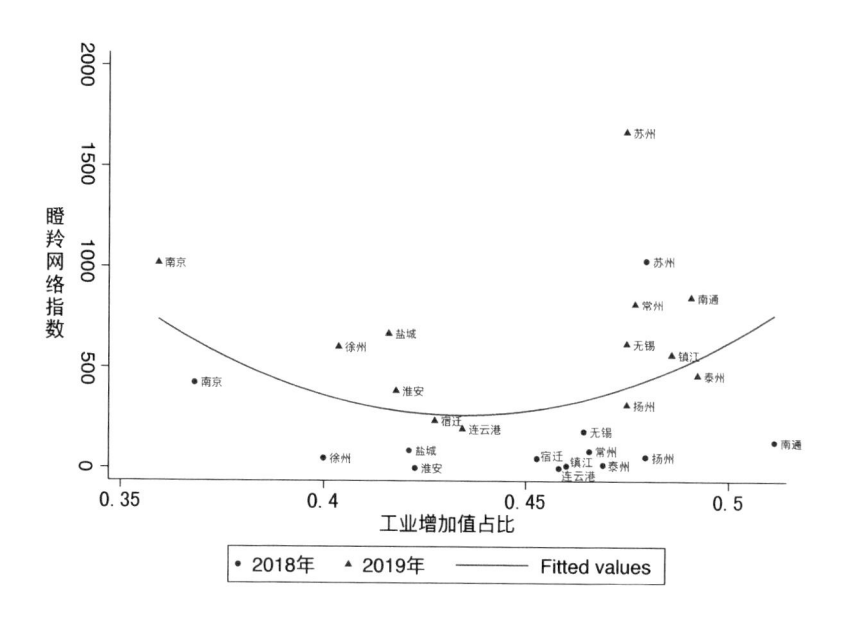

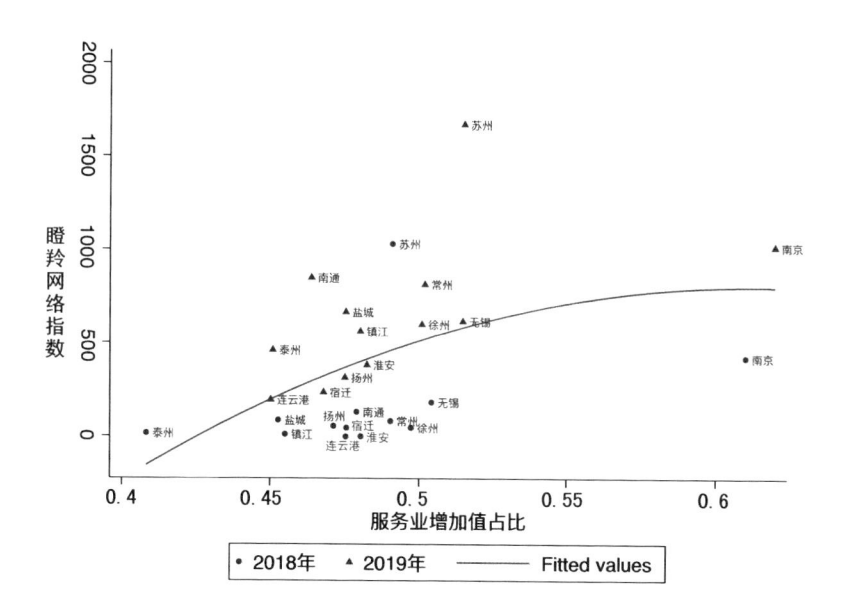

第四章 江苏高成长企业网络指数的影响机制

▶ 综合分析篇

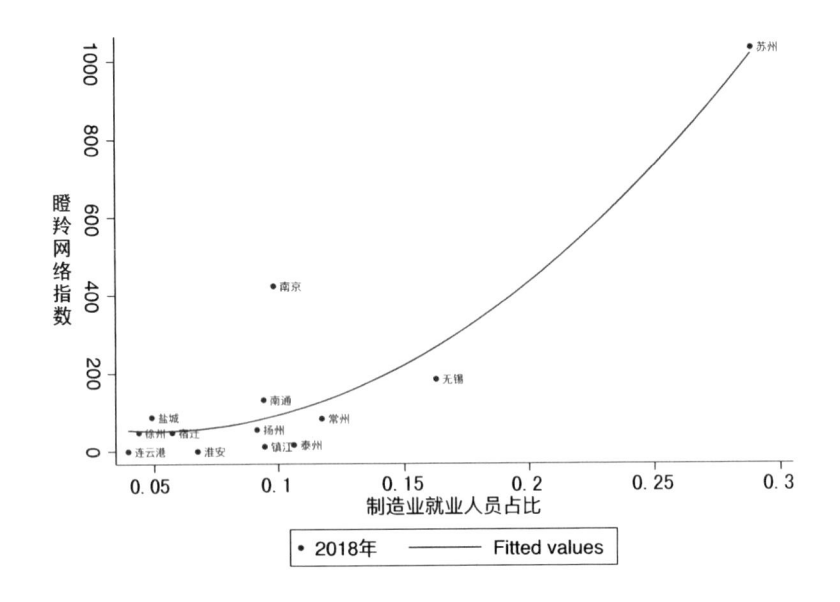

图 4-6　江苏各市瞪羚企业网络指数与宏观经济指标散点图

从图 4-6 可以看出，江苏省 13 个地级市的瞪羚网络指数与宏观经济指标之间的关系与综合网络指数的规律基本一致。考虑到江苏独角兽和潜在独角兽企业数量有限，其综合网络指数的规律基本由瞪羚企业贡献。

（三）主要结论

通过对江苏省 13 个地级市 2018—2020 年高成长企业综合网络指数和其中瞪羚企业的网络指数与宏观经济指标之间的直观联系可以发现以下三个问题。第一，高成长企业的网络指数与经济总量 GDP 之间的关系最为显著，与反映经济发展阶段的三产占比如服务业增加值占比也存在极为显著的正相关关系。可见一个地区的经济总量与产业结构对于高成长企业网络的发展存在强有力的促进和支撑作用。第二，高成长企业多数依靠领先的技术维持其高成长性，因此从技术产出角度的专利授权量来看，与高成长企业网络发展也有着较为显著的正相关关系，一个地区的技术发展水平也与高成长企业网络发展有重要联系。第三，人均GDP水平与工业增加值占比与高成长企业网络发展水平呈现U形关系。总体来说，以江苏13个地级市的发展经验来看，地区的总量经济指标与高成长企业网络的发展更为相关，总体经济实力决定了企业网络发展的强度。

二 城市宏观经济对企业网络指数的影响分析

（一）数据来源与说明

以江苏省13个地级市作为本研究的研究对象，相关数据资料整理自《江苏省统计年鉴》（2018—2020年）、《中国科技统计年鉴》（2018—2020年）以及江苏各地级市统计年鉴。根据前述典型事实的分析，发现高成长企业网络指数与地区总体发展指标总量GDP、产业结构等存在显著相关性，因此以下将GDP总量、服务业增加值占比作为解释变量，高成长企业网络指数作为被解释变量，并选取各城市其他宏观经济指标作为控制变量，以进行验证。

相关变量的具体说明如下[①]：

1. 高成长企业网络指数——被解释变量。基于城市间因所有高成长企业而产生的联系计算全局网络连接度，称为高成长企业网络指数，主要测算方法已在第二章给出，此处主要使用测算得到的综合网络指数和瞪羚网络指数。

2. 总体经济发展指标——解释变量。主要选取各城市GDP总量，服务业增加值占比两个指标。

3. 创新水平——解释变量。技术创新的衡量方法随着人们对创新过程的认知，大体上可分为两种类型：一种是投入法，主要用各地区研究与试验发展经费（R&D）投入来衡量创新，研发投入经费越多，区域技术创新水平越高；另一种是产出法，用创新产出，比如用专利申请数或者专利授权数作为衡量指标。考虑到数据的可获得性和

[①] 由于本书写作时各市2021年统计年鉴并未公布，所以宏观经济变量只有GDP总量和人均GDP总量更新到2020年数据，其余变量最新到2019年。

可实行性，此处采用各城市的专利授权数作为该城市的技术创新水平的衡量尺度。

4. 其他控制变量。主要选取人均 GDP 水平、进出口情况、实际利用外资情况等三个变量作为控制变量。

在计量回归过程中，各变量取对数后进入回归模型，lngdp（GDP 对数值），lncapgdp（人均 GDP 对数值），lninout（进出口对数值），lnfdi（实际利用外资对数值），lnpatent（专利授权量对数值），third（三产占比），second（二产占比）。

各变量的描述性统计情况见表 4 - 1 所示：

表 4 - 1　　　　　　　　　指标描述性统计

变量	单位	样本数	均值	中位数	标准差	最小值	最大值
综合网络指数	—	39	477.85	296.00	478.83	16.00	1964.00
瞪羚网络指数	—	39	330.41	134.00	391.48	0.00	1672.00
GDP	亿元	39	7664.62	5953.40	4710.61	2750.72	20170.50
人均 GDP	元	39	118413.04	120569.00	41698.97	58226.00	187673.20
专利授权量	件	26	23905.00	15822.50	20163.31	5012.00	81145.00
一产增加值	亿元	26	324.44	292.65	162.44	122.51	682.83
二产增加值	亿元	26	3356.50	2661.29	2126.09	1245.33	9130.18
三产增加值	亿元	26	3761.75	2744.92	2570.28	1308.66	9908.92
二产占比	—	26	0.45	0.46	0.04	0.36	0.51
三产占比	—	26	0.49	0.48	0.04	0.41	0.62
进出口	万美元	26	4974931.00	1275600.00	8858793.60	342500.00	35411400.00
实际利用外资	万美元	26	199809.15	149650.00	134574.14	37700.00	461500.00

（二）计量回归结果

表 4 - 2 中的回归结果显示，在单独考虑三个解释变量 GDP、服务业增加值占比和专利授权数时，这三个解释变量与高成长企业综合网络指数有显著的正相关关系。在加入其他宏观经济指标之后，发现

第四章 江苏高成长企业网络指数的影响机制

其他宏观指标与高成长企业网络指数的关系并不显著，但是GDP总量仍然保持一定的显著度。同样的结论也在瞪羚网络指数的模型回归结果中显示出来（如表4-3）。

表4-2　　　　　　高成长企业综合网络指数回归结果

	模型1	模型2	模型3	模型4	模型5	模型6
Lngdp	1.410***			2.518*		
	(5.50)			(2.03)		
Third		10.77**			3.092	
		(2.65)			(0.39)	
Lnpatent			0.799***			0.114
			(3.62)			(0.16)
Lncapgdp				1.162	1.033	1.150
				(1.27)	(0.90)	(0.97)
Second				-2.221	-3.728	-6.176
				(-0.43)	(-0.43)	(-1.14)
Lninout				-0.296	0.298	0.285
				(-0.68)	(0.86)	(0.70)
Lnfdi				-1.120	-0.242	-0.264
				(-1.67)	(-0.43)	(-0.46)
常数项	-6.769***	0.523	-2.054	-11.04	-7.458	-6.884
	(-3.00)	(0.26)	(-0.95)	(-1.59)	(-1.02)	(-0.87)
N	39	26	26	26	26	26
r2	0.450	0.226	0.354	0.509	0.412	0.408
F	30.25	7.019	13.13	4.141	2.798	2.757

注：圆括号中的数值为t统计量，***、**、*分别代表在1%、5%和10%的显著度。

表4-3　　　　　　瞪羚企业网络指数回归结果

	模型1	模型2	模型3	模型4	模型5	模型6
Lngdp	1.646***			3.608		
	(4.42)			(1.46)		

续表

	模型1	模型2	模型3	模型4	模型5	模型6
Third		14.10**			20.86	
		(2.55)			(1.70)	
Lnpatent			0.795**			−0.472
			(2.18)			(−0.41)
Lncapgdp				0.407	−1.764	0.359
				(0.26)	(−0.96)	(0.20)
Second				0.224	13.69	−6.208
				(0.03)	(1.03)	(−0.74)
Lninout				−0.429	0.488	0.728
				(−0.50)	(0.91)	(1.01)
Lnfdi				−1.221	0.0256	−0.0410
				(−1.01)	(0.03)	(−0.04)
_cons	−9.525***	−1.435	−2.399	−10.26	2.182	−1.413
	(−2.89)	(−0.53)	(−0.66)	(−0.75)	(0.19)	(−0.11)
N	37	24	24	24	24	24
r2	0.358	0.228	0.178	0.329	0.354	0.257
F	19.51	6.505	4.766	1.768	1.974	1.245

注：圆括号中的数值为 t 统计量，***、**、* 分别代表在 1%、5% 和 10% 的显著度。

三 城市间空间关联与经济关联分析

本节给出江苏 13 个地级市之间的地理距离矩阵、反地理距离矩阵、空间邻接矩阵、经济距离矩阵以及高成长企业关联矩阵，为进一步研究空间溢出影响奠定基础。

（一）空间权重矩阵的设定

为了使研究结果更为准确，本部分首先构建了 0-1 矩阵来验证空间相关性，0-1 矩阵如下所示：

$$W^G = \begin{cases} 1, 城市\ i\ 和城市\ j\ 相邻接 \\ 0, 城市\ i\ 和城市\ j\ 不邻接 \end{cases}$$

其中，$i = 1,2,\cdots,13$；$j = 1,2,\cdots,13$，分别代表江苏的 13 个地级市。

在此基础上，为了更好地描述空间相关性，本研究还建立了反距离矩阵和经济地理距离矩阵。反距离矩阵的创建灵感来自地理学的第一定律，"随着地理的距离变长，其空间单元的相关性会降低"，本研究用 d_{ij} 来表示城市 i 和城市 j 之间的地理距离。

$$W^G = \begin{cases} \dfrac{1}{d_{ij}}, i \neq j \\ 0, i = j \end{cases}$$

经济地理矩阵用不同地区的人均地区生产总值的差来衡量"经济距离"的大小，接着创建经济空间矩阵 $W^* = W \times E$，E 主对角线的元素都是 0，不是主对角线的 (i, j) 元素是 $E_{ij} = \dfrac{1}{|Y_i - Y_j|}$，$Y_i$ 和 Y_j 代表地区 i 和地区 j 在样本期间的人均实际地区生产总值的平均数值。

（二）江苏省城市间空间权重矩阵结果

1. 地理距离矩阵

表 4-4 给出了江苏 13 个地级市的地理距离矩阵（表中的距离为两个城市之间的最近距离），表中红色表示距离更远，绿色表示距离更近，其中主对角线为自身到自身的距离为 0。可以看到，江苏地级市之间的距离最小为镇江到扬州的 20.7 公里，最大为苏州到徐州的 459.4 公里，两两城市之间距离的平均值为 156 公里。

表 4-4　　　　　　　　江苏 13 个地级市地理距离矩阵

城市	南京	无锡	徐州	常州	苏州	南通	连云港	淮安	盐城	扬州	镇江	泰州	宿迁
南京	0.0	153.6	288.0	115.1	192.9	196.6	287.1	165.6	196.5	73.3	65.7	118.2	217.3
无锡	153.6	0.0	417.5	40.3	42.0	71.7	353.2	240.3	202.4	121.9	106.9	108.6	324.6
徐州	288.0	417.5	0.0	378.1	459.4	424.1	185.7	199.8	289.7	295.7	311.3	321.1	108.1
常州	115.1	40.3	378.1	0.0	82.0	89.3	322.5	205.8	179.5	83.2	67.0	79.3	287.2
苏州	192.9	42.0	459.4	82.0	0.0	80.9	390.4	280.2	235.2	163.8	148.9	147.3	365.8
南通	196.6	71.7	424.1	89.3	80.9	0.0	328.3	230.6	167.2	140.1	134.8	103.8	322.3
连云港	287.1	353.2	185.7	322.4	390.4	328.3	0.0	122.7	162.1	247.7	268.3	244.8	107.6
淮安	165.6	240.3	199.8	205.8	280.2	230.6	122.7	0.0	93.2	126.7	147.1	133.2	93.2

续表

城市	南京	无锡	徐州	常州	苏州	南通	连云港	淮安	盐城	扬州	镇江	泰州	宿迁
盐城	196.5	202.4	289.7	179.6	235.2	167.3	162.1	93.2	0.0	128.9	146.8	101.7	181.7
扬州	73.3	121.9	295.7	83.2	163.8	140.1	247.7	126.7	128.9	0.0	20.7	46.0	204.2
镇江	65.7	106.9	311.3	67.0	148.9	134.8	268.3	147.1	146.8	20.7	0.0	54.5	222.5
泰州	118.2	108.6	321.1	79.3	147.3	103.8	244.8	133.2	101.7	46.0	54.5	0.0	221.6
宿迁	217.3	324.6	108.1	287.2	365.8	322.3	107.6	93.2	181.7	204.2	222.5	221.6	0.0

2. 空间邻接矩阵

表 4-5 给出江苏 13 个地级市的 0-1 二元空间邻接矩阵，从表中可以看出，江苏 13 个地级市的 78 个相互联系中，有 25 个地理位置为相邻。

表 4-5　　　　　　　　江苏 13 个地级市空间邻接矩阵

城市	南京	无锡	徐州	常州	苏州	南通	连云港	淮安	盐城	扬州	镇江	泰州	宿迁
南京	0	0	0	1	0	0	0	0	0	1	1	0	0
无锡	0	0	0	1	1	0	0	0	0	0	0	1	0
徐州	0	0	0	0	0	0	1	0	0	0	0	0	1
常州	1	1	0	0	0	0	0	0	0	0	1	1	0
苏州	0	1	0	0	0	1	0	0	0	0	0	0	0
南通	0	0	0	0	1	0	0	0	1	0	0	1	0
连云港	0	0	1	0	0	0	0	1	1	0	0	0	1
淮安	0	0	0	0	0	0	1	0	1	1	0	0	1
盐城	0	0	0	0	0	1	1	1	0	1	0	1	0
扬州	1	0	0	0	0	0	0	1	1	0	1	1	0
镇江	1	0	0	1	0	0	0	0	0	1	0	0	0
泰州	0	1	0	1	1	1	0	0	1	1	0	0	0
宿迁	0	0	1	0	0	0	1	1	0	0	0	0	0

3. 经济距离矩阵

表 4-6 展示了江苏 13 个地级市的经济地理矩阵，即用不同地区的人均地区生产总值的差来衡量"经济距离"的大小。

表4-6 江苏13个地级市的经济地理矩阵

城市	南京	无锡	徐州	常州	苏州	南通	连云港	淮安	盐城	扬州	镇江	泰州	宿迁
南京	0	0.000664	0.000516	0.003729	0.000622	0.000582	0.000424	0.000265	0.000366	0.000271	0.001062	0.00028	0.00026
无锡	0.000319	0	0.000259	0.000093	0.00021	0.000064	0.000188	0.000137	0.000123	0.000113	0.00017	0.000091	0.000159
徐州	0.000064	0.000067	0	0.000097	0.000066	0.000266	0.000209	0.000433	0.001125	0.000159	0.000085	0.000274	0.000095
常州	0.002994	0.000155	0.000625	0	0.000181	0.000286	0.000438	0.000308	0.000311	0.000281	0.001569	0.000214	0.000338
苏州	0.000733	0.000515	0.000626	0.000266	0	0.000165	0.00046	0.000344	0.000306	0.000299	0.000431	0.000244	0.000397
南通	0.000247	0.000057	0.000908	0.000151	0.000059	0	0.000421	0.00034	0.000274	0.001196	0.000192	0.000882	0.00035
连云港	0.000096	0.000089	0.000382	0.000124	0.000089	0.000225	0	0.000531	0.000458	0.00016	0.000103	0.000213	0.000627
淮安	0.000069	0.000074	0.000908	0.0001	0.000076	0.000209	0.000608	0	0.000901	0.000109	0.000069	0.000157	0.000248
盐城	0.000062	0.000043	0.001528	0.000065	0.000044	0.000109	0.00034	0.000583	0	0.000087	0.000051	0.000112	0.000252
扬州	0.000205	0.000178	0.000971	0.000265	0.000192	0.002131	0.000532	0.000316	0.00039	0	0.000047	0.000233	0.000358
镇江	0.000507	0.000169	0.000325	0.000931	0.000174	0.000215	0.000215	0.000126	0.000145	0.000029	0	0.000051	0.000153
泰州	0.00004	0.000027	0.000317	0.000038	0.00003	0.000299	0.000135	0.000087	0.000096	0.000044	0.000015	0	0.000094
宿迁	0.000035	0.000044	0.000102	0.000056	0.000045	0.00011	0.000367	0.000127	0.000198	0.000063	0.000043	0.000087	0

4. 企业关联矩阵

前文已在地图上对江苏省内的高成长企业发展路径做了描述和总结，2018—2020年江苏高成长企业在省内的网络化发展较为稀疏，企业联系度由南向北递减。2019年经历了明显地向苏中苏北的空间拓展后，受新冠肺炎疫情影响，2020年除苏南城市与徐州和连云港还保持着少数紧密联系外，苏南与苏中苏北的企业联系再次被割裂，形成极化的发展态势。从表4-7到表4-9可见，在2018年和2019年，江苏13个地级市两两之间存在着不少高成长企业的网络联系，而在2020年，大量的联系消失了，特别是镇江市的高成长企业网络与其他城市的联系几乎全部断裂。2020年的另外一个变化是高成长企业的网络联系都集中在了某几个城市之间，例如苏州和南京之间的联系度达到108，高于2018年和2019年，究其原因可能是由于新冠肺炎疫情的影响，企业发展更关注于主要的城市关联，由于疫情防控的需要而无法像2019年一样达到一个广泛的联系。2018年与2019年相比，虽然同样都是存在普遍联系，但是2019年的联系强度显著高于2018年。

表4-7　江苏2018年13个地级市高成长企业关联矩阵

	淮安	镇江	南京	苏州	连云港	南通	宿迁	泰州	无锡	徐州	盐城	扬州	常州
淮安	0	12	8	4	4	4	4	4	4	4	4	4	4
镇江	12	0	8	12	4	4	4	4	4	4	4	4	4
南京	8	8	0	76	8	24	8	8	24	12	16	16	16
苏州	4	12	76	0	4	32	20	4	36	12	28	12	12
连云港	4	4	8	4	0	4	4	4	4	4	4	4	4
南通	4	4	24	32	4	0	4	4	4	4	8	12	4
宿迁	4	4	8	20	4	4	0	4	4	4	4	4	12
泰州	4	4	8	4	4	4	4	0	4	4	4	4	4
无锡	4	4	24	36	4	4	4	4	0	4	8	4	16
徐州	4	4	12	12	4	4	4	4	4	0	4	4	4
盐城	4	4	16	28	4	8	4	4	8	8	0	4	4
扬州	4	4	16	12	4	12	4	4	4	4	4	0	4
常州	4	4	16	12	4	4	12	4	16	4	4	4	0

第四章 江苏高成长企业网络指数的影响机制

表4-8　江苏2019年13个地级市高成长企业关联矩阵

	南京	常州	淮安	连云港	南通	苏州	宿迁	泰州	无锡	徐州	盐城	扬州	镇江
南京	0	40	22	16	40	90	16	28	46	32	38	22	22
常州	40	0	16	8	30	28	8	16	16	24	20	10	20
淮安	22	16	0	4	13	29	4	10	10	10	13	4	13
连云港	16	8	4	0	10	8	8	8	8	8	8	10	8
南通	40	30	13	10	0	51	10	16	27	28	23	14	19
苏州	90	28	29	8	51	0	24	14	66	34	41	22	25
宿迁	16	8	4	8	10	24	0	8	8	8	8	10	8
泰州	28	16	10	8	16	14	8	0	12	12	14	10	14
无锡	46	16	10	8	27	66	8	12	0	12	18	13	14
徐州	32	24	10	8	28	34	8	12	12	0	18	10	14
盐城	38	20	13	8	23	41	8	14	18	18	0	10	17
扬州	22	10	4	10	14	22	10	10	13	10	10	0	10
镇江	22	20	13	8	19	25	8	14	14	14	17	10	0

表4-9　江苏2020年13个地级市高成长企业关联矩阵

城市	常州	淮安	连云港	南京	南通	苏州	宿迁	泰州	无锡	徐州	盐城	扬州	镇江
常州	0	0	4	16	4	14	0	4	8	4	0	4	0
淮安	0	0	0	32	0	8	0	0	0	6	0	0	0
连云港	4	0	0	12	4	14	0	4	4	0	0	4	0
南京	16	32	12	0	22	108	8	8	42	24	8	14	0
南通	4	0	4	22	0	34	0	4	17	8	0	11	0
苏州	14	8	14	108	34	0	0	6	74	22	8	26	0
宿迁	0	0	0	8	0	0	0	0	0	0	0	0	0
泰州	4	0	4	8	4	6	0	0	4	0	0	4	0
无锡	8	0	4	42	17	74	0	4	0	12	0	11	0
徐州	4	6	4	24	8	22	0	4	12	0	0	4	0
盐城	0	0	0	8	0	8	0	0	0	0	0	0	0
扬州	4	0	4	14	11	26	0	4	11	4	0	0	0
镇江	0	0	0	0	0	0	0	0	0	0	0	0	0

四 城市高成长企业网络指数的空间效应

(一) 空间相关效应

1. 空间自相关分析

空间自相关通常用来测度和判断具有某种经济属性的空间分布与其邻近区域是否存在相关性以及相关程度，可以很直观地表达出某种经济现象的空间关联性与差异性，从地理空间上找出区域经济属性的分布特征和规律、是否有聚集特性或相互依赖性存在。空间自相关可以分为全局空间自相关和局部空间自相关。全局空间自相关是对属性值在整个区域的空间特征的描述，主要有全局 Moran's I 法、全局 Geary's C 法和全局 Getis-Ord G 法，三者都是通过比较邻近空间位置观察值的相似程度来测量全局空间自相关的。

全局 Moran's I 指数：

$$I = \frac{n \sum_{i=1}^{n} \sum_{j=1}^{n} w_{ij}(x_i - \bar{x})(x_j - \bar{x})}{\sum_{i=1}^{n} \sum_{j=1}^{n} w_{ij} \sum_{i=1}^{n} (x_i - \bar{x})^2}$$

$$= \frac{\sum_{i=1}^{n} \sum_{j \neq 1}^{n} w_{ij}(x_i - \bar{x})(x_j - \bar{x})}{S^2 \sum_{i=1}^{n} \sum_{j \neq 1}^{n} w_{ij}}$$

其中，n 为样本量即空间位置的个数，x_i 和 x_j 是空间位置 i 和 j 的观察值，空间权重 w_{ij} 表示空间位置 i 和 j 的邻近关系。全局 Moran's I 指数的取值范围为 [-1, 1]，大于 0 意味着正相关，取值越大，区域经济属性因相似而聚集的程度越高；小于 0 意味着负相关，取值越小，区域经济因相异而聚集的程度越高；等于 0 意味着不存在空间自相关性。在本书中 x_i 和 x_j 分别为江苏 13 个地级市的高成长企业网络总指数和瞪羚指数，w_{ij} 分别为前述地理距离矩阵，反地理距离矩阵，0-1 邻接矩阵和经济地理矩阵。下面将分别针对这些距离矩阵对高成长企业网络指数的空间相关情况进行分析。

第四章 江苏高成长企业网络指数的影响机制

对于 Moran's I 指数,可以使用标准化统计量 Z 来检验。

$$Z = \frac{1 - E(I)}{\sqrt{V}}$$

其中,$E(I) = -\frac{1}{n-1}$,$V(I) = E(I^2) - E(I)^2$。如果 Moran's I 的 Z 统计量通过 1%、5% 或 10% 置信水平的假设检验,则表示 Moran's I 是显著的,区域存在空间依赖性,即区域存在空间相关性。

2. 江苏城市企业网络指数的空间自相关检验

全局 Moran's I 指数值的范围是 [-1, 1],全局 Moran's I 指数值如果大于 0 并且接近于 1,则说明空间正相关,如果小于 0 并且接近 -1,则说明空间负相关;接近于 0 表示城市间是随机的,不存在空间相关性。表 4-10 给出了江苏高成长企业综合网络指数和瞪羚网络指数的空间相关检验结果。

表 4-10　　江苏高成长企业综合网络指数和瞪羚企业网络指数的空间相关性

年份	指数	矩阵	Moran's I	P	Geary's C	P
2018	综合网络指数	地理距离矩阵	-0.07	0.71	0.867	0.315
2019	综合网络指数	地理距离矩阵	-0.105	0.61	0.94	0.553
2020	综合网络指数	地理距离矩阵	-0.088	0.92	0.935	0.482
2018	综合网络指数	反地理距离矩阵	-0.09	0.879	1.151	0.175
2019	综合网络指数	反地理距离矩阵	-0.043	0.493	1.054	0.565
2020	综合网络指数	反地理距离矩阵	-0.098	0.813	1.073	0.409
2018	综合网络指数	空间邻接矩阵	0.071	0.151	0.828	0.304
2019	综合网络指数	空间邻接矩阵	0.199	0.057	0.721	0.098
2020	综合网络指数	空间邻接矩阵	0.108	0.219	0.768	0.169
2018	综合网络指数	经济距离矩阵	0.001	0.225	0.818	0.318
2019	综合网络指数	经济距离矩阵	0.201	0.002	0.695	0.043
2020	综合网络指数	经济距离矩阵	0.085	0.077	0.819	0.205
2018	瞪羚网络指数	地理距离矩阵	-0.078	0.882	0.876	0.354

续表

年份	指数	矩阵	Moran's I	P	Geary's C	P
2019	瞪羚网络指数	地理距离矩阵	-0.111	0.508	0.948	0.608
2020	瞪羚网络指数	地理距离矩阵	-0.083	0.984	0.905	0.357
2018	瞪羚网络指数	反地理距离矩阵	-0.076	0.862	1.137	0.222
2019	瞪羚网络指数	反地理距离矩阵	-0.034	0.404	1.049	0.599
2020	瞪羚网络指数	反地理距离矩阵	-0.078	0.931	1.084	0.375
2018	瞪羚网络指数	空间邻接矩阵	0.094	0.093	0.809	0.254
2019	瞪羚网络指数	空间邻接矩阵	0.196	0.06	0.732	0.112
2020	瞪羚网络指数	空间邻接矩阵	0.143	0.122	0.741	0.124
2018	瞪羚网络指数	经济地理矩阵	0.018	0.14	0.802	0.282
2019	瞪羚网络指数	经济地理矩阵	0.223	0.001	0.675	0.031
2020	瞪羚网络指数	经济地理矩阵	0.049	0.142	0.82	0.239

对江苏省全局 Moran's I 指数逐年计算（见表4-10）可知，江苏省高成长企业网络指数在与地理距离矩阵以及反地理距离矩阵的空间相关检验均没有显著关系。而0-1邻接矩阵与经济距离矩阵下的空间相关检验存在一定正相关关系。表明江苏省各地级市的高成长企业网络指数与地理位置关系不大，但仍呈现出一定的空间聚集现象。具体来看，首先，从不同权重矩阵的检验来看，在四种不同的空间权重矩阵下，Moran's I 指数的显著性和演变趋势有所不同，其中经济地理权重矩阵下的江苏省各地级市高成长企业网络成长指数相关性最强，紧随其后的是0-1邻接矩阵。这说明了地级市间相邻与否与高成长企业的网络发展有一定联系，更为重要的是距离在高成长企业网络发展中扮演着重要的角色。其次，从2018—2020年三年的变化情况来看，2019年0-1邻接矩阵和经济地理矩阵权重下高成长企业网络发展存在更为显著的空间关联，网络总指数在经济地理权重矩阵下的 Moran's I 指数达到0.2，并且显著度达到0.002。在2018年不论是何种权重矩阵的测算，其实空间关联对于高成长企业的网络发展都并不显著，例如2018年经济地理矩阵权重下测算网络总指数的 Moran's I 指标只有0.001，基本与0没有太大区别，显著性也只有0.225，表

示城市间网络发展是随机的,不存在空间相关性。2020年空间相关性仍然存在,但较2019年有明显的减弱。最后,从综合网络指数和瞪羚网络指数的对比来看,综合网络指数的空间关联度要强于瞪羚网络指数。由于瞪羚指数中不包含独角兽企业和潜在独角兽企业的数据,因此独角兽和潜在独角兽企业的网络发展可能与空间联系更为紧密。图4-7给出了经济距离矩阵与0-1邻接矩阵权重下高成长企业网络指数莫兰散点图。

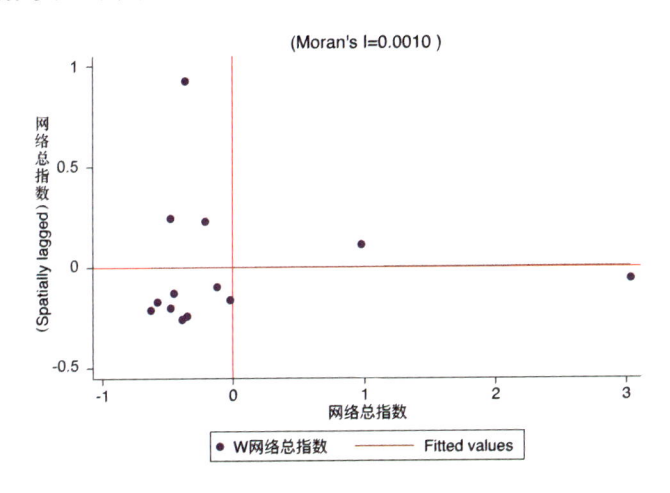

2018年综合网络指数经济矩阵

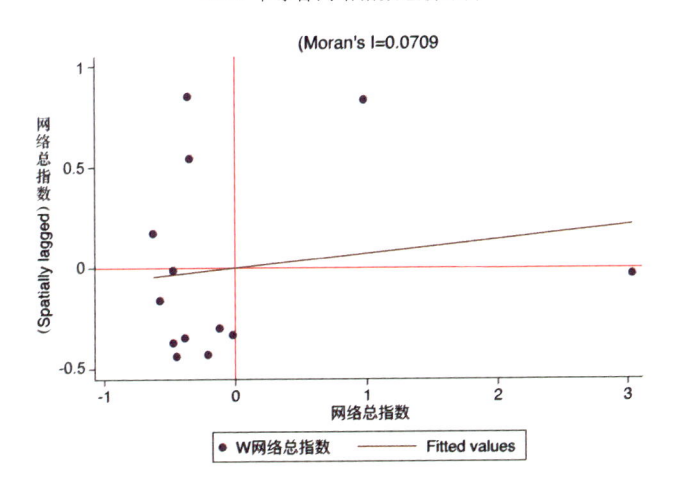

2018年综合网络指数0-1矩阵

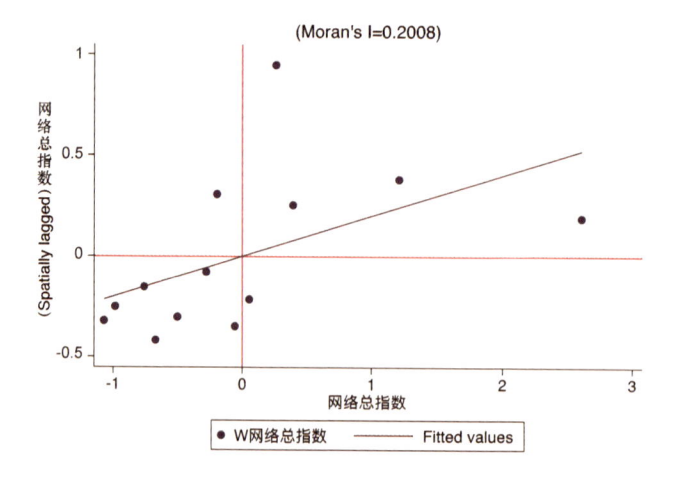

2019 年综合网络指数经济矩阵

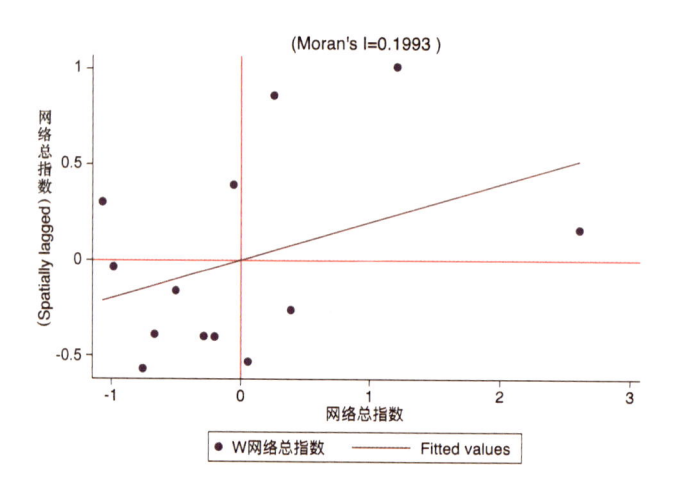

2019 年综合网络指数 0-1 矩阵

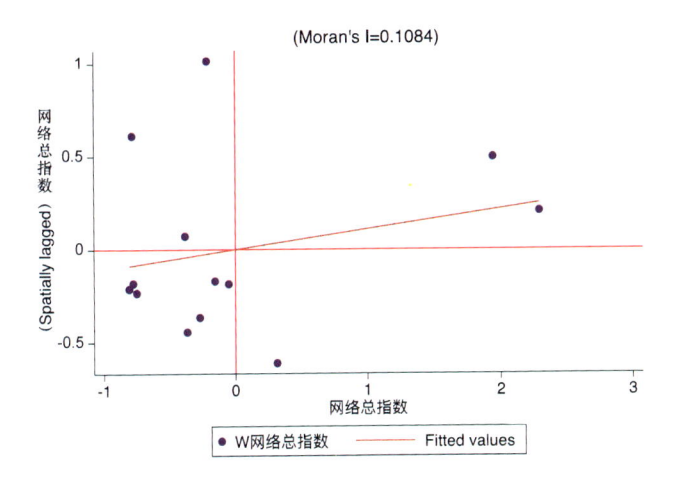

第四章 江苏高成长企业网络指数的影响机制

2020 年综合网络指数 0-1 矩阵

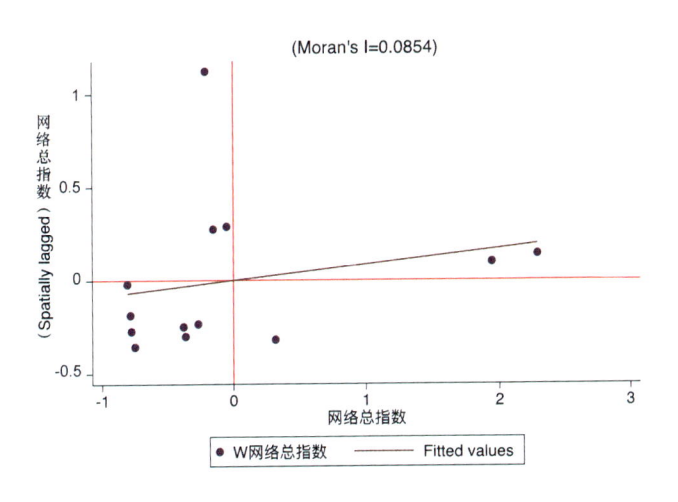

2020 年综合网络指数经济矩阵

图 4-7 经济距离矩阵与 0-1 邻接矩阵权重下高成长企业综合网络指数莫兰散点图

(二) 空间溢出效应

通过全局 Moran's Ⅰ 指数确定江苏省创新能力总体上存在正空间相关性后，为进一步研究高成长企业网络成长情况是否存在空间溢出效应，以及地区经济发展水平在空间上是否能够促进高成长企业的网络发展，本书分别引入 0-1、反距离和经济地理 3 种不同的空间权重矩阵来建立空间计量模型。在 Wald 检验和 Lratio 检验的基础上，本研究参照 Baltagi（2005）和杜江等（2017）的方法，使用 SDM 空间杜宾模型，进行 SDM 空间杜宾模型的空间和时间固定以及双固定进行空间计量分析。

$$\text{高成长企业网络指数}_{it} = \alpha + \beta_1 lnGDP_{it} + \beta_2 lncapgdp_{it} + \theta W X_{it} + u_{it}$$
$$u_{it} = \lambda W u_{it} + \epsilon_{it}, \epsilon \sim N(0, \sigma^2 I_n)$$

在模型中，等式左边为被解释变量江苏各城市高成长企业网络指数，等式右边 lnGDP 为 GDP 对数值，lncapgdp 为人均 GDP 的对数值，作为解释变量，W 为空间权重矩阵，X_{it} 为被解释变量，ϵ_{it} 和 u_{it} 为正态分布的随机误差向量。当 $\beta \neq 0$，$\theta = 0$ 且 $\lambda = 0$ 时为空间滞后模型（SAR）；当 $\beta = 0$，$\theta = 0$ 且 $\lambda \neq 0$ 时为空间误差模型（SEM）；当 $\beta \neq 0$，$\theta \neq 0$ 且 $\lambda = 0$ 时为空间杜宾模型（SDM）。

"空间溢出效应"代表单独一个空间单元中某一变量的改变所带来的空间影响，它区别于传统意义上的"空间效应"，一方面包含一个空间单元中解释变量对被解释变量的直接影响，另一方面包含对其他空间单元中被解释变量的间接影响，这种间接影响效应被称为"空间溢出效应"。通过分离出直接效应和间接效应，估计出宏观经济指标对高成长企业网络成长的空间溢出效应。

表 4-11　　　　　　　　SDM 空间杜宾模型估计结果

	地理距离矩阵			0-1 邻接矩阵		
	时间固定	个体固定	双固定	时间固定	个体固定	双固定
直接效应						
Lngdp	913.0	2780.9	-60.22	657.7***	-784.3	-803.0
	(0.64)	(0.11)	(-0.04)	(5.52)	(-0.35)	(-0.57)

续表

	地理距离矩阵			0-1邻接矩阵		
	时间固定	个体固定	双固定	时间固定	个体固定	双固定
Lncapgdp	-1380.0	305.0	483.8	-51.40	4810.8	2865.2
	(-0.19)	(0.01)	(0.14)	(-0.30)	(1.33)	(0.83)
间接效应						
Lngdp	2435.1	44298.6	9834.5**	299.4	6336.4	5678.7**
	(0.14)	(0.15)	(2.24)	(1.53)	(0.61)	(2.28)
Lncapgdp	-11628.4	-45657.9	-22043.6**	91.95	-7915.4	-14738.9*
	(-0.13)	(-0.16)	(-2.24)	(0.32)	(-0.72)	(-1.88)
总效应						
Lngdp	3348.1	47079.6	9774.3**	957.1***	5552.0	4875.6*
	(0.18)	(0.15)	(2.10)	(5.09)	(0.46)	(1.83)
Lncapgdp	-13008.4	-45352.8	-21559.8**	40.55	-3104.6	-11873.8
	(-0.14)	(-0.15)	(-2.02)	(0.13)	(-0.26)	(-1.35)
N	39	39	39	39	39	39
R^2	0.426	0.260	0.275	0.630	0.222	0.0368

注：圆括号中的数值为 t 统计量，***、**、* 分别代表在1%、5%和10%的显著度。

从表4-11的空间计量结果可以看出，GDP总量与城市高成长企业网络指数存在一定显著度的正向影响，而人均GDP水平的影响不显著或者甚至为负向。特别地，在城市地理距离和0-1邻接矩阵权重下的测算发现，经济发展水平主要通过间接效应对高成长企业网络发展发生作用，而直接效应并不存在显著影响，因此验证了包含了对其他空间单元中经济发展水平的间接影响，我们可以称之为经济发展水平对高成长企业网络发展的"空间溢出效应"。

（三）主要结论

企业是承载创造社会财富和实现创新的重要实现形式，一座城市的繁荣离不开企业的蓬勃发展，企业发展对于城市国民经济的增强、财政的增长、就业的增加、居民收入的增收等都有着至关重要的作用。同时，城市是一切企业赖以持续发展的主要载体，城市功能的完善、社会的和谐稳定、人居环境的改善、科学技术的进步、教育的发展和人才的培养、文化的丰富繁荣，都将激发企业发展的活力、创造力和竞争力。

城市化加速发展促进城市之间相互联系。我国城市化进程在继续，城市之间相互联系更加紧密，区域性、全国性、全球性的城市网络日益浮现。在网络背景下对城市进行研究更具有意义，各种网络塑造了城市化地域的空间形态，以及城市在网络中的位阶。中心城市的扩散以及连接周边城市的网络化过程共同推动大都市区的形成和发展，周边城市逐渐形成了专业化的次级中心，从而使"城市—区域"结构多中心化，并且各种不同的网络塑造了不同类型的城市，全球金融网络塑造出纽约、伦敦、东京等金融中心，全球航运网络塑造出鹿特丹、宁波、上海等国际航运中心。同时，全球化、城市化、网络化三者互相渗透。城市间除金融交流、货物交流、人才流动等联系外，企业（特别是高成长企业）的总部和分支机构在不同城市之间也为城市的网络构建搭造了重要的桥梁。城市的经济发展与高成长企业在不同城市之间的网络拓展也蕴含着重要的联系。本部分主要对城市发展的宏观经济指标与高成长企业的网络发展指数进行了关联分析，主要有以下几点发现。

首先，城市的经济发展水平对于高成长企业网络的发展有强有力的促进和支撑作用。高成长企业的网络指数与经济总量GDP之间的关系最为显著，与反映经济发展阶段的三产占比如服务业增加值占比也存在极为显著的正相关关系。城市的科学技术发展对高成长企业网络发展的作用不容忽视，从技术产出角度的专利授权量来看，与高成长企业网络发展也有着较为显著的正相关关系。

其次，高成长企业的网络发展对总量指标的依赖强于人均指标和结构指标。人均GDP水平与工业增加值占比以及高成长企业网络发展水平呈现U形关系。总体来说，以江苏13个地级市的发展经验来看，地区的总量经济指标与高成长企业网络的发展更为相关，总体经济实力决定了企业网络发展的强度。

再次，从江苏高成长企业2018—2020的网络发展来看，存在

"发展—增长—集聚"的过程。2018年江苏的高成长企业网络指数普遍薄弱,处于一个发展期,但在2019年就有了显著的跳跃式提高,而到2020年,这种发展集中到了以苏州和南京为核心的集聚式联系之中。

最后,地理距离对于高成长企业的网络发展并不构成障碍,而经济距离才是影响高成长企业网络发展的重要空间要素。城市的经济发展水平主要通过间接效应对高成长企业网络发展发生作用,而非直接效应,即江苏的经济发展水平对高成长企业网络发展存在"空间溢出效应"。

分类特征篇

第五章　江苏高成长企业的发展格局演化

本章重点关注近三年江苏不同类型高成长企业网络发展格局演化，通过分析江苏独角兽企业、潜在独角兽企业、瞪羚企业的网络发展指数演化格局，探讨江苏不同类型高成长企业的发展特征和规律，衡量江苏企业在全国的创新竞争程度，以此更好地引导江苏高成长企业的创新发展和网络布局优化。

一　独角兽企业网络的发展格局演化

随着新时代、新经济的发展，独角兽企业以其强大的创新能力、较高的企业估值以及增长速度迅速成为公众关注的焦点。独角兽企业的概念源于欧美国家，最早于2013年由美国著名投资人Aileen Lee提出，他将成立时间少于十年并通过国际认可的估值方法估值高于10亿美元的企业定义为独角兽企业。因此，评判一家企业是否为独角兽企业有两个标准：一是时间，独角兽企业的成立时间需少于十年，成立时间过长的企业不满足独角兽企业的条件；二是估值，也即使用通行估值方法判断企业价值超过十亿美元才能称为独角兽企业。此外，如果估值高于100亿美元而成立时间又短于十年的企业被称为"超级独角兽"企业。独角兽企业通过创新产品、服务或技术掀起所处行业或产业领域的颠覆性变革，并成为一个城市、区域乃至国家经济高质量发展和转型升级的有效助力。

(一) 江苏独角兽企业网络指数变化分析

根据前文研究方法和数据来源，构建 2018—2020 年江苏独角兽企业网络，进而计算出江苏 13 个地级市基于独角兽企业联系的全局网络连接度，即江苏城市的独角兽企业网络指数（见表 5-1）。由表 5-1 可知，2018—2020 年江苏城市独角兽企业网络指数变化较大。

表 5-1　2018—2020 年江苏城市独角兽企业网络指数

城市	2018 年独角兽指数	2019 年独角兽指数	2020 年独角兽指数
南京	120	196	544
苏州	68	60	330
无锡	52	52	222
南通	52	52	222
徐州	52	52	222
常州	52	52	222
泰州	52	52	222
扬州	52	52	222
连云港	52	52	222
镇江	200	52	0
淮安	128	52	0
宿迁	52	52	0
盐城	52	52	0
GINI	0.248	0.168	0.41
首位度	1.765	3.267	1.648

1. 2018 年江苏独角兽企业网络发展分析

图 5-1 显示了 2018 年江苏独角兽企业在全国网络化发展的空间格局。整体而言，江苏独角兽企业的发展呈现出以胡焕庸线为界，东密西疏、由沿海向内陆城市递减的空间格局特征；江苏独角兽企业大部分外部联系位于胡焕庸线以东，与西部城市的联系较少。

第五章　江苏高成长企业的发展格局演化　87

2018年独角兽企业网络

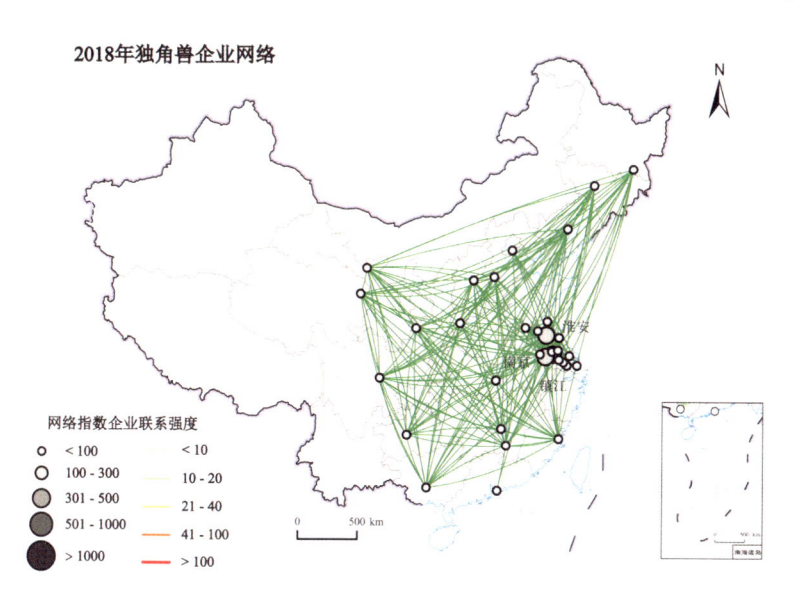

图 5-1　2018 年江苏独角兽企业在全国的网络化发展格局

从 2018 年江苏独角兽企业网络指数来看，第一梯队为镇江，镇江与全国各城市间的独角兽企业网络连接度总和水平最高，位列全省首位，网络指数达到 200；第二梯队为淮安和南京，网络指数分别是 128 和 120，远超省内其他城市的城际联系程度；第三梯队为苏州，其独角兽企业网络指数为 68，处于省内中上游位置；无锡、南通、盐城、常州、扬州、宿迁、徐州、泰州、连云港则位于第四梯队，其网络指数均为 52。第一、第二梯队城市与第三、第四梯队城市之间独角兽企业网络指数的组间差距较大。

从地区间联系程度来看，镇江与淮安两地基于独角兽企业的城际联系程度相对最强，其联系强度为 12，高于其他地区的城际间独角兽企业网络指数；从省外来看，镇江与滁州、福州、金昌、南宁、贵阳、石家庄、三门峡、牡丹江、武汉、长春、赣州、吉安、盘锦、西宁、太原、宝鸡和成都基于独角兽企业的联系相对密切，联系强度均为 8。此外，南京与北京、深圳、苏州、连云港、南通、宿迁、泰州、无锡、徐州、盐城、扬州、常州、上海之间基于独角兽企业的联系较为密切，联系强度均为 8。

整体来看，2018 年江苏各地区基于独角兽企业的网络联系以镇江为中心，首位度为1.765。城市间基尼系数为0.248，表明江苏省内各地区间基于独角兽企业的对外联系程度差距较小。

2. 2019年江苏独角兽企业网络发展分析

图5-2显示了2019年江苏独角兽企业在全国网络化发展中的空间格局。由于2019年江苏独角兽企业数量有所减少，独角兽企业网络也有所减弱，尤其是与东三省、中部地区、西南地区之间基于独角兽企业的联系程度明显降低，城际联系主要集中在长三角城市群。

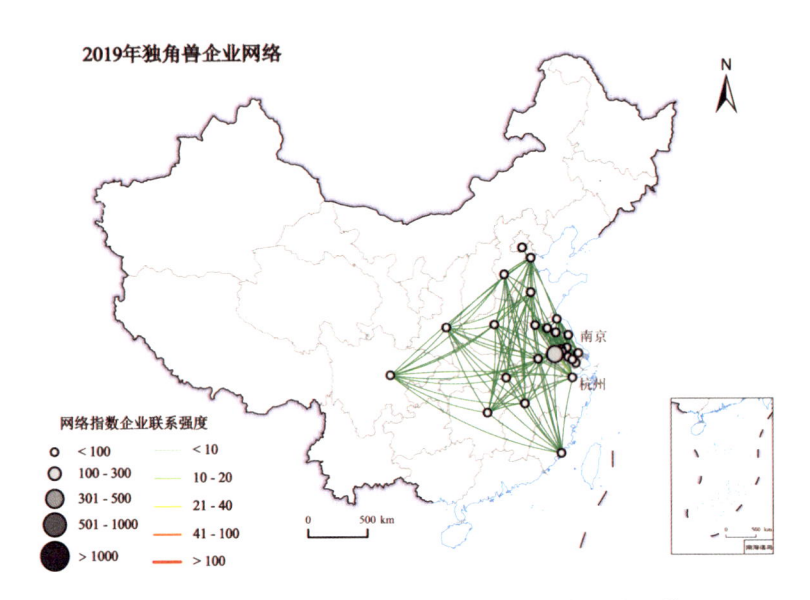

图5-2 2019年江苏独角兽企业在全国的网络化发展格局

从2019年江苏独角兽企业网络指数来看，南京位于第一梯队，其独角兽企业与其他城市之间连接度总和水平最高，网络指数高达196，远高于其他城市；第二梯队是苏州，网络指数为60；江苏其他城市均处于第三梯队，网络指数均为52。

从地区间联系程度来看，南京与杭州两地之间的独角兽企业联系程度最高，数值为12，与2018年相比，南京基于独角兽企业加强了对外联系，扩大了自身的影响力；除杭州以外，南京与合肥、泉州、石家庄、郑州、武汉、长沙、南昌、济南、西安、成都、天津以及江苏省内其他地区基于独角兽企业的联系强度均为8，大大增加了与其他城市之间的联系。此外，苏州与北京基于独角兽企业的城际联系强度为8，与省内其他城市的联系强度均为4。

整体来看，2019年江苏各地区基于独角兽企业的网络联系以南京为首，首位度为3.267，这表现为南京独角兽企业的成长发展在省内处于领先地位。城市间基尼系数仅为0.168，同比降低了8个百分点，由此说明江苏各城市的独角兽企业发展较为均衡。

3. 2020年江苏独角兽企业网络发展分析

图5-3显示了2020年江苏独角兽企业在全国网络化发展中的空间格局。2020年江苏城际之间基于独角兽企业的联系迅速加强，网络密度大幅增加，形成了以南京为中心逐步向周围城市扩散延伸的格局，并且与东三省、京津冀城市群、川渝城市群、珠三角城市群以及中部地区的联系强度跃升，辐射范围进一步拓宽。

从2020年江苏独角兽企业网络指数来看，第一梯队为南京，独角兽企业网络发展态势强劲，保持省内第一，独角兽企业网络发展指数在疫情后不降反增，由2018年的120增至2020年的544，为2018

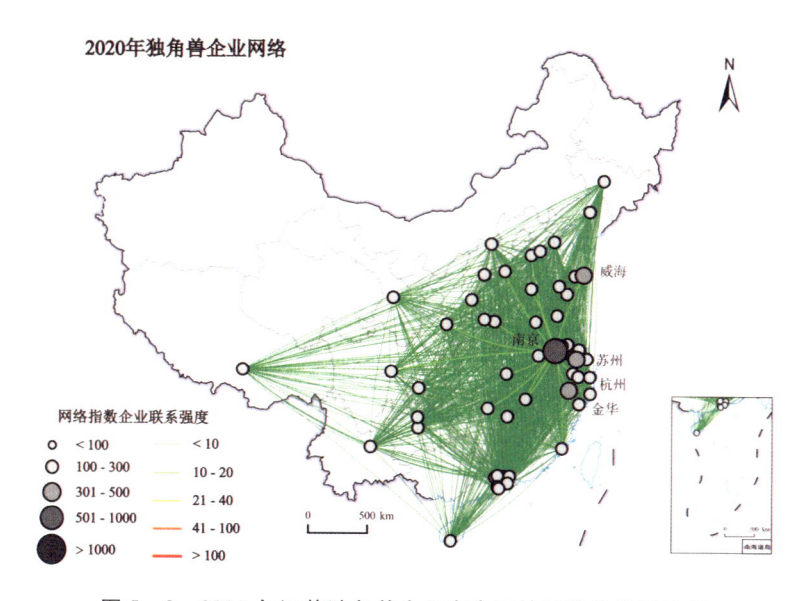

图5-3 2020年江苏独角兽企业在全国的网络化发展格局

年的4.5倍；第二梯队为苏州，其独角兽企业网络发展指数为330，相较前两年也出现大幅提升；第三梯队为无锡、南通、扬州、泰州、常州、连云港、徐州，独角兽企业的网络指数均为222；而宿迁、淮安、盐城、镇江则位于第四梯队，独角兽企业网络指数下降为0，体现出城市抗风险环境的脆弱性和独角兽企业的敏感性。

从地区间联系程度来看，2020年南京与杭州、成都、合肥、济南、金华、南昌、泉州、上海、石家庄、苏州、天津、威海、武汉、西安、长沙、郑州联系相对密切，基于独角兽企业的联系强度均大于10，由此可见，南京在疫情期间仍保持了稳定的开放程度，加强了对外交流合作的力度，逐步扩大自身的影响力范围。2020年苏州的独角兽企业网络指数增至2018年的五倍，同样在短期内扩大了对外影响力，与全国53个城市基于独角兽企业建立了网络资源联系。此外，无锡、南通、扬州、泰州、常州、连云港、徐州均与多个城市建立了网络资源联系。整体来看，2020年江苏各地区基于独角兽企业的网络联系仍以南京为中心，首位度为1.648，相较于2019年，南京独角兽企业的网络资源发展的优势下降，呈现出多极发展态势。2020年江苏独角兽企业的城市间基尼系数为0.410，相较前两年，各城市间基于独角兽企业的对外联系程度差距增大，苏北、苏中地区与苏南地区的差距增加。

（二）江苏独角兽企业演化总结

2018—2020年，江苏省独角兽企业网络指数总体呈现"U形"走势。2018年底江苏城市独角兽企业网络综合发展指数为984，到2019年减少至828，而2020年迅速跃升至2428。由此可以看出，2018—2020年江苏独角兽企业的发展范围不断拓展，企业对外联系增强，对外影响力总体呈上升趋势；虽然在2019年影响力稍有下降，但2020年网络综合发展指数翻了两番，对周围省市的影响力大幅增加，网络密度相应提升，对外联系程度更加密切。分区域来看，2018年苏南地区独角兽企业的网络发展程度和对外联系程度明显较强，苏北地区仅有淮安的独角兽企业网络影响力较强，苏中地区对外影响力相对较弱；2019年起逐步形成以"南京—苏州"双中心对外辐射和发展的格局,苏中与苏北地区基于独角兽企业的对外影响力相较2018年没有太大的变化;2020年苏南地区基于独角兽企业的对外联系程度进一步加强,并增加了与东三省、西南地区的联系,由此带动西部地区与东北地区的创新发展路径,促进了创新资源流动;由于新冠肺炎疫情的影响,苏北地区的淮安、宿迁、盐城则直接切断了与苏南苏中地区的独角兽企业联系。整体而言,2018—2020年江苏独角兽企业发展网络较为稀疏,城市间企业联系度由南向北递减。

分城市来看,南京独角兽企业网络发展态势强劲,企业韧性较大,在新冠肺炎疫情影响下仍保持快速发展,疫情后网络发展增幅达170%以上;全省独角兽企业发展总体呈现多极化趋势,但疫情使得江苏城市网络位序产生较大变动,不同梯队城市独角兽企业网络指数的组间差距不断增加,城市间基尼系数因此增大。

二 潜在独角兽企业网络的发展格局演化

潜在独角兽企业是指从创业团队、产业方向、技术创新能力及发展趋势看,具有成为独角兽企业潜质的企业,其评价标准则主要包括成立5年以内、估值达1亿美元的企业和成立5年以上,估值达5亿美元以上、10亿美元以下的企业。由于独角兽企业是城市参与区域竞争的重要支撑,是助推创新创业的重要引擎,是促进产业转型的重要力量,因此,重视培育、引进潜在独角兽企业尤为关键。作为独角兽企业的后备军,潜在独角兽硬科技属性突出,表现出更大的发展潜力和科技创新属性,不断开辟产业新方向。

(一) 江苏潜在独角兽企业网络指数变化分析

根据前文研究方法和数据来源,构建2018—2020年江苏潜在独角兽企业网络,进而计算出江苏13个地级市基于潜在独角兽企业联系的全局网络连接度,即江苏城市的潜在独角兽企业网络指数(见表5-2)。

表 5-2　2018—2020 年江苏城市潜在独角兽企业网络指数

城市	2018 年潜在独角兽指数	2019 年潜在独角兽指数	2020 年潜在独角兽指数
苏州	112	232	364
南京	16	97	194
无锡	8	103	144
南通	0	27	104
扬州	0	27	50
泰州	0	0	16
宿迁	0	0	8
常州	0	0	8
镇江	0	0	0
淮安	0	0	0
盐城	0	0	0
徐州	0	0	0
连云港	0	0	0
GINI	0.887	0.769	0.719
首位度	7.000	2.252	1.876

1. 2018 年江苏潜在独角兽企业网络发展分析

图 5-4 显示了 2018 年江苏潜在独角兽企业在全国网络化发展中的空间格局。2018 年江苏潜在独角兽企业数量较少，城市间基于潜在独角兽企业的网络联系主要建立于苏州、南京、无锡与北京、上海、深圳之间。

从 2018 年江苏潜在独角兽企业网络指数来看，苏州的潜在独角兽企业网络指数为 112，居全省首位，为第一梯队；南京为第二梯队，其潜在独角兽企业网络指数不高，数值仅为 16；第三梯队为无锡，其潜在独角兽企业的网络指数较低，为 8；而江苏其他城市的潜在独角兽企业网络指数均为 0。由此可以看出，2018 年江苏潜在独角兽企业的整体数量较少，对外联系较弱，城市间网络发展极其不均衡。

从地区间联系程度来看，苏州与北京基于潜在独角兽企业的城际

第五章 江苏高成长企业的发展格局演化

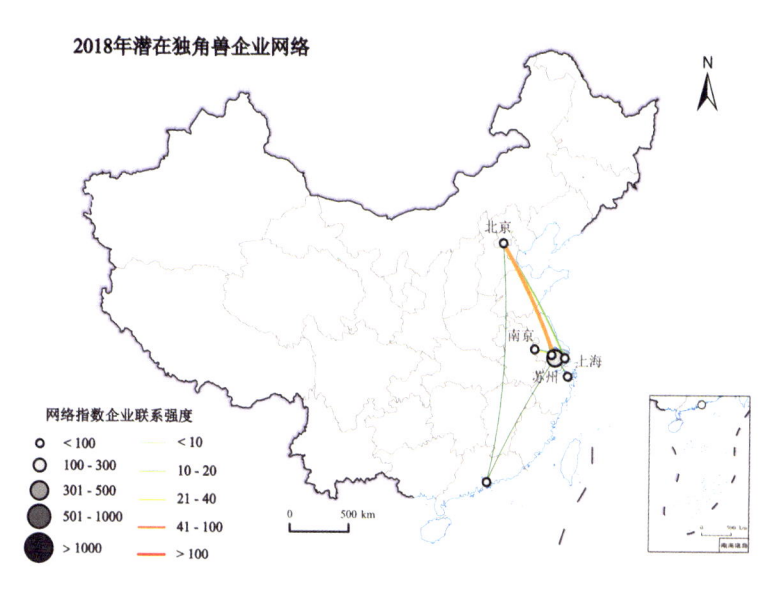

图 5-4 2018 年江苏潜在独角兽企业在全国的网络化发展格局

联系强度高达 64，说明 2018 年两地的潜在独角兽企业网络资源得到有效配置与合理利用；苏州与上海基于潜在独角兽企业的连接度也较高，为 32，苏州与深圳、宁波基于潜在独角兽企业的联系强度为 8。由此可见，2018 年苏州积极与其他城市进行网络资源交流和互动，扩大了自身的对外影响力。南京与上海基于潜在独角兽企业的联系较为密切，联系强度为 16；无锡与北京在潜在独角兽企业网络资源互动中也有较高的活力，其联系强度为 8。

整体来看，2018 年江苏潜在独角兽企业的对外联系和资源交流仍处于起步阶段。省内潜在独角兽企业的对外交流发展以苏州为中心，首位度为 7，省内优势地位明显；城市间基尼系数为 0.887，省内各城市间潜在独角兽企业的对外联系程度差距很大，以苏州、南京、无锡为代表的苏南地区积极对外交流沟通，其他城市均无对外联系。

2. 2019 年江苏潜在独角兽企业网络发展分析

图 5-5 显示了 2019 年江苏潜在独角兽企业在全国网络化发展中的空间格局。2019 年江苏潜在独角兽企业数量明显增多，分布范围更加广泛，城际间基于潜在独角兽企业的网络联系和互动也明显增

强，地区之间的网络发展更加均衡，实现了不同地域间的网络资源共同发展。

从2019年江苏潜在独角兽企业网络指数来看，第一梯队为苏州，其网络指数同比增长超过一倍，增至232；无锡和南京位列第二梯队，其中，无锡不断扩大其对外交流程度和网络资源变迁，潜在独角兽企业网络指数为103，同比增长超过十倍；南京潜在独角兽企业网络指数为97，同样实现了较快增长；第三梯队为南通、扬州，其潜在独角兽企业网络指数均为27；而常州、盐城、徐州、镇江、泰州、淮安、宿迁、连云港则位于第四梯队，潜在独角兽企业网络指数均为0。

从地区间联系程度来看，2019年，苏州的潜在独角兽企业加强了与全国各大城市群之间的网络联系，保持均衡发展。苏州与北京基于潜在独角兽企业仍保持了较密切的联系，城际联系强度为32，相较于2018年略有下降；与此同时，苏州与无锡两地基于潜在独角兽企业的网络联系增强，联系强度升至20；从全国范围来看，苏州与深圳、郑州、西安、成都的联系强度均为16，与马鞍山、广

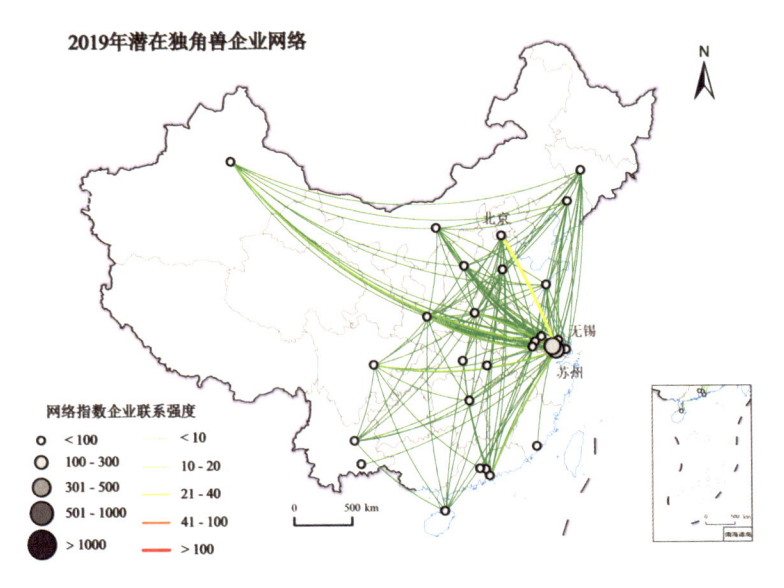

图5-5 2019年江苏潜在独角兽企业在全国的网络化发展格局

州、海口、长沙、南京、沈阳、包头、青岛、太原、上海、乌鲁木齐、昆明、红河州的联系强度均为8，与长春、南通、扬州的联系强度均为4。此外，2019年无锡基于潜在独角兽企业的对外联系较多，与厦门、武汉的网络联系程度加大，其联系强度为8，与郑州、南京、沈阳、包头、青岛、太原、西安、上海、乌鲁木齐的联系强度均为6，与深圳的联系强度为4，与长春、南通、扬州的联系强度均为3。南京与乌鲁木齐、东莞的网络联系程度较高，分别为12和10，与深圳、苏州的网络连接度也较高，分别为9和8，与北京、荆门、无锡、德州的联系强度均为6，与郑州、沈阳、包头、青岛、太原、西安、上海的联系强度均为4，与长春、南通、扬州的联系强度均为2。南通、扬州也与全国多个城市建立了基于潜在独角兽企业的网络联系。

整体来看，2019年江苏潜在独角兽企业的对外联系和资源交流有所扩大，网络密度持续增加，尤其表现为与西北、西南、东北和中部地区的联系增多，辐射范围变广，与全国多个城市群建立了密切的网络连接。2019年江苏潜在独角兽企业的对外联系中心仍为苏州，首位度为2.252，较去年相比减弱，但仍在省内占据优势地位。2019年江苏潜在独角兽企业的城市间基尼系数为0.769，省内各城市间基于潜在独角兽企业的对外联系程度差距较大。

3. 2020年江苏潜在独角兽企业网络发展分析

图5-6显示了2020年江苏潜在独角兽企业在全国网络化发展中的空间格局。受新冠肺炎疫情影响，在江苏潜在独角兽企业数量持续增加的情况下，网络密度有所降低。2020年江苏潜在独角兽企业的城际网络联系主要集中在长三角城市群、京津冀城市群和东三省地区，与中部地区和西南地区的网络链接度明显降低。

从2020年江苏潜在独角兽企业网络指数来看，第一梯队为苏州，依旧位居全省首位，网络指数为364，对外网络链接度持续增长。第二梯队为南京、无锡、南通，其中南京潜在独角兽企业网络指数同比增长近一倍，升至194；无锡位列第三，其潜在独角兽企业网络指数为144，在三年间同样保持持续增长；南通位列第四，其潜在独角兽企业网络指数为104，同比增幅较大，与前两年相比实现较高的增长

▶ 分类特征篇

2020年潜在独角兽企业网络

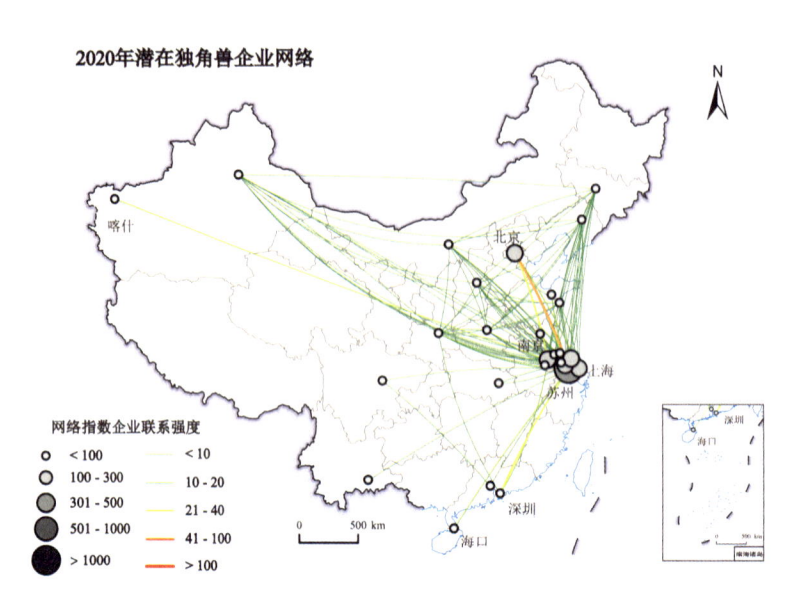

图 5-6　2020 年江苏潜在独角兽企业在全国的网络化发展格局

率。第三梯队为扬州、泰州、常州、宿迁，扬州潜在独角兽企业网络指数有所增长，泰州、常州、宿迁均实现了 0 的突破。而徐州、连云港、淮安、盐城、镇江为第四梯队，其潜在独角兽企业网络指数为 0。

从地区间联系程度来看，苏州与北京间基于潜在独角兽企业的资源交流与联系回升至 2018 年水平，其联系强度为 64；与南京、上海城际间的网络连接度较高，联系强度均为 40；与深圳的联系强度为 24；与南通、无锡的联系强度均为 20；与海口、马鞍山、潍坊、西安的联系强度均为 16，与扬州间的联系强度为 12，与包头、成都、广州、红河州、青岛、沈阳、太原、乌鲁木齐、长春、郑州之间的联系强度均为 8。此外，南京与北京、苏州间的联系强度均为 40，同比增长迅速，与上海城际间的联系强度升至 24，与喀什、深圳间的联系强度均为 16，与南通、无锡、扬州、包头、青岛、沈阳、太原、乌鲁木齐、西安、长春、郑州间联系强度较低。

整体来看，由于受新冠肺炎疫情的影响，江苏企业的对外联系有所减弱，但相较于 2018 年仍有所增强。2020 年江苏潜在独角兽企业的对外联系中心仍为苏州,首位度为1.876,在省内占据优势地位。2020年江苏潜在独角兽企业的城市间基尼系数为0.719,各城市间潜在独角兽企业的对外联系程度差距较大。

(二)江苏潜在独角兽企业演化总结

2018—2020年,江苏省潜在独角兽企业网络指数总体呈现增长趋势。2018年江苏潜在独角兽企业网络综合发展指数为136,到2019年迅速增至486,同比增长超过三倍;到2020年升至888,同比增长近一倍。由此可以看出,2018—2020年江苏潜在独角兽企业对外联系程度保持上升,尤其是苏南地区的苏州、无锡、南京三地,网络资源迁移促进了城市合作及生产要素的合理配置,优化了潜在独角兽企业的外部网络成长空间,进而提升了企业和城市的多元竞争力。

具体而言,2018—2020年江苏潜在独角兽企业省内网络发展较为缓慢,企业联系度由南向北递减;从全国范围来看,2018年苏南地区的苏州、南京、无锡基于潜在独角兽企业的对外联系程度较强,同期苏北、苏中地区对外影响力为0;2019年江苏潜在独角兽企业逐步形成以苏州为中心的对外发展格局,苏南地区基于潜在独角兽企业的对外联系进一步加强,并带动扬州的开放发展;2020年苏南地区基于潜在独角兽企业的对外联系强度继续提高,潜在独角兽企业韧性较大,在疫情影响下仍保持快速发展,由此带动江苏各地的企业网络发展。全省潜在独角兽企业发展总体呈现多极化趋势,城市间基尼系数逐步降低。

三 瞪羚企业网络的发展格局演化

瞪羚一词缘自硅谷,"瞪羚企业"的概念诞生于20世纪90年代,由美国麻省理工学院教授戴维·伯奇提出:跨越死亡谷、进入快速成长期的创业企业被称为瞪羚企业。当前,瞪羚企业的高成长现象已经引发国内外各界的广泛关注与讨论。瞪羚企业具有成长速度极快、创新能力强大、专业领域新颖、发展潜力大的特征,通过推出新产品、提供新服务、开发新技术、拓展新市场、创建新模式或构建新型产链等方式，实现高速成长。

（一）江苏瞪羚企业网络指数变化分析

根据前文研究方法和数据来源，构建 2018—2020 年江苏瞪羚企业网络，进而计算出江苏 13 个地级市基于瞪羚企业联系的全局网络连接度，即江苏城市的瞪羚企业网络指数（见表 5-3）。

表 5-3　　2018—2020 年江苏城市瞪羚企业网络指数

城市	2018 年瞪羚企业指数	2019 年瞪羚企业指数	2020 年瞪羚企业指数
苏州	1032	1672	936
南京	424	1018	712
无锡	184	618	236
徐州	48	602	134
常州	84	816	96
南通	132	851	84
淮安	0	384	46
盐城	88	668	28
扬州	56	315	24
宿迁	48	236	24
镇江	12	564	16
连云港	0	196	16
泰州	16	462	8
GINI	0.685	0.305	0.682
首位度	2.434	1.642	1.315

1. 2018 年江苏瞪羚企业网络发展分析

图 5-7 显示了 2018 年江苏瞪羚企业在全国网络化发展中的空间格局。2018 年江苏瞪羚企业分布广泛，以长三角城市群为主要辐射区域，此外与京津冀城市群、珠三角城市群、川渝城市群、中部地区以及西北地区都建立了不同程度的网络联系。

从 2018 年江苏瞪羚企业网络指数来看，第一梯队为苏州，其瞪

2018年瞪羚企业网络

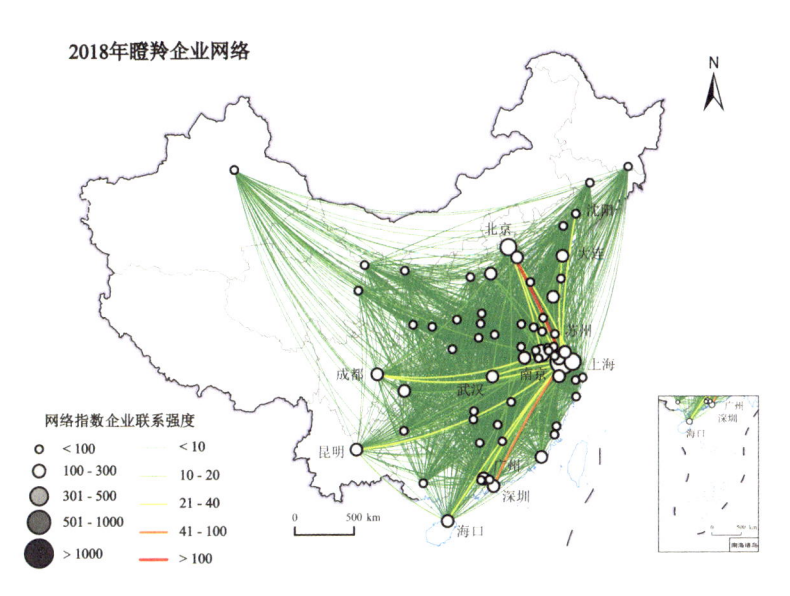

图 5-7　2018 年江苏瞪羚企业在全国的网络化发展格局

羚企业网络发展指数为 1032，远超其他城市，居全省首位；第二梯队为南京、无锡和南通，其瞪羚企业网络发展指数均高于 100，其中南京瞪羚企业网络指数为 424，无锡和南通瞪羚企业网络指数分别为 184 和 132；第三梯队为盐城、常州、扬州、宿迁、徐州，其中盐城和常州瞪羚企业网络指数分别为 88 和 84，扬州、宿迁和徐州瞪羚企业网络指数分别为 56、48 和 48；第四梯队为泰州、镇江、淮安和连云港，其中泰州和镇江瞪羚企业网络指数分别为 16 和 12，而淮安和连云港的瞪羚企业网络指数为 0。

从地区间联系程度来看，苏州与北京两地基于瞪羚企业的联系程度相对最高，联系强度为 136，表明 2018 年苏州与北京之间的瞪羚企业资源联系紧密；苏州与上海间基于瞪羚企业的联系强度为 120，两地瞪羚企业互动较为频繁；此外，苏州与深圳、武汉、海口、杭州、无锡等 45 个城市均建立了不同程度的网络资源链接。南京除了与苏州基于瞪羚企业的联系较强，与上海的联系强度也达 48，此外南京也与全国其他 33 个城市建立了不同程度的网络联系。相较于省内其他城市，无锡和南通瞪羚企业的对外联系程度也比较高。

整体来看，2018 年江苏瞪羚企业网络发展以苏州为中心，其首位度高达 2.434；南京、无锡、南通三地的对外联系程度也较高；同期盐城、常州、扬州、宿迁、徐州、泰州、镇江的对外联系程度相对较低，而苏北地区的淮安、连云港均无瞪羚企业网络。由此可知，以苏州为首的苏南地区瞪羚企业的对外连接度更强，而苏中、苏北城市还需提高瞪羚企业的外对网络联系程度。城市间基尼系数为 0.685，表明省内 13 个城市的瞪羚企业网络联系程度差距较大。

2. 2019 年江苏瞪羚企业网络发展分析

图 5-8 显示了 2019 年江苏瞪羚企业在全国网络化发展中的空间格局。2019 年江苏瞪羚企业网络进一步加强，对外联系骤升，网络密度大幅增加，一方面与新疆、西藏以及黑龙江等省份联系数量增多；另一方面与中西部城市西安和成都的联系强度跃升，并借此辐射至中西部地区城市。

从 2019 年江苏瞪羚企业网络指数来看，第一梯队为苏州，其瞪羚企业网络指数高达 1672，同比增长 62%，仍居全省首位；南京位于第二梯队，居全省第二，其网络指数为 1018，相较苏州存在一定差距；第三梯队为南通、常州、盐城、无锡、徐州，其中南通和常州

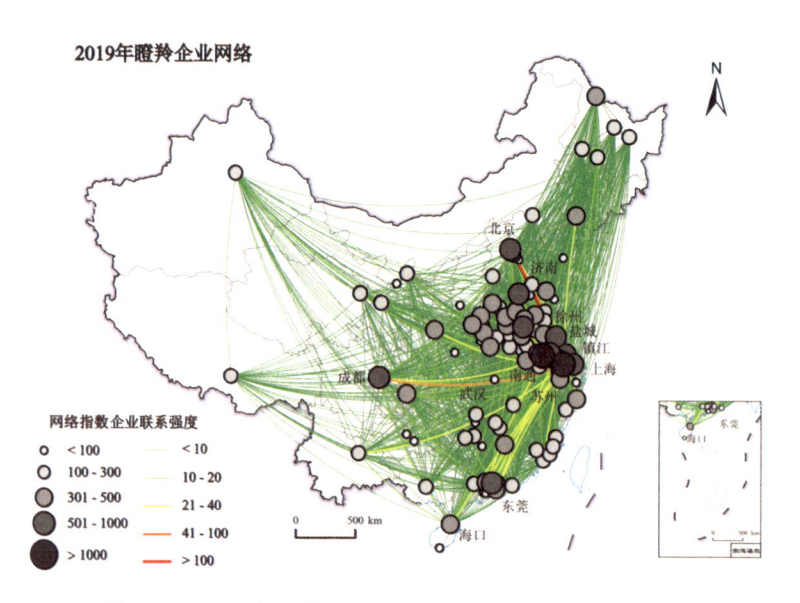

图 5-8 2019 年江苏瞪羚企业在全国的网络化发展格局

瞪羚企业网络指数均超过800，盐城、无锡、徐州和镇江瞪羚企业网络指数均超过500；第四梯队为泰州、淮安、扬州、宿迁、连云港，瞪羚企业网络指数均在500以下。

从地区间联系程度来看，2019年苏州与上海之间基于瞪羚企业的网络联系程度相对最高，联系强度从120增至194，两地间资源流动更加密切；苏州与北京之间基于瞪羚企业的网络联系强度增长至168，与南京的联系强度为74；此外，苏州与全国98个城市建立了不同程度的资源联系，发展网络进一步扩大。南京除与苏州的瞪羚企业网络联系较强外，与上海的连接度同样较强，其联系强度为56，同比发生小幅提升；此外，2019年南京拓展了其瞪羚企业合作网络，与93个城市建立了不同程度的联系，加强与全国各地区的资源流动。同时，南通的瞪羚企业网络指数发生飞跃式增长，与全国90个城市建立了网络联系，对外交流取得实质性突破。与南通相似，2019年常州也拓展了其瞪羚企业联系网络。此外，2019年盐城、无锡、徐州、镇江、泰州和淮安也与多个城市建立了网络联系。

总体来看，2019年江苏瞪羚企业网络仍以苏州为中心，但随着省内其他城市瞪羚企业的多极化快速发展，其首位度下降到1.642。城市间基尼系数为0.305，省内各城市瞪羚企业网络指数差距降低，发展更为均衡。

3. 2020年江苏瞪羚企业网络发展分析

图5-9显示了2020年江苏瞪羚企业在全国网络化发展中的空间格局。由于新冠肺炎疫情的暴发，2020年江苏瞪羚企业对外联系相对2019年有所下降，主要是与黑龙江、新疆及其他西部地区的联系减少。

从2020年江苏瞪羚企业网络指数来看，第一梯队为苏州和南京，其中苏州瞪羚企业网络指数为936，虽然相较2019年同比下降了44%，但仍居全省首位，南京瞪羚企业网络指数为712，居全省第二；第二梯队为无锡和徐州，瞪羚企业网络指数均在300以下；常州、南通、淮安、盐城、扬州、宿迁、连云港、镇江、泰州为第四梯队，瞪羚企业网络指数均低于100。不同梯队城市瞪羚企业网络指数的组间差距较大。

从地区间联系程度来看，苏州与上海、北京之间基于瞪羚企业的

2020年瞪羚企业网络

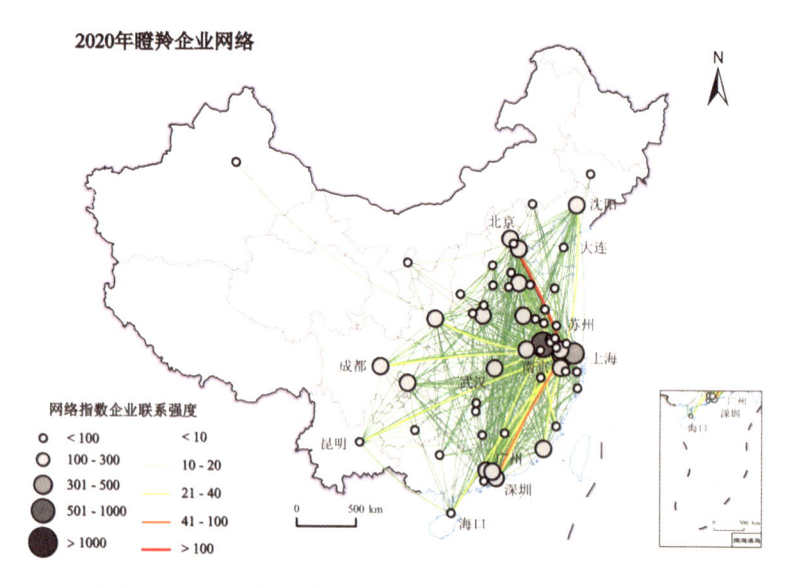

图 5-9 2020 年江苏瞪羚企业在全国的网络化发展格局

联系强度分别为 136 和 124，城市间企业联系仍然较为紧密；此外，2020 年苏州与全国 40 个城市建立了不同程度的网络连接，相较于疫情前出现大幅下降。南京除与苏州的瞪羚企业网络联系较强之外，与上海的连接度同样较强，其联系强度为 48，相较于去年出现小幅减少；2020 年南京与 47 个城市建立了瞪羚企业网络联系。此外，无锡与北京、上海的网络联系程度也较高，均为 36。

整体来看，2020 年江苏省瞪羚企业的对外影响力仍以苏州为中心，其首位度下降到 1.315，省内其他城市的对外联系程度均有不同程度的减少。疫情使江苏城市的位序格局产生较大变动，城市间基尼系数因此增大，为 0.682。

（二）江苏瞪羚企业演化总结

2018—2020 年，江苏省瞪羚企业网络指数总体呈现"倒 U 形"趋势。2018 年江苏省瞪羚企业网络综合发展指数为 2124，到 2019 年迅速增至 8402，而到 2020 年则又降至 2360，回落到了 2018 年附近水平。可以看出，2018—2020 年江苏瞪羚企业的网络变迁与对外联系程度波动较大。

2018年苏南地区瞪羚企业的对外联系程度仍领先于省内其他地区；2019年苏南地区对外发展依旧强势，发挥了较强的辐射作用，带动全省协同发展；由于新冠肺炎疫情的影响，2020年苏南地区对外联系程度相较前两年有所降低，苏中苏北地区也有不同程度的减弱。整体而言，2018—2020年江苏瞪羚企业网络变化较大，企业联系度由南向北递减。

分城市来看，疫情之后，南京的瞪羚企业发展态势较为强劲，网络韧性较大，网络发展指数由2018年的424增至2020年的712，为2018年的1.67倍，较好抵御了疫情的冲击。不同梯队城市瞪羚企业网络指数的组间差距有所增加，且对疫情的响应能力有所差别。

四　高成长企业未来发展方向

（一）江苏高成长企业发展存在的问题

一是网络发展不平衡明显。江苏省高成长企业对外连接度差距较大，苏南与苏北地区的高成长企业网络发展不均衡。苏南地区经济发展基础较好，教育和医疗资源丰富，高成长企业利用其地理位置优势促进资源流动转移，达到较高水平的对外连接度和区域影响力；而苏北、苏中地区经济发展基础较为薄弱，基础设施、教育资源和医疗资源相较苏南地区存在差距，抗风险环境存在脆弱性，内外部环境制约了高成长企业的网络发展和抗风险能力。

二是行业数量减少。2018—2020年，江苏高成长企业的退出行业主要集中在传统交通业和服务业。对于传统交通业而言，其发展面临内外部压力，处于转型阵痛期：从企业内部看，国内生产要素成本不断上涨，资金投入不足，资本驱动乏力，产业急需升级转型；从企业外部看，由于对传统交通运输业的未来发展缺乏稳定预期，投资者信心受到影响，进一步造成发展后劲不足。对于服务业而言，服务业企业减少主要体现在研发行业，企业研发投资不足，科技型企业数量较少，工程化、产业化水平较低，科技成果转化存在一定障碍。

三是竞争优势可持续性较差。2018—2020年，江苏各城市高成长企业网络发展的竞争优势并不稳定。如何充分利用高成长企业的地理位置和资源流动优势来提升城市竞争力、获取持续的竞争优势和较强的抗风险能力，是高成长企业实现可持续发展并带动周边城市群产业升级和经济高质量发展的关键。

（二）江苏高成长企业发展对策与建议

一是均衡各地创新资源，实现共同发展。目前江苏的高成长企业创新发展主要集中在以"苏州—南京"为双中心的苏南地区，未来应进一步加强苏南与苏中、苏北地区企业的交流与合作，充分发挥高成长企业网络发展指数较高城市的辐射和带动作用，在进行创新活动时把各个环节、各个层面、各个领域的相互关系和内在联系结合成有机整体。加快制造业、基础设施产业优化升级，并注意产业政策、创新政策、竞争政策的配套实施。积极研究探索跨行政区域的城市群健康发展模式，包括跨区域治理体系、产业和公共服务协同、大中小城市的合理尺度与空间结构等方面，积极提高中心城市和城市群综合承载和资源优化配置能力，提高抗风险和冲击能力，激发创新发展新动能。

二是以高成长企业为核心，形成创新产业集聚区。高成长企业是城市创新力和竞争力建设的重要支撑，是助推创新创业的重要引擎，是促进产业转型和经济高质量发展的重要力量，对于地区间资源流动和产业集聚发挥着重要作用。创新创业集聚区可设于城市群关键区位，充分发挥高成长企业网络联系效应，汇聚孵化机构、投资机构、创业企业、高校及科研院所等资源，形成高效有序、创新实力先进的创新产业集聚区。此外，江苏各城市应积极融入长三角城市群建设，利用地理位置优势和较好的经济发展基础，不断学习创新产业集聚区的发展模式以及产业结构，引导地方有序发展创新创业集聚区，推动科技创新创业资源的集聚。此外，高成长企业要注意自身优劣势和区域优劣势的匹配，最大限度发挥企业的创新优势。

三是加大对高成长企业的培育，引进优秀科研人才。强化企业研发投入主体地位，推动和支持高成长企业开展研发活动，加大高成长企业培育力度，引进和培养创新团队、科技型企业家；鼓励高校和科研院所开展科技创新，鼓励相关单位出台政策吸引高层次科技人才，设立研发投入专项奖补资金，逐步建立研发投入奖补机制，对企业、高校和科研院所等单位研发投入给予奖补，落实研发投入税收优惠政策。以市场需求为导向，结合高成长企业自身的技术比较优势，从满足市场需求和扩大网络联系的角度研发新产品；推动工程化、产业化，将科技创新与产业发展融合在一起，使科技创新实现社会价值。除此之外，高成长企业还要加速抢占技术高地、创新投资模式、打造品牌战略、提升企业管理水平。江苏要继续发挥高等教育优势，充分利用其丰富的"双一流"高校资源，培养和留住更多人才在江苏就业创业，提高人才黏性，促进江苏高成长企业和创新经济可持续发展。

第六章 江苏高成长企业的行业网络演化

江苏高成长企业所在行业主要集中在工业、公共服务业、建筑业、交通运输业、批发零售业、租赁产业以及信息技术产业等七大门类。2018年以来，江苏高成长企业形成的产业集聚现象也在不断演变，尤其受2020年新冠肺炎疫情的影响，给产业的集聚带来了一定的冲击，而不同门类产业所受到的影响也不尽相同，有必要对不同门类高成长企业所在产业的演变现象进行分析，以掌握其发展规律。

一 基于产业视角的江苏高成长企业空间发展与演化分析

（一）全产业江苏高成长企业空间发展宏观分析

2018—2020年，江苏高成长企业所在产业的发展主要集聚在苏州、上海、南京、北京、成都等城市，如图6-1至图6-3所示。2020年之前，城市的产业集聚稳步增加，而受到新冠肺炎疫情的影响，许多城市的产业集聚度在2020年有所下降，各地高成长企业所在产业的集聚现象呈现出如下规律。得分情况见附表。

第一，苏州产业集聚度稳居首位。2018—2020年三年来，苏州市的产业集聚度以1212、1964和1630的得分一直稳居首位。其中，在2018—2019年，苏州市的产业集聚度环比增加62%。由于受到疫情的影响，高成长企业与其他城市之间的联系受到影响，致使企业的扩张发展受到限制。因此，在2020年后苏州市产业集聚度降低了

第六章　江苏高成长企业的行业网络演化

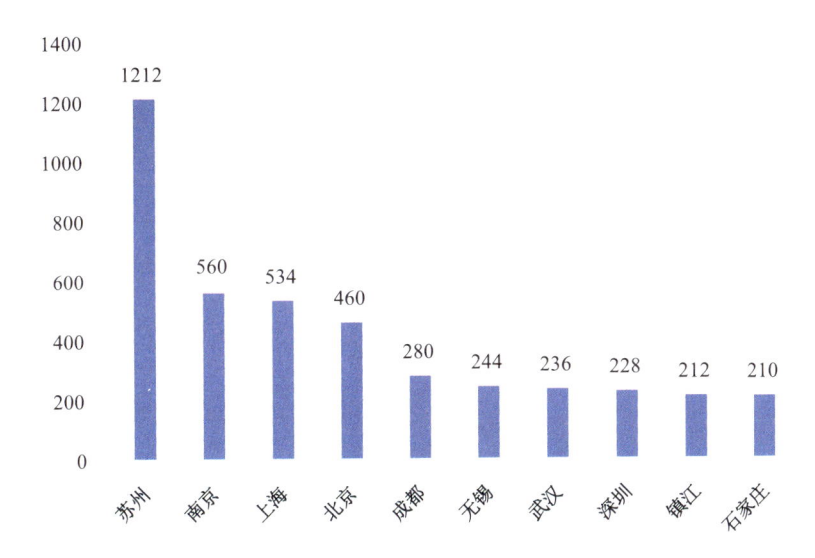

图 6-1　2018 年全产业高成长企业集聚城市前十名

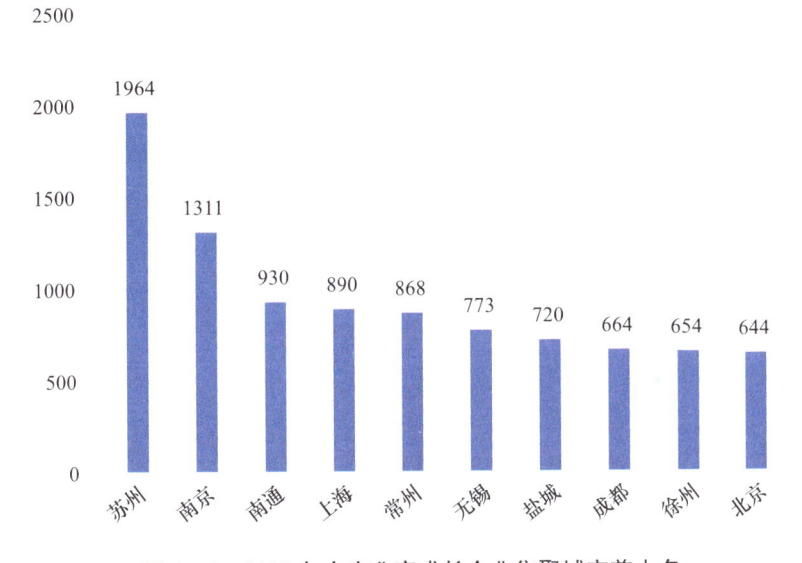

苏州 1212、南京 560、上海 534、北京 460、成都 280、无锡 244、武汉 236、深圳 228、镇江 212、石家庄 210

图 6-2　2019 年全产业高成长企业集聚城市前十名

苏州 1964、南京 1311、南通 930、上海 890、常州 868、无锡 773、盐城 720、成都 664、徐州 654、北京 644

17%，但是仍以 1630 的集聚度排名第一。

第二，南京市产业集聚高歌猛进，疫情后逆势增长。2018—2020 年三年来，南京市以 560、1311 和 1450 的产业集聚度紧追苏

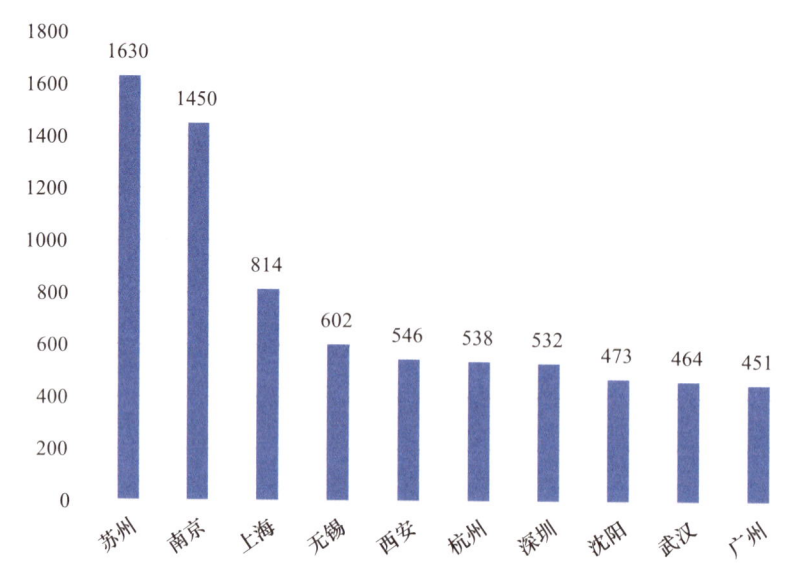

图6-3 2020年全产业高成长企业集聚城市前十名

苏州	1630
南京	1450
上海	814
无锡	602
西安	546
杭州	538
深圳	532
沈阳	473
武汉	464
广州	451

州，位居第二。其中，2018—2019年，高成长企业在南京市蓬勃发展，其产业集聚度猛增134%。2020年以来受到新冠肺炎疫情的影响，高成长企业在南京市的扩张增速放缓，但仍然呈现出逆势增长的态势，环比增加10.6%，体现出南京市高成长企业发展的韧劲。虽然产业集聚度一直位于第二，但是南京市高成长企业发展迅速，且正在逼近苏州，将差距从2018年的1.2倍缩小到2020年的0.12倍。

第三，上海、无锡产业集聚度发展平稳。2018—2020年三年来，上海和无锡的产业集聚发展一直位于全国城市的前列，2018年和2020年上海的产业集聚度均位列全国第三，在2019年，上海以890的产业集聚度略低于蓬勃发展的南通市。无锡市的产业集聚度则由2018—2019年全国第六提高至2020年的全国第四。

第四，高成长企业所在产业发展逐渐脱离北京、成都。2018—2020年三年来，北京的产业集聚程度由2018年全国排名第4下滑至2019年全国排名第十，至2020年已经滑落至全国前十（排名）之外。类似地，成都的产业集聚程度由全国排名第5滑落至第8，2020

年未进入全国排名前十。

第五，西安市成为高成长企业所在产业聚集地的后起之秀。西安市的产业集聚度由2018年的76激增至2019年的510，2020年仍然增长到546，排名从2018年的全国排名第44跃升至全国排名第5。

第六，武汉产业集聚脉冲式发展。武汉市的产业集聚度由2018年排名第7，骤跌至2019年的全国排名86/109，2020年又回归全国前十。究其原因，2019年，江苏省高成长企业与武汉之间的工业、交通运输产业交互较少，是导致武汉的产业集聚降低的主要原因。而由于疫情原因，2020年江苏的高成长企业将零售批发、信息技术产业在武汉进行拓展，使得武汉的产业集聚又有所回升。

（二）各产业江苏高成长企业空间发展与演化分析

1. 全国维度

2018—2020年三年来，江苏省高成长企业发展总体以江浙地区为核心向外辐射，呈现出增长的态势，但是受疫情影响，2020年的增长放缓，如图6-4至图6-6所示，主要有如下规律。

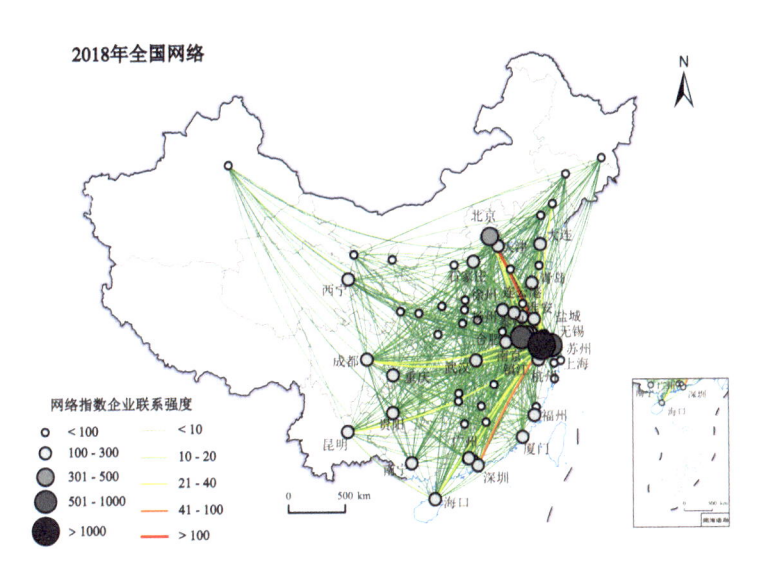

图6-4 2018年江苏高成长企业全国范围联系

▶ 分类特征篇

2019年全国网络

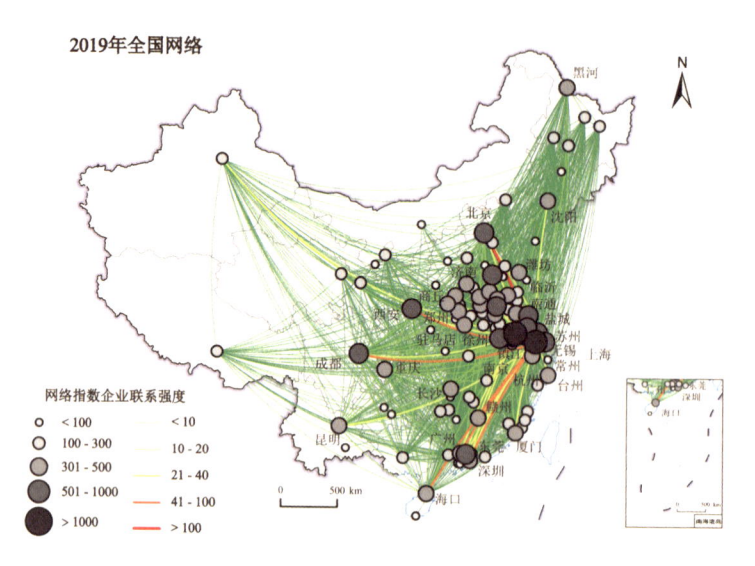

图 6-5　2019 年江苏高成长企业全国范围联系

2020年全国网络

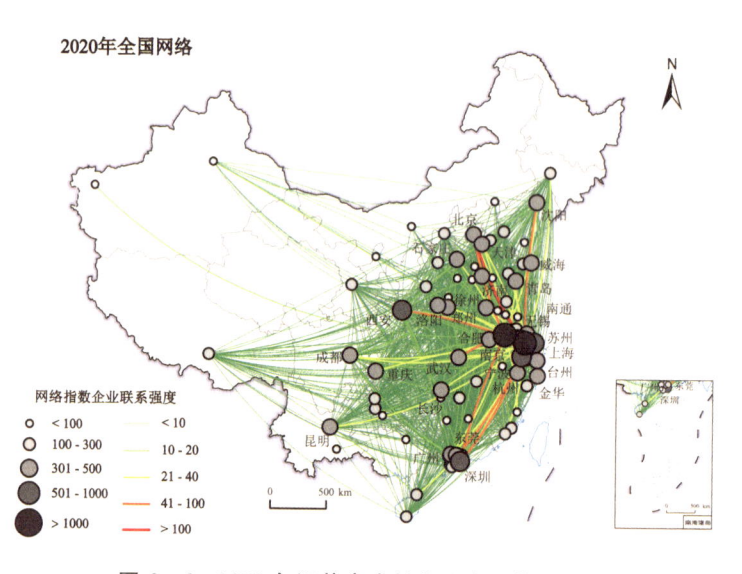

图 6-6　2020 年江苏高成长企业全国范围联系

第一，江苏省高成长企业城市之间的联系总体呈现出"倒 U"形发展。2018—2020 年三年来，由 2018 年与江苏省之外全国 53 个城市建立联系发展至 2019 年的 96 个联系城市，但是受到疫情影响有所减少，2020年江苏省高成长企业共与全国70个城市建立了联系。

第二，江苏省高成长企业的辐射范围越来越广。江苏省高成长企业由2018年发展集中的东南地区逐步延伸至西北西南地区，2019年在西藏拉萨建立分支机构，2020年在西至新疆喀什地区、北至黑龙江黑河建立了分支机构。

第三，江苏省高成长企业的发展由单点发展演化至多点开花。江苏省高成长企业的发展由2018年与京津冀地区单点频繁联系，逐渐转化为与珠三角地区、西南地区的成都、重庆、昆明以及西北地区的西安多点发展。

2. 江苏省维度

2018—2020年三年来，江苏省高成长企业发展总体以江浙地区为核心向外辐射，呈现出增长的态势，但是受疫情影响，2020年的增长放缓，如图6-7至图6-9所示。主要有如下规律。

第一，苏州和南京是江苏省高成长企业集聚度最高的地区，且南京后来居上。苏州和南京是高成长企业集聚的核心区域，在2018年，苏州的集聚程度最强，而在2019—2020年，南京市的高成长企业集聚力度加大，逐渐缩小了与苏州的差距。此外，南通、常州、盐城等城市高成长企业的集聚程度变化较大，且受疫情冲击影响较大。

第二，苏南地区集聚程度较高，且抗风险能力较强。总体来看，苏南地区集聚程度较高，2019年苏中地区和苏北地区有所发展，但是2020年受到疫情影响，苏北地区的高成长企业数量又有所下降，苏南地区还是保持着高集聚度，这也说明苏南地区的抗风险能力较强。

第三，南京应加强与苏北地区的联系。总体来看，南京是江苏省高成长企业发展的中心区域，但非核心区域，尤其与苏北地区的联系度需加强。

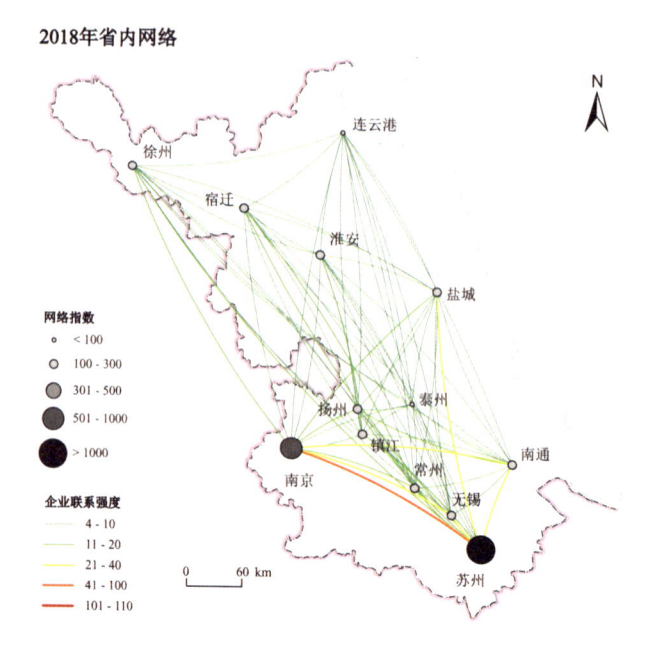

图 6-7 2018 年江苏高成长企业的省内联系

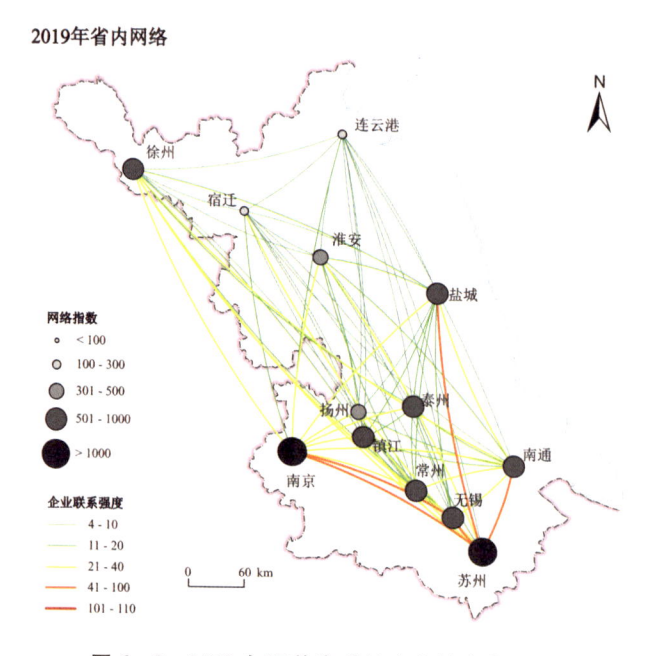

图 6-8 2019 年江苏高成长企业的省内联系

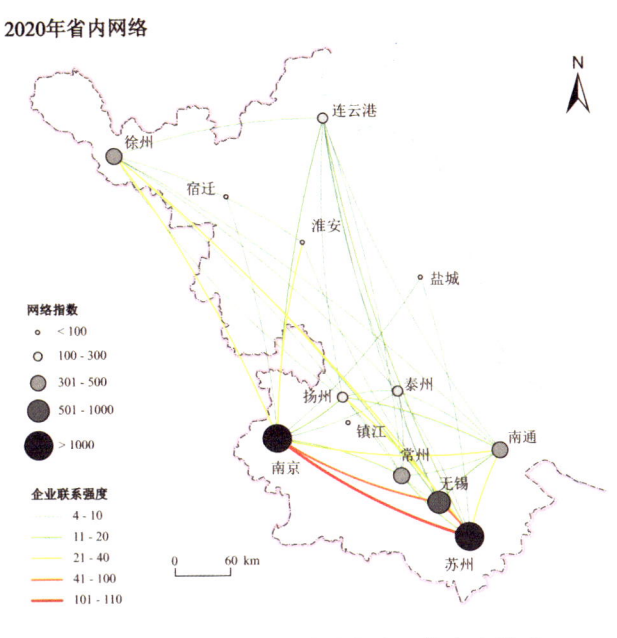

第六章　江苏高成长企业的行业网络演化　113

图 6-9　2020 年江苏高成长企业的省内联系

二　工业高成长企业演化情况分析

总体来说，自 2018 年以来，工业高成长企业的集聚程度占比由 2018 年的 18.32% 骤降至 2019 年的 1.95%，2020 年反弹至 5%，如图 6-10 所示。可以发现，工业类高成长企业的集聚度在 2018 年至 2020 年总体下降。一方面，江苏高成长工业企业在 2019 年受疫情影响严重，企业数量大大减少，布局范围也明显收缩，到 2020 年有一定复苏，但尚未达到疫情前水平；另一方面，由于大数据、人工智能等技术赋能，使得传统工业企业逐渐转型升级，面向高质量发展、集群发展，在行业类型的划分过程中将被划归为信息技术行业。

（一）全国维度

从全国视角来看，工业类型的高成长企业的发展主要集聚在我国东部沿海地区，苏州、上海、南京市是工业高成长企业发展的聚集

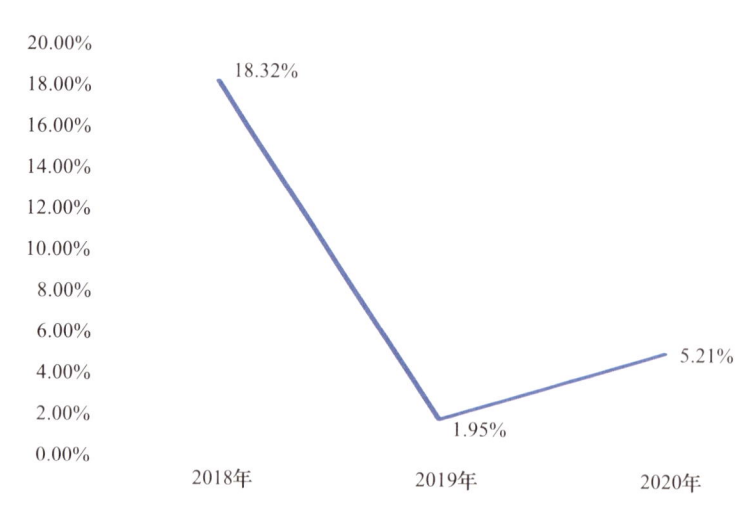

图 6-10　2018—2020 年江苏工业高成长企业集聚在全产业占比变化

地，以这些地区为核心，向其他城市延展，2018—2020 年的演化过程如图 6-11 至图 6-13 所示，具体呈现出如下发展规律。

第一，工业类型的高成长企业主要集聚在苏州、上海和南京地区。2018 年工业类型的高成长企业集聚最多的前十城市依次为：苏州、北京、上海、石家庄、南京、大连、广州、武汉、天津、无锡；2019 年工业类型的高成长企业集聚最多的前十城市依次为：苏州、上海、南京、深圳、北京、东莞、常州、大连、盐城、荆门；2020 年工业类型的高成长企业集聚最多的前十城市依次为：苏州、上海、南京、深圳、东莞、北京、常州、扬州、青岛、潍坊。具体排名、聚集度和聚集度占比见表 6-1。

表 6-1　2018—2020 年工业高成长企业聚集城市全国前十排名

名次	2018 年			2019 年			2020 年		
	城市	得分	占比	城市	得分	占比	城市	得分	占比
1	苏州	240	14.83%	苏州	104	15.81%	苏州	152	19.40%
2	北京	132	8.16%	上海	80	12.16%	上海	92	14.93%
3	上海	108	6.67%	南京	77	11.70%	南京	56	14.37%

第六章 江苏高成长企业的行业网络演化

续表

名次	2018年 城市	得分	占比	2019年 城市	得分	占比	2020年 城市	得分	占比
4	石家庄	104	6.43%	深圳	53	8.05%	深圳	32	9.89%
5	南京	88	5.44%	北京	48	7.29%	东莞	28	8.96%
6	大连	83	5.13%	东莞	44	6.69%	北京	24	8.21%
7	广州	75	4.64%	常州	32	4.86%	常州	24	5.97%
8	武汉	64	3.96%	大连	28	4.26%	扬州	16	5.22%
9	天津	64	3.96%	盐城	24	3.65%	青岛	16	4.48%
10	无锡	60	3.71%	荆门	24	3.65%	潍坊	16	4.48%

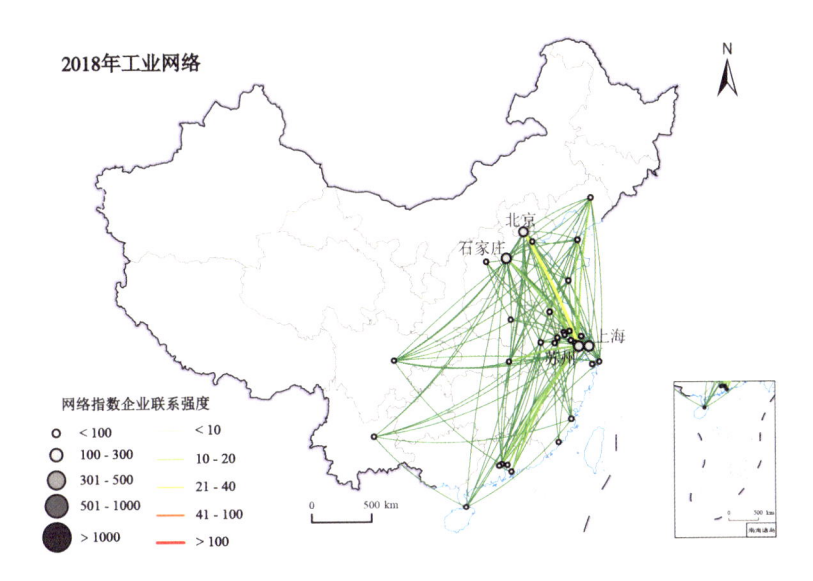

图6-11 2018年江苏工业高成长企业全国范围联系图

第二，工业高成长企业发展的核心地区是苏州市，但苏州与江苏省外的工业高成长企业有较为紧密的联系。以苏州为核心，北京、上海、无锡、东莞等地区的工业高成长企业与其产生了较为紧密的联系。具体体现在2018年企业之间的联系紧密度上：苏州—北京（40）、苏州—上海（24）、苏州—东莞（16）、苏州—石家庄（16）、

▶ 分类特征篇

2019年工业网络

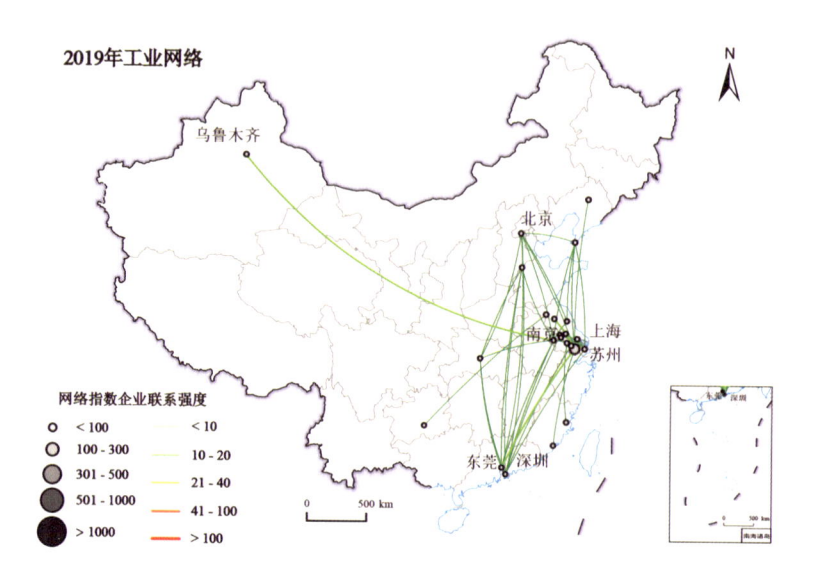

图 6-12 2019 年江苏工业高成长企业全国范围联系图

2020年工业网络

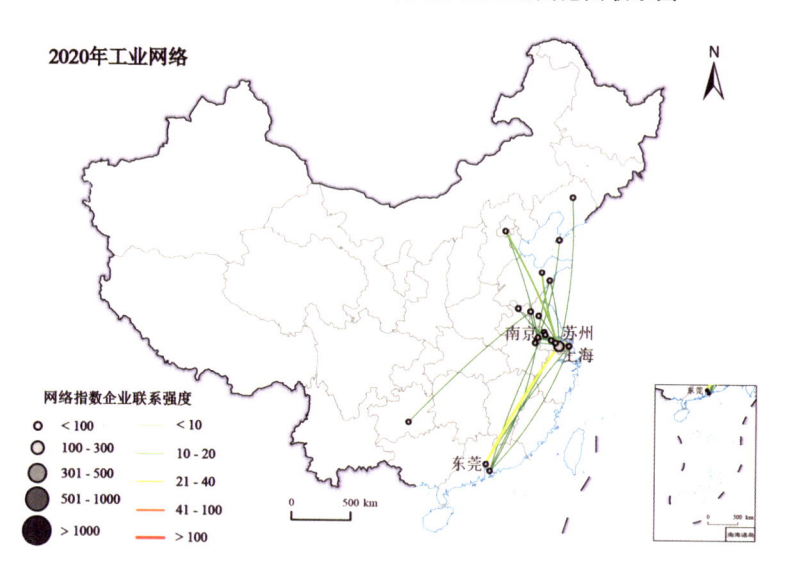

图 6-13 2020 年江苏工业高成长企业全国范围联系图

苏州—武汉（16）、苏州—沈阳（16）、苏州—天津（12）、苏州—广州（12）、苏州—深圳（12）。但是值得一提的是，苏州与南京以及江苏省内的工业高成长企业之间的联系却并不是十分紧密。

（二）江苏省维度

工业高成长企业聚集于苏州和南京，分散于其他各个地级市区，暂无工业高成长企业在连云港市开展生产。在江苏省内，工业企业的集聚主要集中在苏州和南京，占了全省的50%以上。2018年江苏省各地级市工业高成长企业的集聚情况排名如下：苏州、南京、无锡、南通、常州、扬州、宿迁、镇江、泰州、淮安、盐城、徐州、连云港；2019年江苏省各地级市工业高成长企业的集聚情况排名如下：苏州、南京、常州、盐城、淮安、扬州、南通、无锡、镇江、泰州、宿迁、徐州、连云港；2020年江苏省各地级市工业高成长企业的集聚情况排名如下：苏州、南京、常州、扬州、宿迁、无锡、徐州、淮安、镇江、南通、泰州、连云港、盐城。如图6-14至图6-16所示。其中，连云港连续三年没有工业高成长企业建立分支机构。

与南京建立联系的工业高成长企业主要集中在苏南地区以及沿海地区。比如2018年，苏州、无锡、常州、石家庄、上海的工业企业与南京的工业企业建立了联系；2019年，苏州、无锡的工业企业与

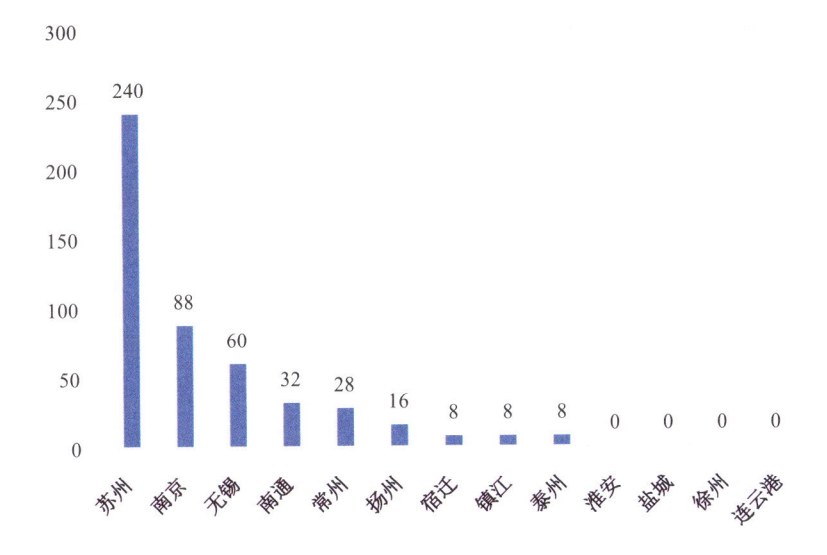

图6-14 2018年江苏省地级市工业企业集聚情况

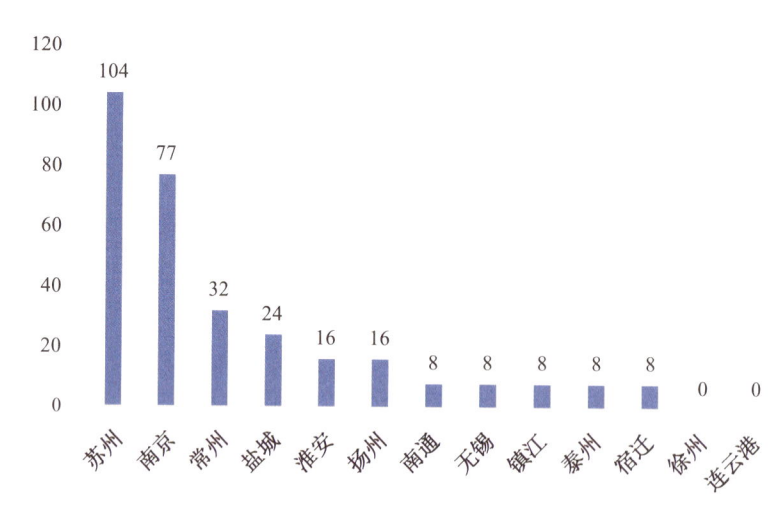

图 6 – 15　2019 年江苏省地级市工业企业集聚情况

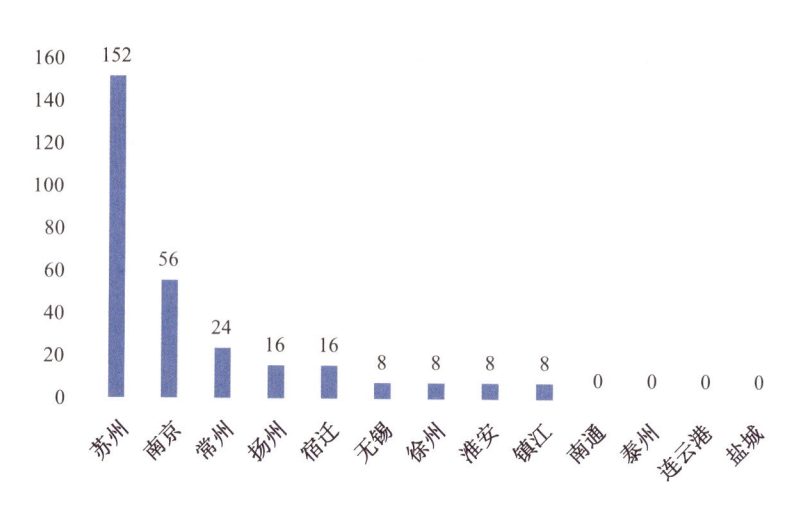

图 6 – 16　2020 年江苏省地级市工业企业集聚情况

南京的工业企业建立了联系；2020 年，大连、深圳、上海的工业企业与南京的工业企业建立了联系。

此外，南京市发展工业高成长企业的节奏较慢。可以发现，南京市工业高成长企业的集聚度逐年降低，如图 6 – 17 所示。由 2018 年的 88 下降至 2019 年的 77，再降低至 2020 年的 56。工业是基础，南京市应该提高工业发展节奏，利用互联网、信息等技术进行赋能，强化工业高成长企业的发展。

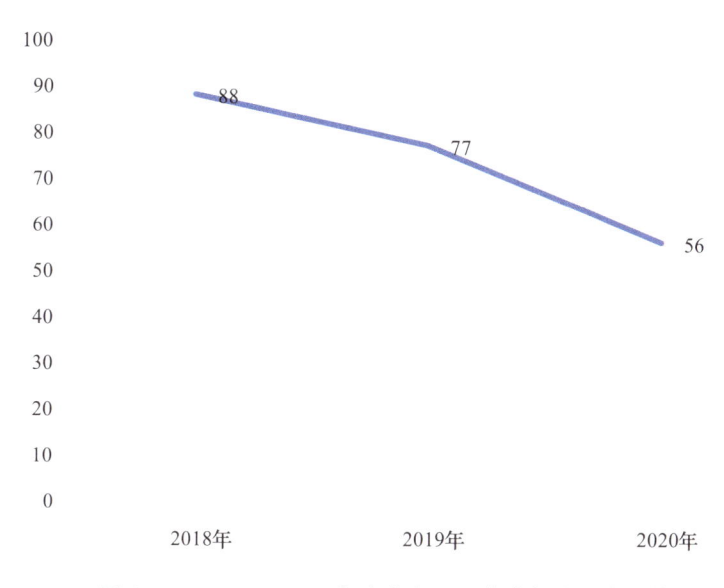

图 6-17 2018—2020 年南京市工业高成长企业发展情况

三 公共服务业高成长企业演化情况分析

与工业类似,公共服务业的集聚度从 2018—2020 年也呈现出先下降后反弹的态势。如图 6-18 所示,公共服务业的集聚度由 2018 年的 11.91% 下降至 2019 年的 4.56%,2020 年高速反弹至 16.28%,高于 2018 年的比重,究其原因可能是在新冠肺炎疫情影响下,快递、餐饮等服务产业得到了高速发展。

(一) 全国维度

从全国视角来看,公共服务业的高成长企业主要集聚东部沿海地区,北京也是公共服务业发展的重要区域。此外,公共服务业在疫情之后逆势发展,如图 6-19 至图 6-21 所示,具体呈现出如下发展规律。

▶ 分类特征篇

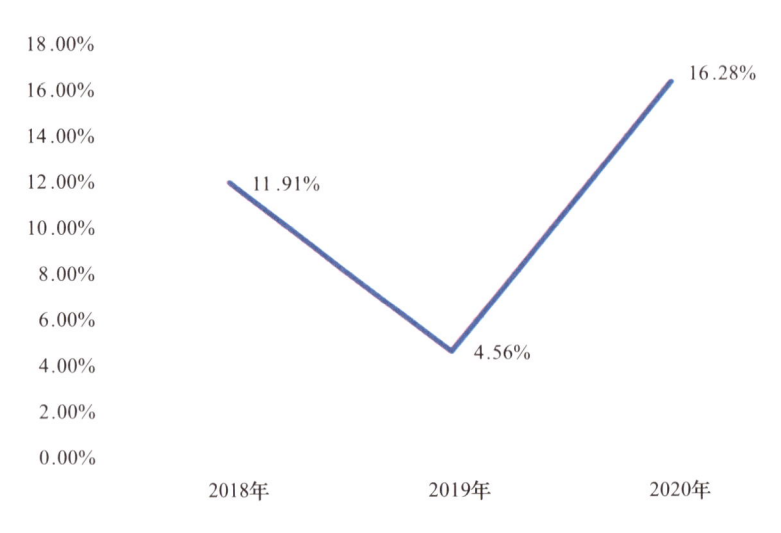

图 6-18 公共服务业高成长企业集聚全产业 2018—2020 年占比情况

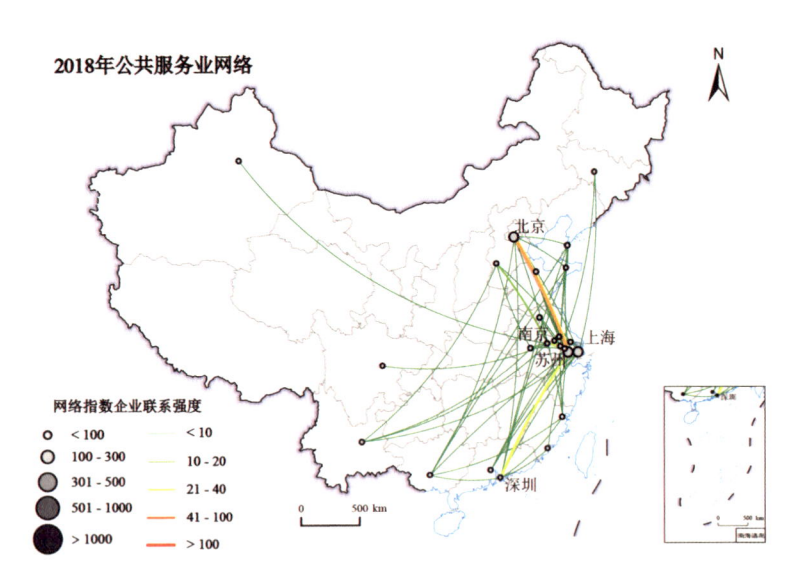

图 6-19 2018 年公共服务业高成长企业全国范围联系图

第一，公共服务业的高成长企业主要集聚在苏州和北京。2018 年和 2019 年苏州和北京以接近四成的比例聚集了公共服务业的高成长企业。此外，2018 年公共服务业高成长企业集聚最多

第六章 江苏高成长企业的行业网络演化

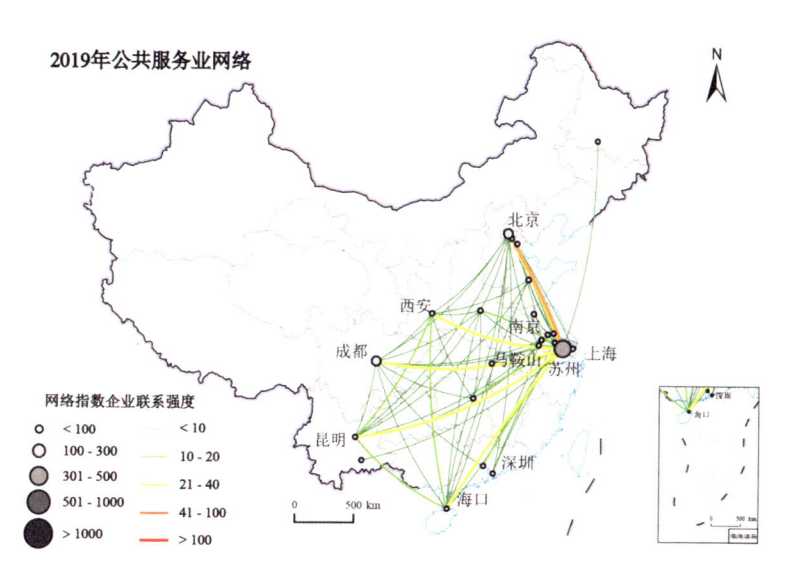

图 6-20 2019 年公共服务业高成长企业全国范围联系图

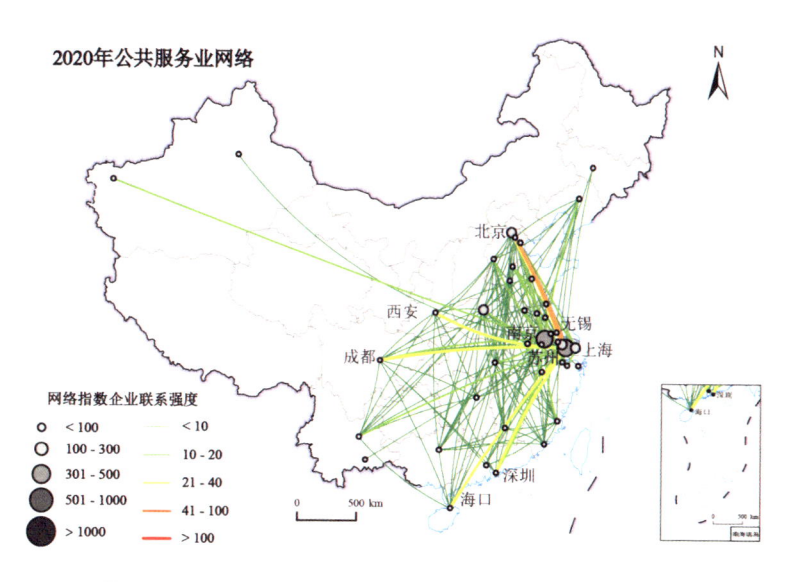

图 6-21 2020 年公共服务业高成长企业全国范围联系图

的前十城市依次为：苏州、北京、上海、南京、深圳、无锡、石家庄、大连、南宁、宁德；2019年公共服务业高成长企业集聚最多的前十城市依次为：苏州、北京、成都、西安、海口、昆明、上海、郑州、长沙、马鞍山；2020年公共服务业高成长企业集聚最多的前十城市依次为：南京、苏州、北京、上海、无锡、郑州、成都、深圳、海口、沈阳。具体排名、聚集度和聚集度占比见表6-2：

表6-2 2018—2020年公共服务业高成长企业聚集城市全国前十排名

名次	2018年 城市	得分	占比	2019年 城市	得分	占比	2020年 城市	得分	占比
1	苏州	276	26.24%	苏州	396	25.78%	南京	340	13.25%
2	北京	140	13.31%	北京	196	12.76%	苏州	316	12.31%
3	上海	134	12.74%	成都	104	6.77%	北京	176	6.86%
4	南京	88	8.37%	西安	92	5.99%	上海	160	6.24%
5	深圳	52	4.94%	海口	92	5.99%	无锡	124	4.83%
6	无锡	40	3.80%	昆明	92	5.99%	郑州	117	4.56%
7	石家庄	30	2.85%	上海	88	5.73%	成都	84	3.27%
8	大连	28	2.66%	郑州	72	4.69%	深圳	80	3.12%
9	南宁	28	2.66%	长沙	72	4.69%	海口	72	2.81%
10	宁德	28	2.66%	马鞍山	72	4.69%	沈阳	69	2.69%

第二，公共服务业高成长企业发展的核心地区是苏州市，且建立联系的城市较为零散。与其他产业不同，公共服务业高成长企业的分布比较零散，到2020年设立分支的城市最西到达新疆喀什地区，最北到达沈阳地区，遍布全国各片区，辐射范围较广。

（二）江苏省维度

公共服务业高成长企业聚集于苏州南京，并逐渐延伸至苏中苏北地区。在江苏省内，公共服务业高成长企业集聚主要集中在苏州和南京，2020年南京赶超2018年和2019年全省第一的苏州市，如图6-22至图6-24所示。徐州、连云港、盐城等地在2018—2019年没有建立公共服务业高成长企业的分支机构。

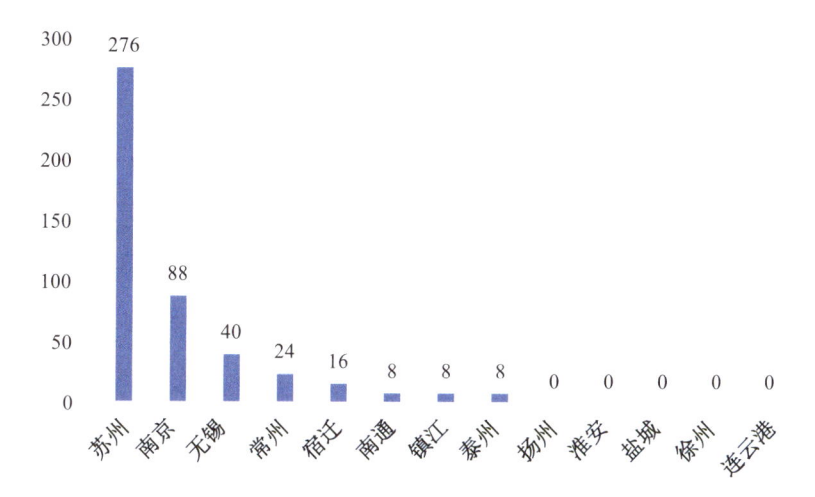

图6-22 2018年江苏省地级市公共服务业企业集聚情况

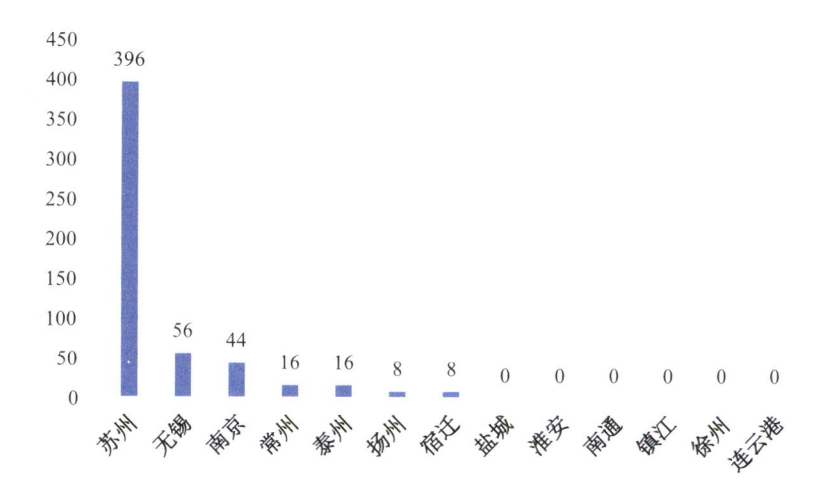

图6-23 2019年江苏省地级市公共服务业企业集聚情况

▶ 分类特征篇

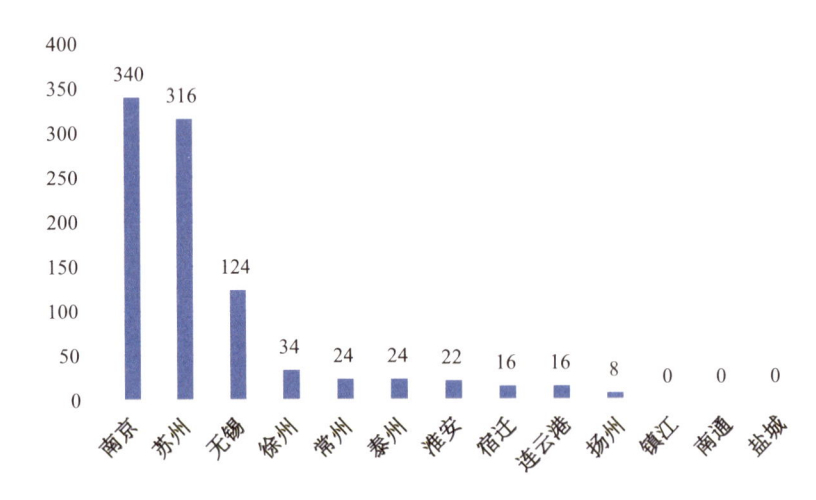

图 6-24　2020 年江苏省地级市公共服务业企业集聚情况

2020年南京市公共服务业高成长企业爆发式增长。与苏州稳居首位不同，南京市的公共服务高成长企业发展历经触底之后的高爆发式增长。在2018年，南京市以88的集聚度位居江苏省第二，至2019年，虽然位居全省第三，但是集聚度有所下降，却远低于第一位的苏州。至2020年，南京则以340的集聚度超越苏州，环比增加280%。

四　建筑业高成长企业演化情况分析

（一）全国维度

建筑业高成长企业的发展较为平缓，主要集中在我国东部沿海地区和西南地区，建筑业高成长企业的集聚程度并非十分密集，且没有受到疫情较为严重的冲击，如图6-25至图6-27，具体呈现出如下发展规律。

第一，建筑业高成长企业主要集聚在江浙及西南地区。与其他产业不同，建筑业高成长企业的发展与西南地区的重庆、昆明，以及南部地区的海口有较为紧密的联系，具体而言，2018年建筑业高成长企业集聚最多的前十城市依次为：苏州、上海、南京、无锡、合肥、

第六章 江苏高成长企业的行业网络演化

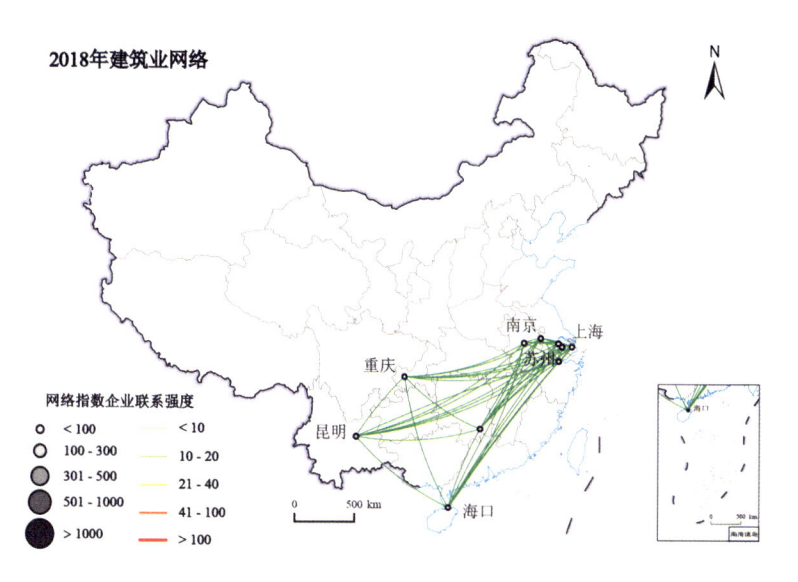

图 6-25 2018 年建筑业高成长企业全国范围联系图

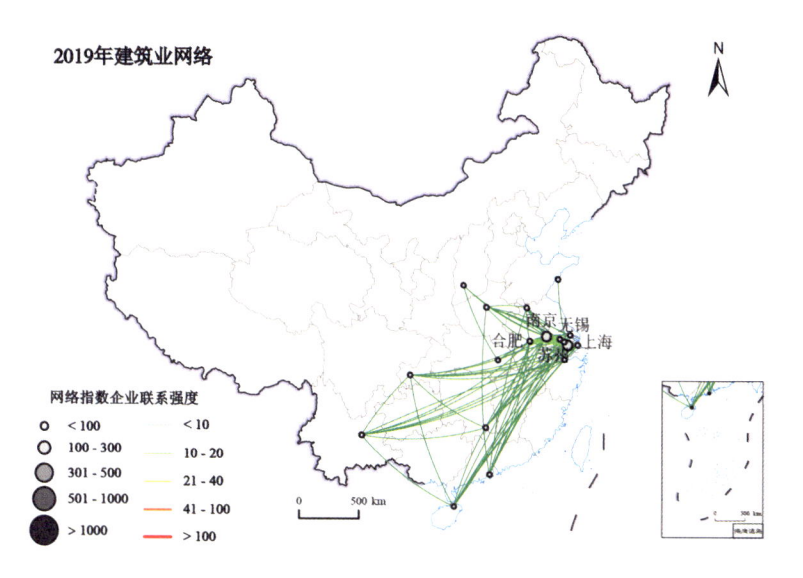

图 6-26 2019 年建筑业高成长企业全国范围联系图

▶ 分类特征篇

2020年建筑业网络

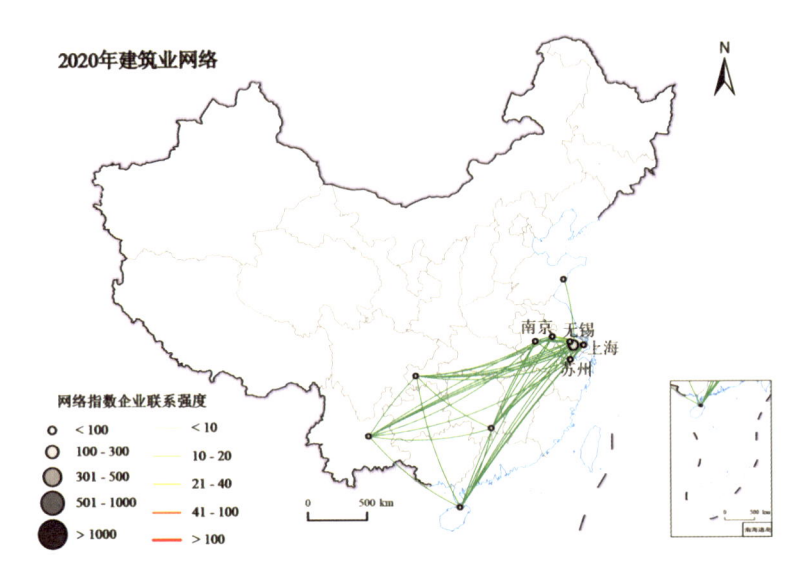

图 6-27 2020 年建筑业高成长企业全国范围联系图

昆明、海口、杭州、重庆、郴州；2019 年工业类型的高成长企业集聚最多的前十城市依次为：苏州、南京、无锡、合肥、上海、常州、海口、昆明、南通、杭州；2020 年工业类型的高成长企业集聚最多的前十城市依次为：苏州、南京、上海、无锡、海口、昆明、合肥、杭州、重庆、郴州。具体排名、聚集度和聚集度占比见表 6-3：

表 6-3 2018—2020 年建筑业高成长企业聚集城市全国前十排名

名次	2018 年			2019 年			2020 年		
	城市	得分	占比	城市	得分	15.32%	城市	得分	占比
1	苏州	72	16.67%	苏州	136	11.71%	苏州	104	20.00%
2	上海	40	9.26%	南京	104	9.91%	南京	56	10.77%
3	南京	40	9.26%	无锡	88	8.11%	上海	56	10.77%
4	无锡	40	9.26%	合肥	72	6.31%	无锡	56	10.77%
5	合肥	40	9.26%	上海	56	6.31%	海口	40	7.69%
6	昆明	40	9.26%	常州	56	4.50%	昆明	40	7.69%

第六章 江苏高成长企业的行业网络演化

续表

名次	2018 年 城市	得分	占比	2019 年 城市	得分	15.32%	2020 年 城市	得分	占比
7	海口	40	9.26%	海口	40	4.50%	合肥	40	7.69%
8	杭州	40	9.26%	昆明	40	4.50%	杭州	40	7.69%
9	重庆	40	9.26%	南通	40	4.50%	重庆	40	7.69%
10	郴州	40	9.26%	杭州	40	15.32%	郴州	40	7.69%

第二，建筑业高成长企业呈现出多点齐开式发展。建筑业高成长企业并无明显的发展核心，仅苏州在 2018 年集聚度略高于其他城市，而 2019—2020 年，全国各地区的城市集聚度相差不大，表现出各地多点开花式发展。

（二）江苏省维度

建筑业高成长企业聚集于苏州和南京，分散于其他各个地级市区，没有工业高成长企业在连云港市开展生产。在江苏省内，建筑业高成长企业的集聚主要集中在苏州和南京，占了全省的 50% 以上。2018 年江苏省各地级市建筑业高成长企业的集聚情况排名如下：苏州、南京、无锡、南通、常州、扬州、宿迁、镇江、泰州、淮安、盐城、徐州、连云港；2019 年江苏省各地级市建筑业高成长企业的集聚情况排名如下：苏州、南京、常州、盐城、淮安、扬州、南通、无锡、镇江、泰州、宿迁、徐州、连云港；2020 年江苏省各地级市建筑业高成长企业的集聚情况排名如下：苏州、南京、常州、扬州、宿迁、无锡、徐州、淮安、镇江、南通、泰州、连云港、盐城。如图 6-28 至图 6-30 所示。

五　交通运输业高成长企业演化情况分析

交通运输业高成长企业之间仅在 2018 年产生了紧密联系，如图 6-31 所示。虽然交通运输业只在 2018 年有所明显集聚，但是其

▶ 分类特征篇

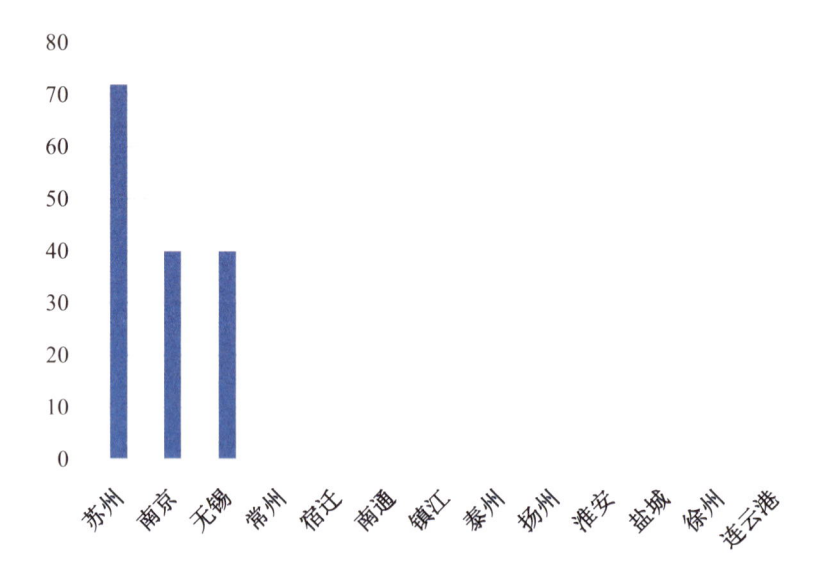

图 6-28　2018 年江苏省地级市建筑业企业集聚情况

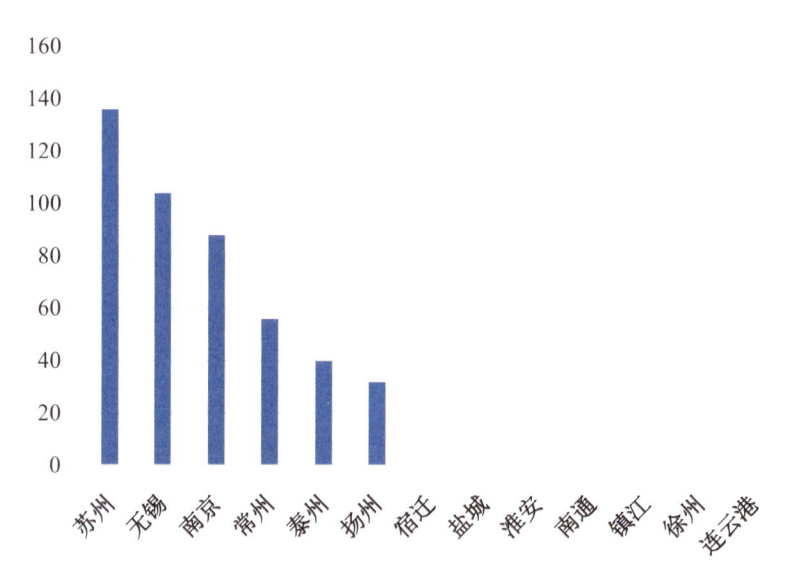

图 6-29　2019 年江苏省地级市建筑业企业集聚情况

第六章 江苏高成长企业的行业网络演化

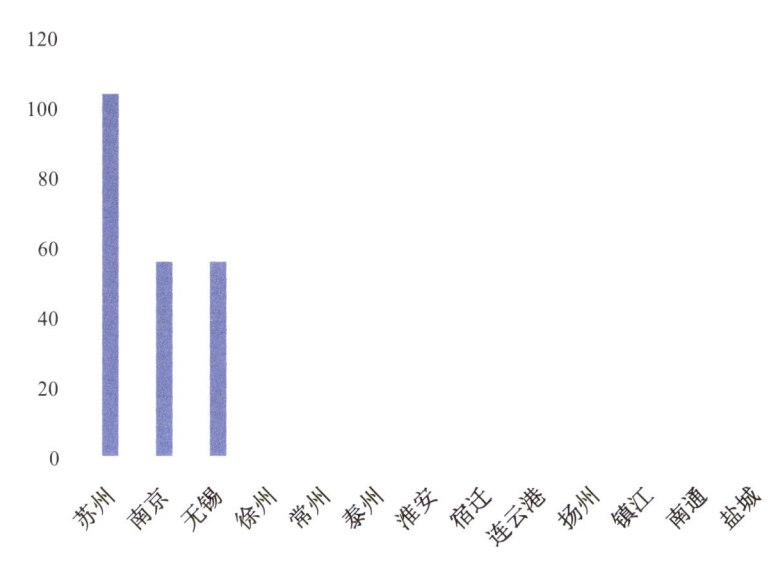

图 6-30 2020 年江苏省地级市建筑业企业集聚情况

所占比达 17.12%，高于工业等产业。

交通运输业高成长企业主要集聚在镇江地区。与其他产业不同，交通运输业呈现出一核多点的发展态势。一核为镇江，多点则延伸至淮安、成都、滁州等地，见表 6-4。交通运输业高成长企业集聚最多的前十城市依次为：镇江、淮安、石家庄、南宁、长春、成都、武汉、福州、太原、贵阳。

表 6-4　2018 年交通运输业高成长企业聚集城市全国前十排名

名次	2018 年		
	城市	得分	占比
1	镇江	144	9.52%
2	淮安	76	5.03%
3	石家庄	76	5.03%
4	南宁	76	5.03%
5	长春	76	5.03%
6	成都	76	5.03%

续表

名次	2018 年 城市	得分	占比
7	武汉	76	5.03%
8	福州	76	5.03%
9	太原	76	5.03%
10	贵阳	76	5.03%

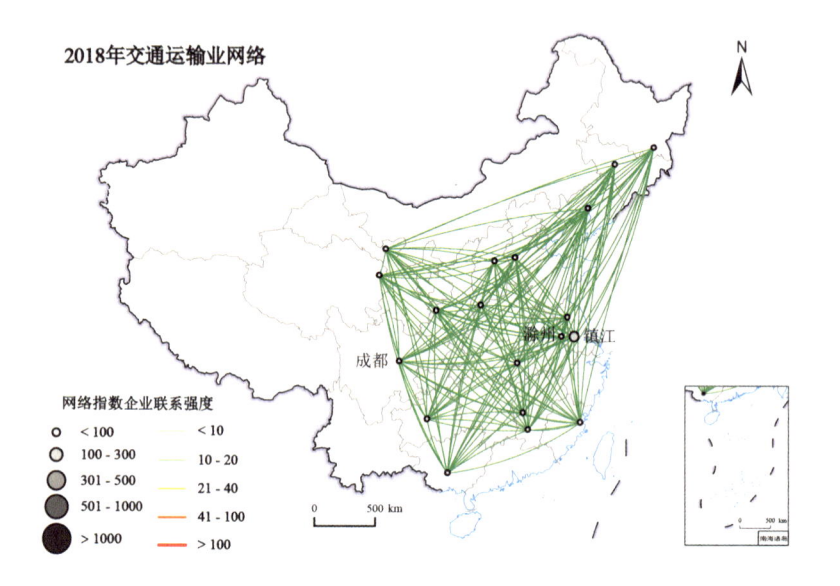

图 6-31　2018 年交通运输业高成长企业全国范围联系图

六　批发零售业高成长企业演化情况分析

(一) 全国维度

批发零售高成长企业的发展呈现出爆发式增长的态势，2018 年主要集中在我国东部沿海地区，2019 年后发展至东部多个城市，如图 6-32 至图 6-34，具体呈现出如下发展规律。

第一，批发零售业的集聚由江浙范围逐渐扩大。可以看出，批发零售高成长企业在 2018 年主要集中在江浙一带，而随着时间的推移，

第六章 江苏高成长企业的行业网络演化

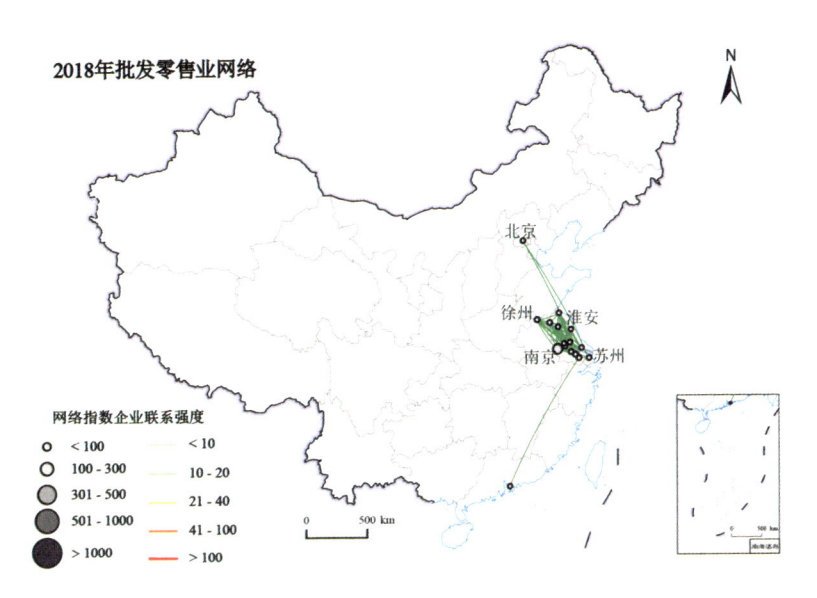

图6-32 2018年批发零售业高成长企业全国范围联系图

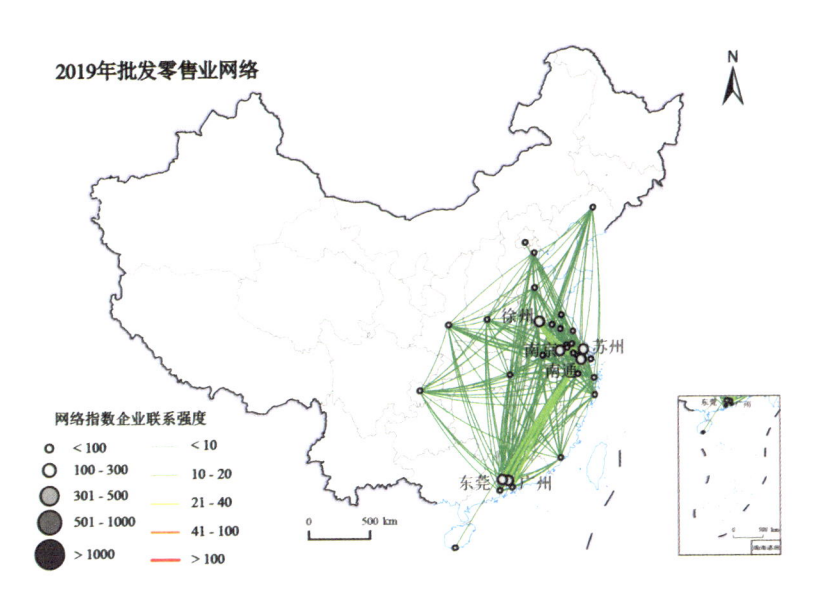

图6-33 2019年批发零售业高成长企业全国范围联系图

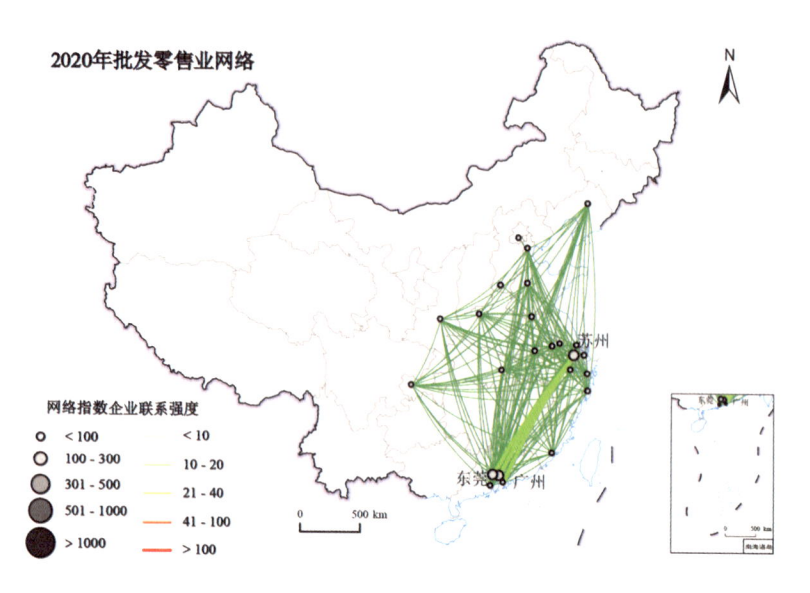

图 6-34 2020 年批发零售业高成长企业全国范围联系图

逐渐向批发零售产业较为发达的广东沿海地区发展。2018 年批发零售高成长企业集聚最多的前十城市依次为：南京、苏州、镇江、淮安、无锡、常州、宿迁、南通、泰州、扬州；2019 年批发零售高成长企业集聚最多的前十城市依次为：苏州、南京、南通、徐州、广州、东莞、深圳、合肥、杭州、重庆；2020 年批发零售高成长企业集聚最多的前十城市依次为：苏州、广州、东莞、深圳、徐州、南京、合肥、杭州、重庆、沈阳。具体排名、聚集度和聚集度占比见表 6-5。

表 6-5　2018—2020 年批发零售业高成长企业聚集城市全国前十排名

名次	2018 年 城市	得分	占比	2019 年 城市	得分	占比	2020 年 城市	得分	占比
1	南京	104	13.13%	苏州	244	9.26%	苏州	176	9.27%
2	苏州	76	9.60%	南京	188	7.14%	广州	123	6.48%
3	镇江	52	6.57%	南通	136	5.16%	东莞	123	6.48%
4	淮安	52	6.57%	徐州	136	5.16%	深圳	92	4.85%

续表

名次	2018年 城市	得分	占比	2019年 城市	得分	占比	2020年 城市	得分	占比
5	无锡	52	6.57%	广州	123	4.67%	徐州	92	4.85%
6	常州	52	6.57%	东莞	123	4.67%	南京	84	4.43%
7	宿迁	52	6.57%	深圳	92	3.49%	合肥	84	4.43%
8	南通	52	6.57%	合肥	84	3.19%	杭州	84	4.43%
9	泰州	52	6.57%	杭州	84	3.19%	重庆	84	4.43%
10	扬州	52	6.57%	重庆	84	3.19%	沈阳	84	4.43%

第二，批发零售业高成长企业逆势增长。批发零售业的发展和集聚主要集中在2019年和2020年。2018年批发零售业的集聚非常有限，而到2019年后，批发零售业高速发展，至2020年，批发零售业的集聚仍然逆势而上。

（二）江苏省维度

疫情对江苏省批发零售高成长企业的冲击较为严重。在江苏省内，批发零售业的集聚主要集中在苏州、南京和无锡。2018年和2019年，江苏省各个地级市批发零售高成长企业的集聚过程较为平缓，未出现某个地级市不进行产业集聚的情况，但是2020年由于疫情的冲击，只有苏州、南京、南通、徐州、镇江的批发零售企业仍在发展。2018—2020年江苏省各个地级市的排名情况下如图6-35至图6-37所示。2018年江苏省各地级市批发零售高成长企业的集聚情况排名如下：南京、苏州、淮安、镇江、连云港、南通、宿迁、泰州、无锡、徐州、盐城、扬州、常州；2019年江苏省各地级市批发零售高成长企业的集聚情况排名如下：苏州、南京、南通、徐州、常州、淮安、连云港、宿迁、泰州、无锡、盐城、扬州、镇江；2020年江苏省各地级市批发零售高成长企业的集聚情况排名如下：苏州、徐州、南京、南通、镇江、常州、淮安、连云港、宿迁、泰州、无锡、盐城、扬州。

▶ 分类特征篇

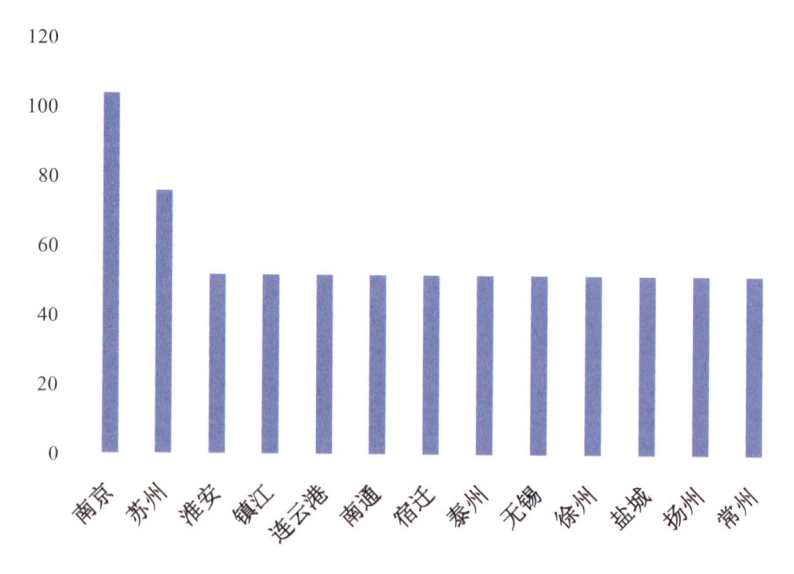

图 6-35　2018 年江苏省地级市批发零售业企业集聚情况

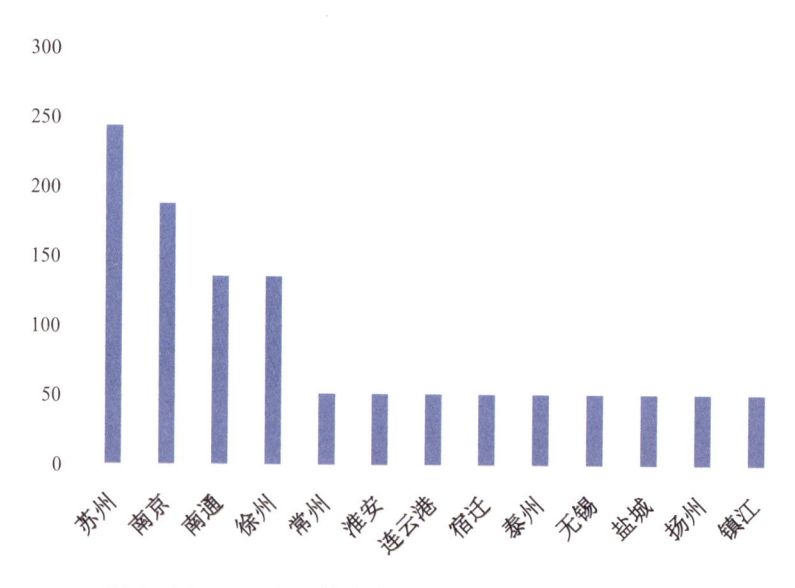

图 6-36　2019 年江苏省地级市批发零售业企业集聚情况

第六章　江苏高成长企业的行业网络演化

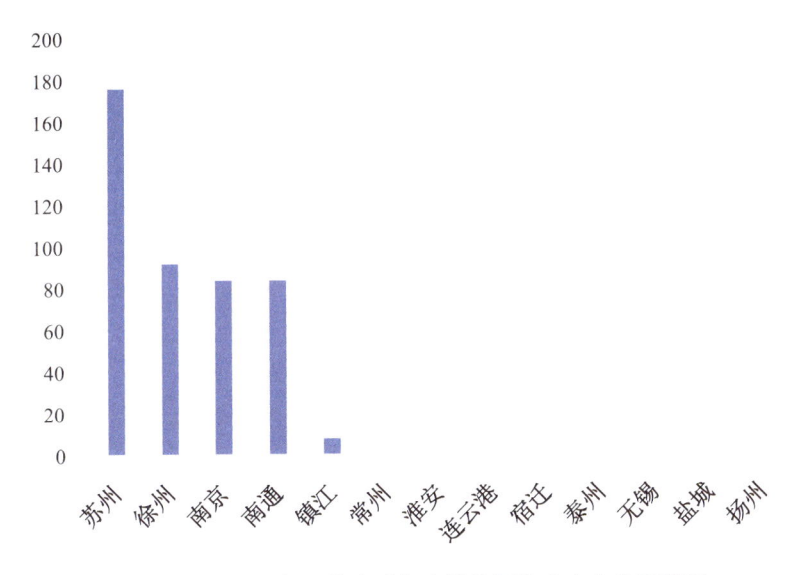

图6-37　2020年江苏省地级市批发零售业企业集聚情况

七　租赁和商服产业高成长企业演化情况分析

(一) 全国维度

租赁和商服业高成长企业由三足鼎立逐渐集聚于北方地区。租赁和商服业虽然占全产业集聚比重不高，但是逐年都在提高，至2020年，已经升至4.93%，其演化过程如图6-38至图6-40所示。具体呈现出如下发展规律。

由2018年南京、北京、深圳三座城市的集聚逐渐演变成多个北方城市的集聚。譬如，在2019年租赁和商服业高成长企业集聚最多的前十城市依次为：苏州、无锡、上海、南京、西安、郑州、沈阳、乌鲁木齐、青岛、包头；2020年租赁和商服业高成长企业集聚最多的前十城市依次为：苏州、无锡、宁波、上海、西安、郑州、沈阳、青岛、南通、长春。具体排名、聚集度和聚集度占比见表6-6。

▶ 分类特征篇

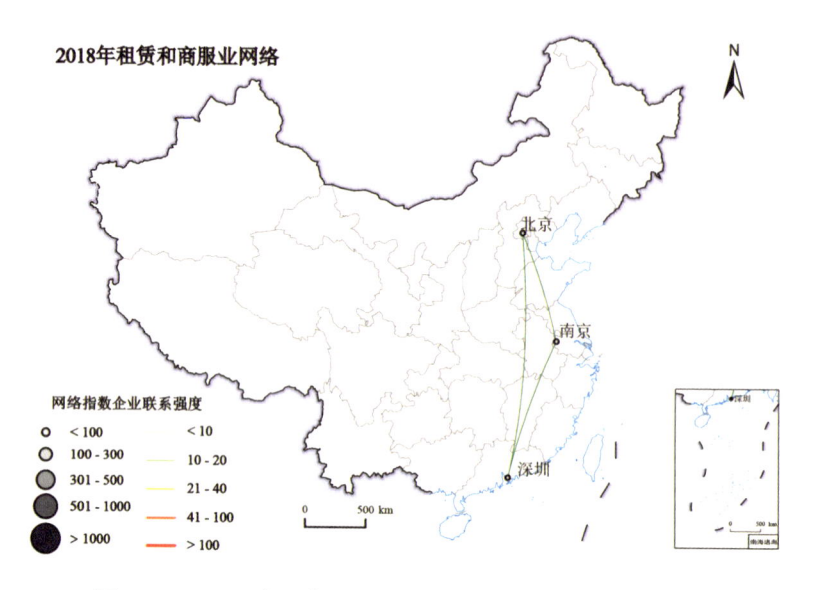

图 6-38 2018 年租赁和商服业高成长企业全国范围联系图

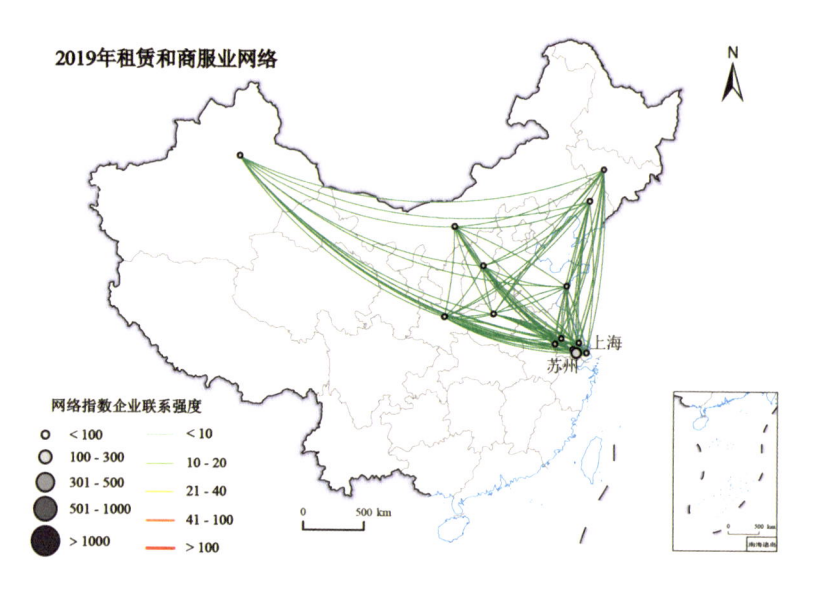

图 6-39 2019 年租赁和商服业高成长企业全国范围联系图

第六章 江苏高成长企业的行业网络演化

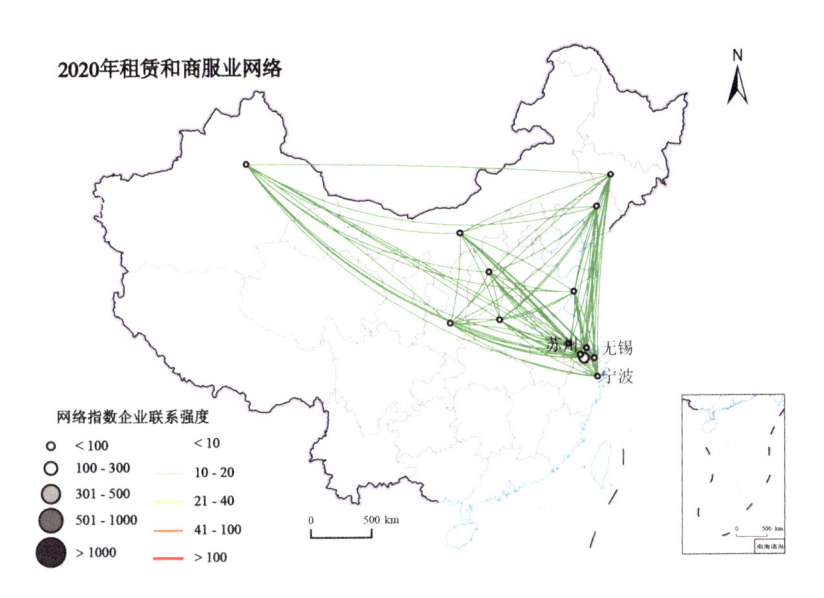

图 6-40 2020年租赁和商服业高成长企业全国范围联系图

表 6-6 2018—2020 年租赁和商服业高成长企业聚集城市全国前十排名

名次	2018 年 城市	得分	占比	2019 年 城市	得分	占比	2020 年 城市	得分	占比
1	南京	16	40.00%	苏州	104	14.13%	苏州	108	12.19%
2	北京	12	30.00%	无锡	75	10.19%	无锡	84	9.48%
3	深圳	12	30.00%	上海	60	8.15%	宁波	84	9.48%
4				南京	52	7.07%	上海	58	6.55%
5				西安	52	7.07%	西安	58	6.55%
6				郑州	52	7.07%	郑州	58	6.55%
7		—		沈阳	52	7.07%	沈阳	58	6.55%
8				乌鲁木齐	52	7.07%	青岛	58	6.55%
9				青岛	52	7.07%	南通	58	6.55%
10				包头	52	7.07%	长春	58	6.55%

(二) 江苏省维度

苏北地区未涉及租赁和商服业，南京逐渐剥离了租赁和商服业。租赁和商服业率先在南京形成集聚，在 2018 年，40% 的集聚度使得南京成为江苏省租赁和商服业高成长企业集聚重要区域。然而，2019 年，苏州、无锡、上海等城市高速发展，南京则掉落至全国第四的位置。而到 2020 年，南京市的租赁和商服业高成长企业滑落前十，未出现租赁和商服业高成长企业。同时，徐州、连云港、宿迁等苏北地区城市也鲜有租赁和商服业高成长企业建立分支机构。2019 年江苏省地级市租赁和商服业高成长企业的集聚情况排名如下：苏州、无锡、南京、常州、泰州；2020 年江苏省地级市租赁和商服业高成长企业的集聚情况排名如下：苏州、无锡、南通、扬州。

八 信息技术产业高成长企业演化情况分析

(一) 全国维度

信息技术服务业为高成长企业形成集聚的最主要产业。信息技术

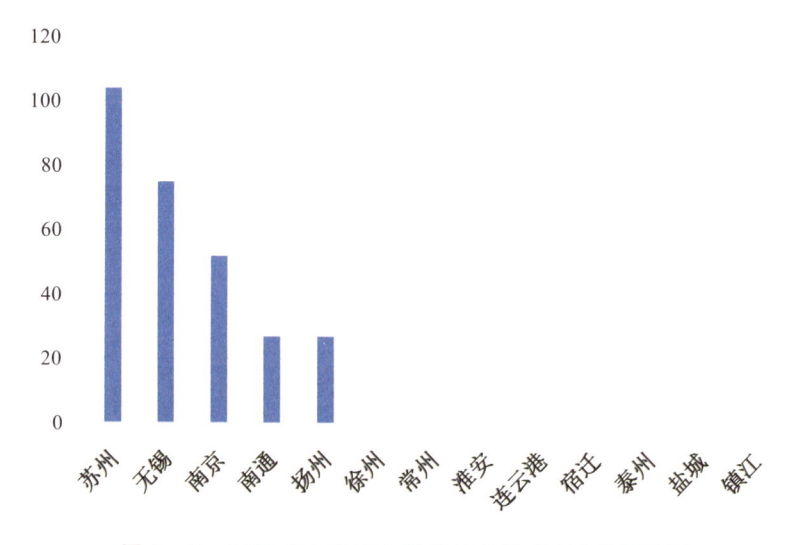

图 6-41 2019 年江苏省地级市信息技术产业集聚情况

第六章 江苏高成长企业的行业网络演化

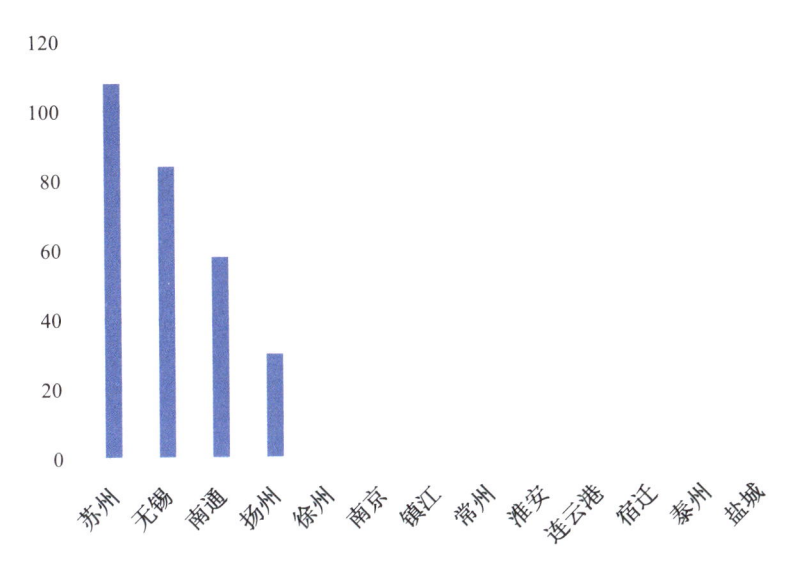

图 6-42 2020年江苏省地级市信息技术产业集聚情况

服务业包含了高新科技、信息技术等前沿科学技术相关产业，是目前高成长企业隶属最多的行业，同时也是企业形成集聚最多的行业，如图 6-43 至图 6-45 所示。

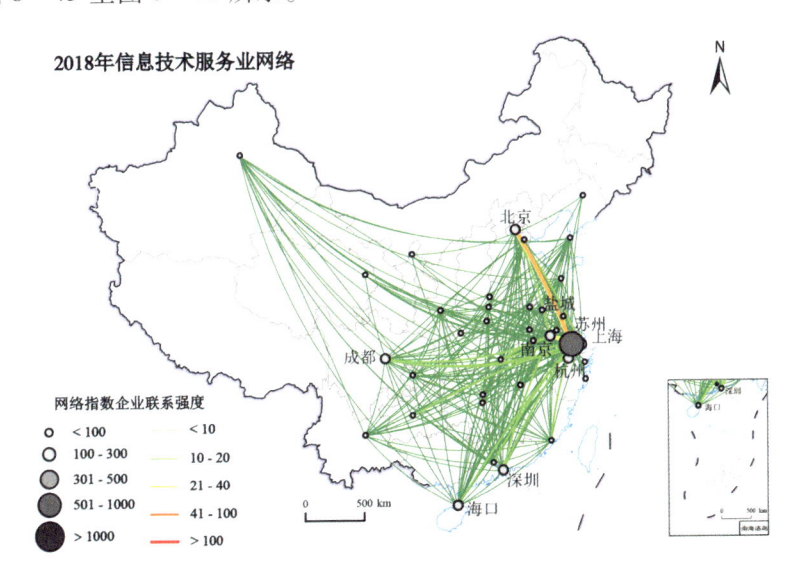

图 6-43 2018年信息技术服务业高成长企业全国范围联系图

▶ 分类特征篇

2019年信息技术服务业网络

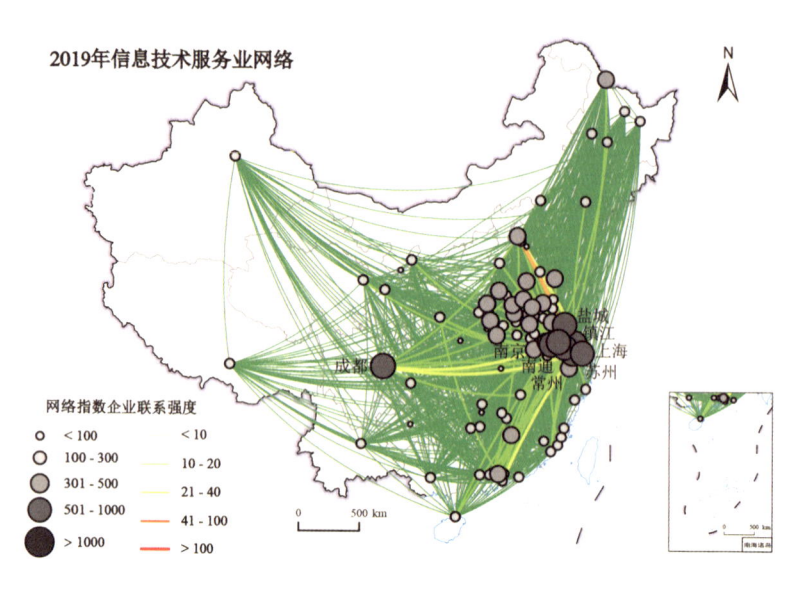

图 6-44 2019 年信息技术服务业高成长企业全国范围联系图

2020年信息技术服务业网络

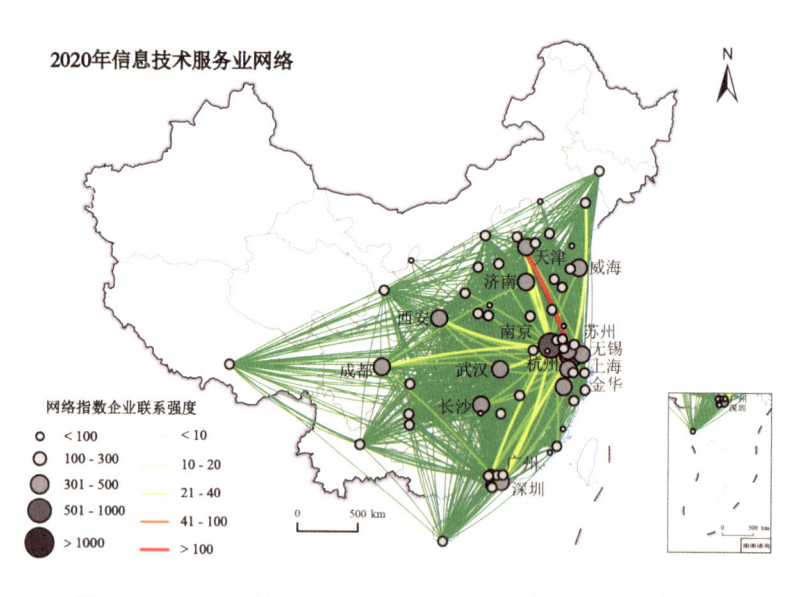

图 6-45 2020 年信息技术服务业高成长企业全国范围联系图

信息技术服务业在 2019 年爆发式增长，使得其在全产业集聚中的比重占到 80.81%，如图 6-46 所示，几乎覆盖了所有的高成长企

图 6-46 信息技术产业高成长企业集聚全产业占比情况 2018—2020 年变化图

业所在行业，2020 年该项比重略有下降，但仍然超过五成，可以看到信息技术已经成为赋能企业高成长发展的核心动力之一。

数据显示，信息技术服务业主要集聚于江浙沪、京津冀、珠三角地区，同时在全国多点开花。2018 年信息技术服务高成长企业集聚最多的前十城市依次为：苏州、上海、南京、北京、成都、杭州、海口、深圳、广州、厦门；2019 年信息技术服务高成长企业集聚最多的前十城市依次为：苏州、南京、南通、常州、盐城、上海、成都、镇江、无锡、济南；2020 年信息技术服务高成长企业集聚最多的前十城市依次为：南京、苏州、上海、杭州、西安、无锡、成都、威海、金华、深圳。具体排名、聚集度和聚集度占比见表 6-7。

表 6-7 2018—2020 年信息技术服务高成长企业聚集城市全国前十排名

名次	2018 年			2019 年			2020 年		
	城市	得分	占比	城市	得分	占比	城市	得分	占比
1	苏州	548	16.19%	苏州	980	3.60%	南京	840	5.42%
2	上海	232	6.86%	南京	838	3.08%	苏州	774	4.99%
3	南京	224	6.62%	南通	719	2.64%	上海	440	2.84%

续表

名次	2018 年			2019 年			2020 年		
	城市	得分	占比	城市	得分	占比	城市	得分	占比
4	北京	164	4.85%	常州	712	2.61%	杭州	402	2.59%
5	成都	144	4.26%	盐城	644	2.36%	西安	336	2.17%
6	杭州	136	4.02%	上海	590	2.17%	无锡	330	2.13%
7	海口	124	3.66%	成都	560	2.06%	成都	330	2.13%
8	深圳	120	3.55%	镇江	556	2.04%	威海	330	2.13%
9	广州	100	2.96%	无锡	494	1.81%	金华	330	2.13%
10	厦门	100	2.96%	济南	492	1.81%	深圳	328	2.11%

（二）江苏省维度

苏北地区较难形成信息技术服务高成长企业集聚。在江苏省内，信息技术服务企业的集聚主要集中在苏中和苏南地区，且在 2019 年江苏省各个地级市都集聚了信息技术服务高成长企业，2018 年和 2020 年度苏北地区一些城市则未形成信息技术服务企业的集聚。江苏省地级市信息技术企业集聚情况如图 6-47 至图 6-49 所示。2018 年江苏省各地级市信息技术高成长企业的集聚情况排名如下：苏州、

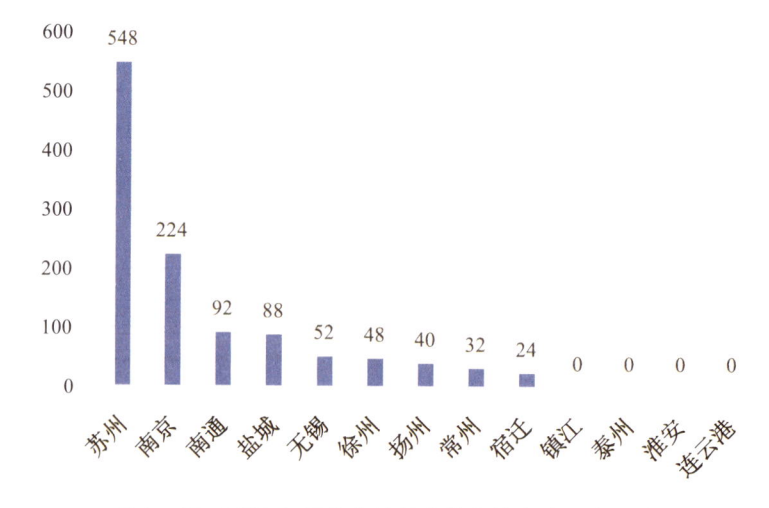

图 6-47　2018 年江苏省地级市信息技术企业集聚情况

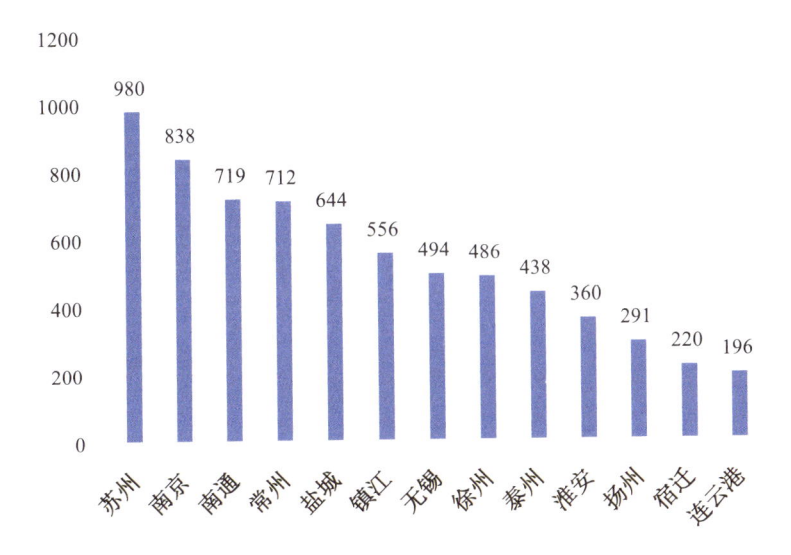

第六章 江苏高成长企业的行业网络演化 143

图 6-48 2019 年江苏省地级市信息技术企业集聚情况

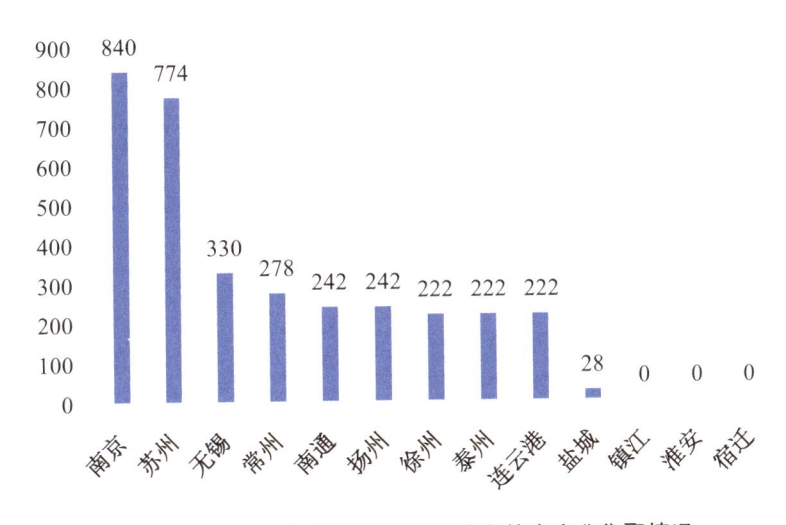

图 6-49 2020 年江苏省地级市信息技术企业集聚情况

南京、南通、盐城、无锡、徐州、扬州、常州、宿迁；2019 年江苏省各地级市信息技术高成长企业的集聚情况排名如下：苏州、无锡、南京、常州、泰州、扬州、宿迁、盐城、淮安、南通、镇江、徐州、连云港；2020年江苏省各地级市信息技术高成长企业的集聚情况排名如下：南京、苏州、无锡、常州、南通、扬州、徐州、泰州、连云港、盐城、镇江、淮安、宿迁。

此外，南京地区的信息技术服务高成长企业稳步发展。相比苏州，南京市信息技术服务产业在2018年处于落后位置，2019年南京市开始发力，以微弱的差距逼近信息技术产业颇具优势的苏州，在2020年实现成功超车，排名逐渐从第三名攀升至第二名再稳步成为第一。

第七章　江苏高成长企业的区域网络演化

高成长企业是新经济发展的产物，很大程度上反映着该地区的创新发展能力。高成长企业的区域分布展现了各地区创新动能和经济实力的空间格局，观其网络演化过程则能悉知发展脉络，推知发展趋势。本章将从区域视角，分别对苏南、苏中、苏北地区的高成长企业分布特征及演化过程进行对比分析，探寻不同地域的差别特征及发展优势，为各地高成长企业高质量发展提供启示。

一　高成长企业网络发展的总体分析

（一）江苏高成长企业在全国范围的布局分析

基于2020年江苏省高成长企业分支机构在全国范围内的分布，聚焦企业数量排名前40的城市（如图7-1）可以发现，江苏高成长企业的各类机构基本分布于我国的黑河—腾冲线以东，特别是在长三角、京津冀、珠三角城市群的集聚效应显著。此外，江苏省的高成长企业在长三角地区的分布更为集中，对促进资源互通，长三角一体化发展具有重要意义。

具体来说，2020年高成长企业在北京、深圳、上海的分支机构超过15家，在西安、南京等地的分支机构在10—15家，郑州、成都、广州、武汉、青岛、沈阳等城市拥有5—10家分支机构。通过数据分析可知，高成长企业分支机构在长三角、京津冀、珠三角城市群内分布最为集中，数量超过总量的50%，且2019年的占比最高，达

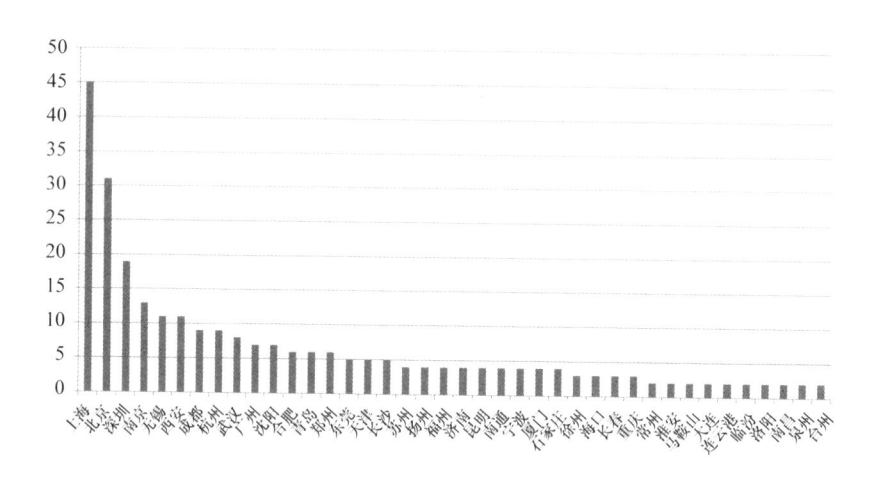

图 7 - 1　2020 年江苏高成长企业部门的全国分布

64%。2020 年受疫情影响，高成长企业的分布数量缩小，但总体仍然呈现增长态势。

从高成长企业的网络指数来看，2018—2020 年高成长企业在省内 13 个地市的网络联系度总体高于与其他各个地区的联系度，说明江苏省高成长企业的联系度与影响力在省内较强，在全国范围内的联系度还有待进一步提升。以 2020 年为例，网络指数苏州最高，达 1630，南京次之，之后是上海、西安、杭州等一些新一线城市，在 400—900。此外，在江苏省内的网络指数方面，苏南地区整体高于苏中地区，苏中地区又总体强于苏北地区。

（二）江苏高成长企业在全省区域的演化分析

根据江苏省 13 个地级市基于所有高成长企业联系的全局网络连接度，即江苏城市的高成长企业网络指数，按照区域分为苏南、苏中及苏北地区，绘制其网络指数的热力图（见表 7 - 1）。

表7-1 2018—2020年江苏城市高成长企业网络指数热力值

区域	城市	2018年综合指数	2019年综合指数	2020年综合指数
苏南	苏州			
	南京			
	无锡			
	常州			
	镇江			
苏中	南通			
	扬州			
	泰州			
苏北	徐州			
	连云港			
	淮安			
	宿迁			
	盐城			
GINI		0.50	0.31	0.56
首位度		2.16	1.50	1.12

注：表中色块由红到绿为指数递减。

从2018—2020年江苏高成长企业网络指数热力图颜色变化可知，网络指数总体呈现上升又下降的特征，2019年网络指数最高，最高值达1964（见表7-1）。热力色块基本都呈现黄色及红色，2020年受疫情影响，镇江、淮安、宿迁、盐城网络指数下降显著，排名第一的苏州也回落到1630。南京则韧性较强，仍然有着10.6%的增长率。分区域来看（图7-2），网络指数基本呈现苏南＞苏中＞苏北，苏南地区的苏州与南京，三年来连续排名前二。苏中地区的南通及苏北地区的徐州，近两年增势显著，两者都是凭借着卓越的地理及交通优势，网络联系度显著优于其他地市，但其发展韧性弱，受疫情等影响较大，除地理交通优势外，其他配套的设施人力等需要进一步强化。

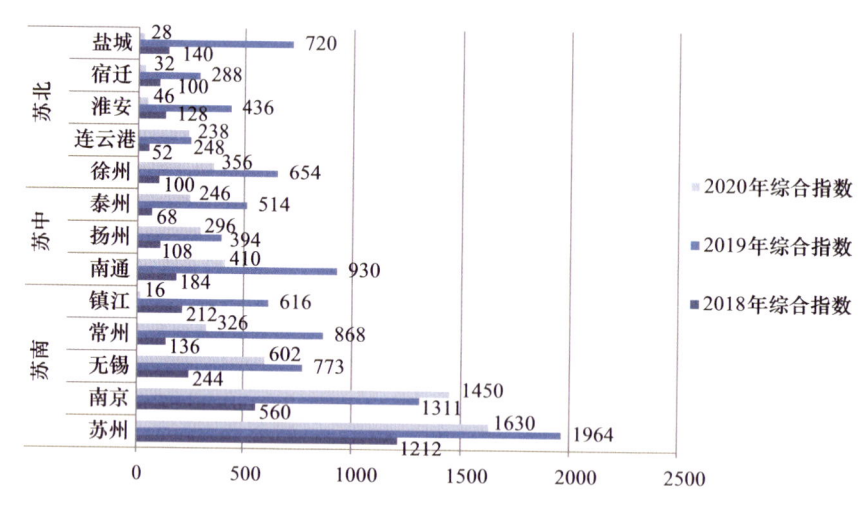

图 7-2 2018—2020 年江苏城市高成长企业网络指数

表 7-1 中的基尼（GINI）系数可反映江苏省高成长企业网络联系的均衡性。基尼系数最大为 1，最小为 0。基尼系数越接近 0 表明区域发展差异越是趋向平等。国际惯例把 0.2 以下视为绝对平均，0.2—0.3 视为比较平均；0.3—0.4 视为相对合理；0.4—0.5 视为差距较大，当基尼系数达到 0.5 以上时，则表示差距悬殊。由此可知，江苏省各地市的网络联系度差异显著，特别是 2020 年，高达 0.56，从原始数据观察也能看到，2020 年苏州网络发展指数高达 1630，而淮安、宿迁及盐城都不及 50。相比之下，2019 年江苏省各地市的发展较为均衡，网络指数最低的城市都在 200 以上，基尼系数 0.31，较为均衡。因此，2021 年江苏省高成长企业急需恢复原先的网络联系，弱化疫情影响，实现全省全面布局。

由首位度的变化状态可知，苏州的首位度在逐年弱化，由 2018 年的 2.16，减为 2019 年的 1.50，再变为 2020 年的 1.12。相比之下，南京作为省会城市，其重要性在不断突出。特别是疫情期间，南京是唯一的网络联系度不减反增的城市，展现出其特有的经济韧性及影响力。

二 高成长企业网络发展的区域分析

由上述总体分析已知,江苏省高成长企业网络指数呈现由南到北逐渐减小的态势,不同地域的网络联系程度差异较大,特别是苏北一些较小城市的网络指数,与苏州、南京等城市差距较大。此外,不同地域的特征及禀赋具有先天差异。因此,下文将对苏南、苏中、苏北三大区域高成长企业的网络发展进行对比分析。

(一) 苏南地区

2018—2020年苏南地区各城市与省内城市及省外所有城市的联系度如图7-3所示。将各城市的省内外网络指数比较可知,总体上苏南高成长企业的省外城市联系度要高于省内,特别是南京及苏州,其2020年省外联系度均高于1000。受疫情影响,苏南地区2020年省内联系度下降显著。其中,对镇江的影响最为明显,2020年镇江的省内联系降为0,省外联系度下降至2019年的1/27。无锡与常州的省内及省外联系度也具有较大幅度的下降,其中常州的下降较为明显,其省内网络联系度降到不足2019年的1/4。比较之下,南京与苏州近三年的省内外联系增势显著,即使在疫情时期,也只是对其省内

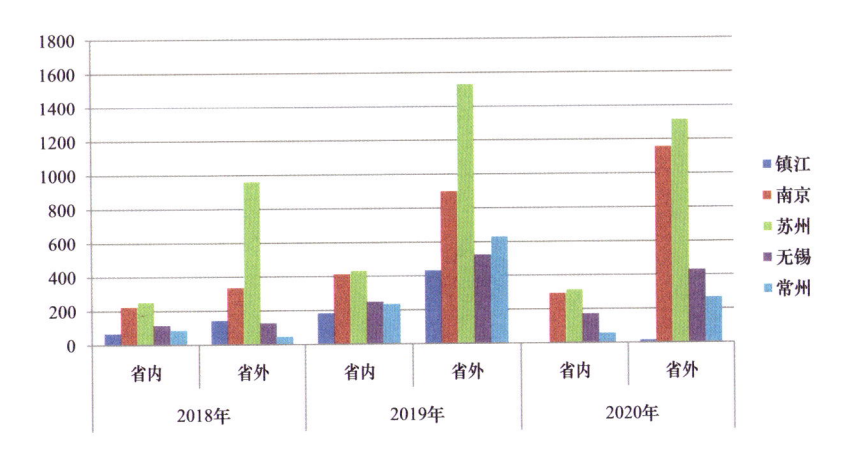

图7-3 2018—2020年苏南地区高成长企业内外网络联系度分布

▶ 分类特征篇

网络连接有略微影响，南京在 2020 年的省外网络联系仍有 28.6% 的增长。

在对苏南地区整体把握的基础上，选取代表性城市，对各城市的网络分布及演化过程进行分析，从而总结区域网络的空间发展路径。

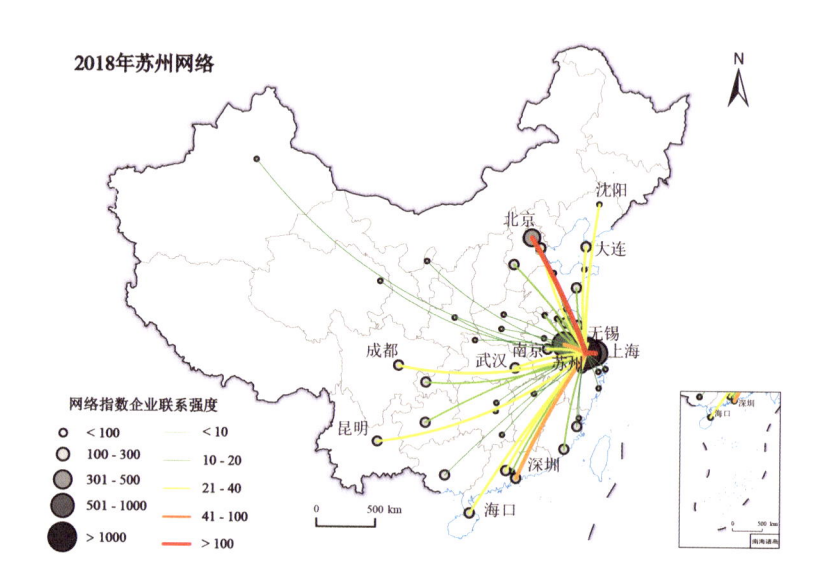

图 7-4 为 2018—2020 年的苏州高成长企业网络分布。可以看到，苏州的网络密度从 2018 年到 2019 年有所增强，到 2020 年略有回降。2018 年，苏州仅是建立了与省内南京、省外北京及上海间较紧密的联系，其网络联系基本在长三角地区，与其他地区的网络联系度不足 500，还未实现与中东部、中西部地区的网络构建。2019 年，苏州形成了与东北、中部地区、西南地区，以及东部沿海地区的联系，并且网络密度大大强化，特别是与西安、成都、深圳的联系强度大大增强，已然与长三角、京津冀、珠三角、关中平原等地区建立起了较为紧密的联系。2020 年，苏州与其他城市的联系略有减弱，但其在几个城市群的网络联系已经建成，只是减弱了与中部平原地区的一些联系。

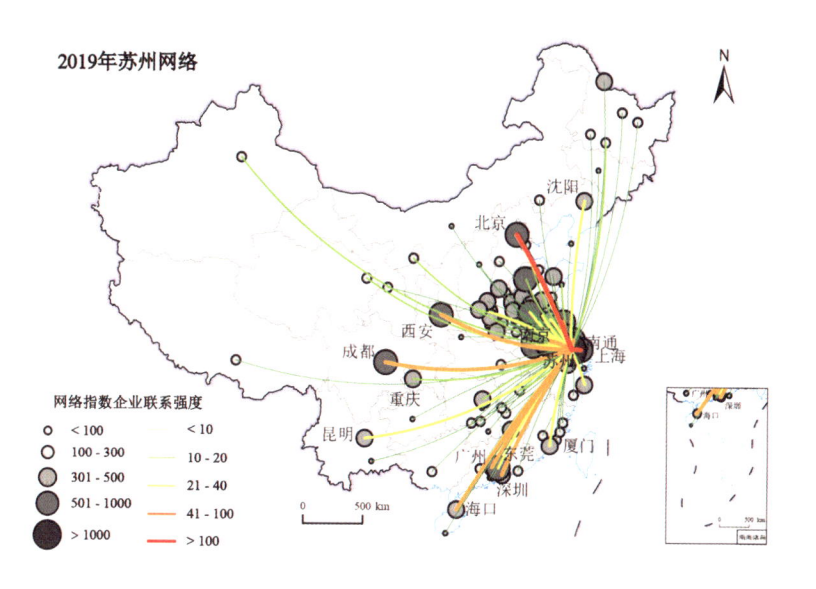

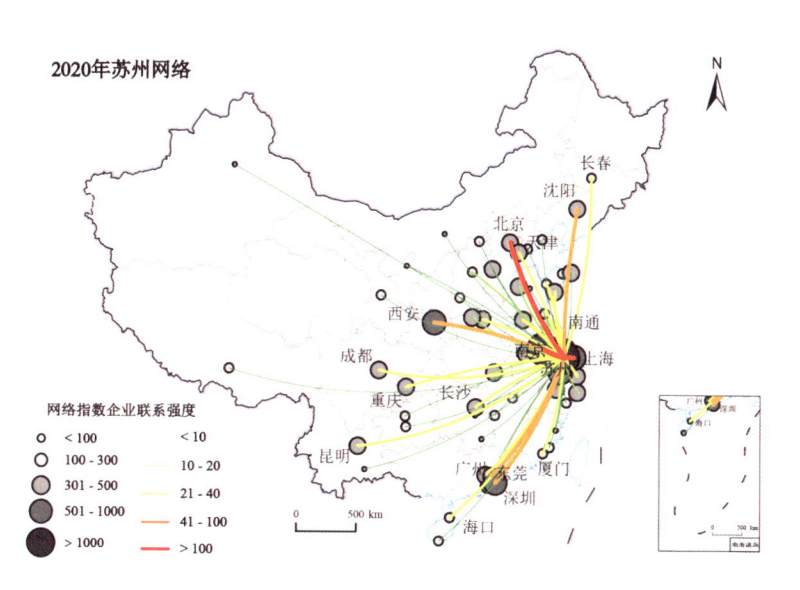

第七章 江苏高成长企业的区域网络演化 151

图 7-4 2018—2020 年苏州高成长企业网络分布

由南京高成长企业的网络演化过程（如图 7-5）可知，南京的全国网络密度呈现逐年增强的状态，与其他地市联系的数量和强度上均逐年增强。2020 年较 2019 年南京更强化了与苏州、北京、武汉、

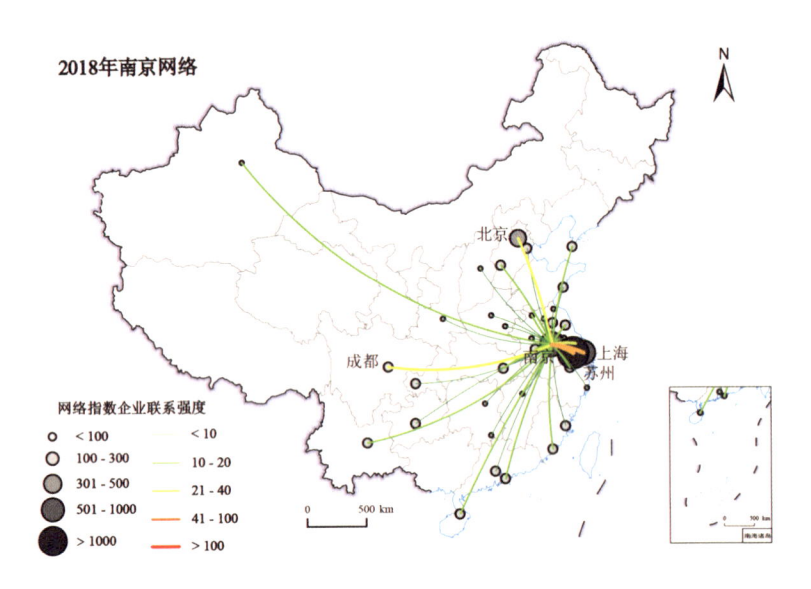

▶ 分类特征篇

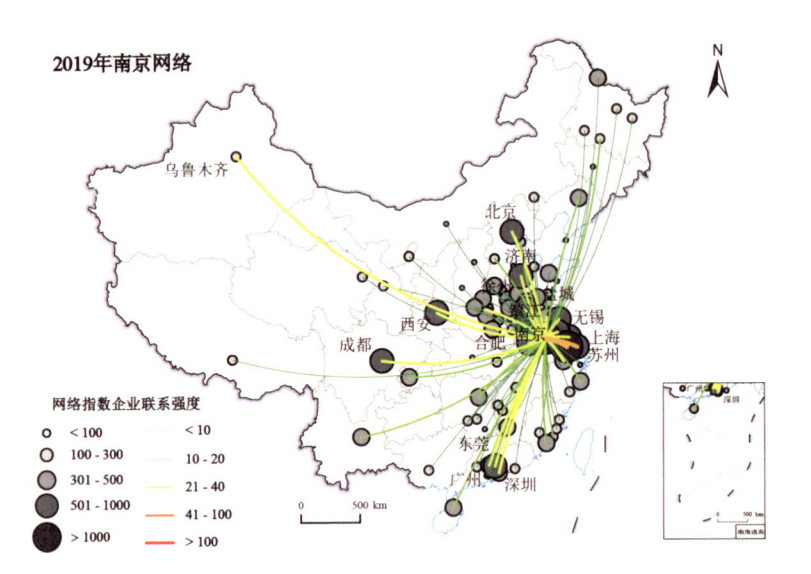

2018年南京网络

2019年南京网络

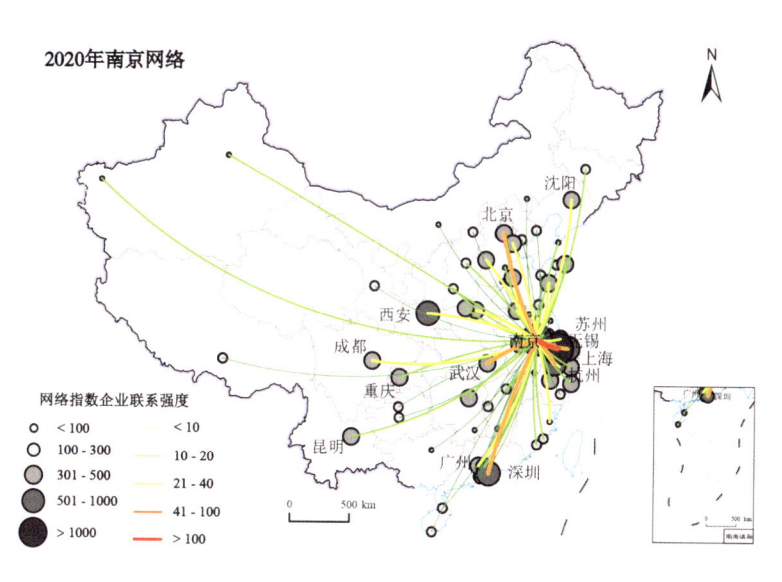

第七章　江苏高成长企业的区域网络演化　153

图 7-5　2018—2020 年南京高成长企业网络分布

深圳的联系度，疫情对其影响并不显著，网络密度增长态势显著。由此可知，南京的对外联系在不断增强，随着其城市首位度在不断提升，对外影响力及连接度都在不断提升。

苏南地区的苏州、南京高成长企业网络布局较全面，而镇江的网络布局较为稀疏，且抵御外界风险的韧性不足。由于苏南地区的南京、苏州、无锡、常州都拥有较强的依托产业，其所在地的信息传输、信息与信息技术服务以及共同服务与管理行业发展异军突起。相比之下，镇江尚缺乏可依托的高新技术或服务产业，加之地域局限，对南京的依赖性较强，受其虹吸效应和影子效应影响，镇江城市的对外影响力较小，这些均成为限制其与其他城市建立紧密联系的重要因素。

但通过观察 2020 年镇江高成长企业的网络图 7-6 可知，疫情影响下，镇江仍与上海建立了较为稳定的网络联系，数值在 10—20。因此，未来镇江在高成长企业的布局上，可继续深化与上海的网络连接度，依托承接上海的资源溢出和产业转移，提升自身产能。同时，依托优势地缘，积极融入南京都市圈，发掘企业发展新动能。

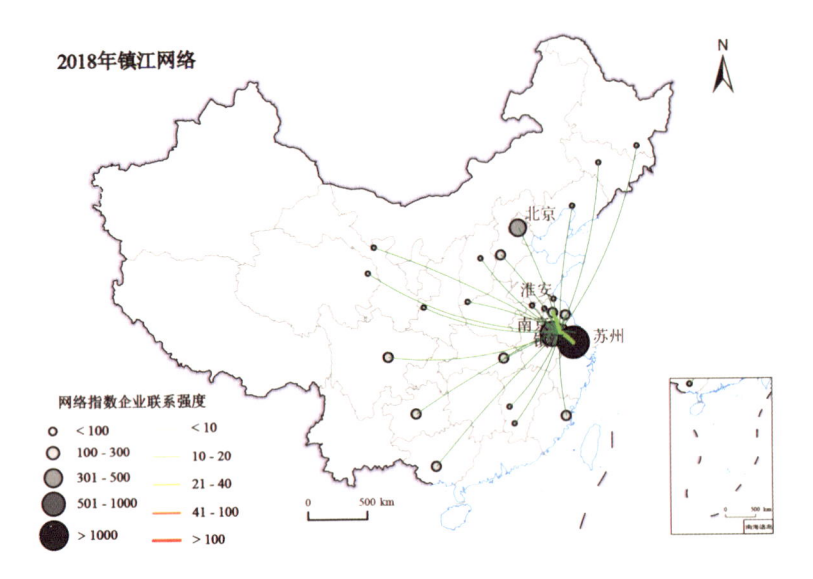

▶ 分类特征篇

2018年镇江网络

网络指数企业联系强度
- ○ < 100
- ○ 100 - 300
- ● 301 - 500
- ● 501 - 1000
- ● > 1000

- — < 10
- — 10 - 20
- — 21 - 40
- — 41 - 100
- — > 100

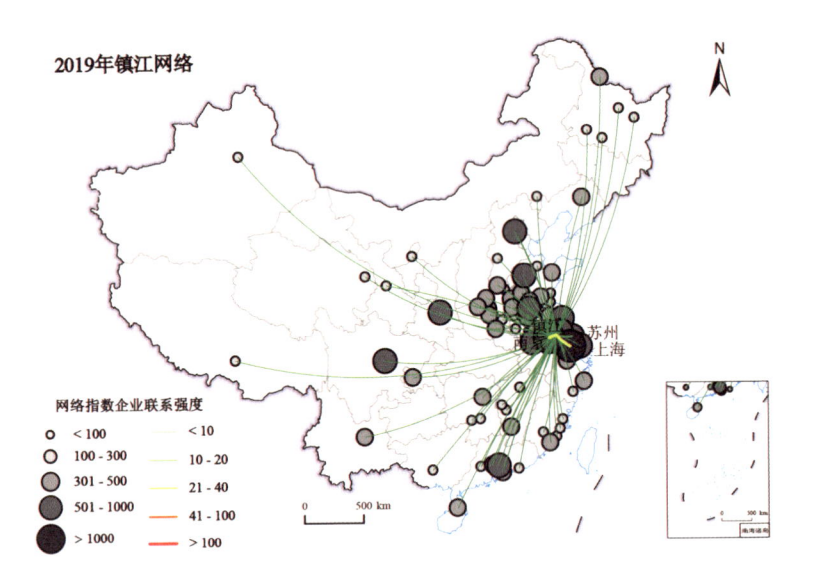

2019年镇江网络

网络指数企业联系强度
- ○ < 100
- ○ 100 - 300
- ● 301 - 500
- ● 501 - 1000
- ● > 1000

- — < 10
- — 10 - 20
- — 21 - 40
- — 41 - 100
- — > 100

第七章　江苏高成长企业的区域网络演化

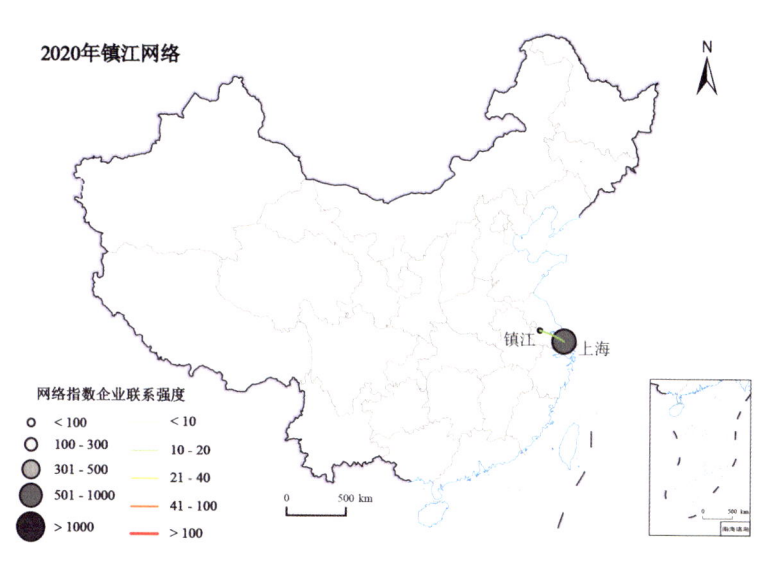

图 7-6　2018—2020 年镇江高成长企业网络分布

(二) 苏中地区

2018—2020 年，苏中地区的新增高成长企业基本在工业、零售业与公共服务管理行业，其他行业均没有新增，工业新增占比 36.4%。研究发现，苏中地区高成长企业在新兴技术、软件等行业发展动力不足，苏中地区集聚较多的研究和试验发展、电气机械和器材行业，占总数的 83.4%，但是将研究成果转化为信息技术或服务行业的新增企业却极少，仅占比 8.3%。

对苏中地区高成长企业的省内外网络联系度绘制条形图 7-7，通过对比时间维及空间维可以发现，苏中地区南通的高成长企业网络指数最高，泰州的网络指数 2018 年低于扬州，2019 年实现反超，网络指数达到其自身 2018 年的 2 倍，这与当地政策支持密不可分。2019 年泰州市实行《高港区"雏鹰"企业、"瞪羚"企业、准"独角兽"企业培育计划》，通过培育计划的实施，在全区建立和完善"高港区雏鹰企业培育库""高港区瞪羚企业培育库""高港区准独角兽企业培育库"，遴选一批成长速度快、创新能力强、发展潜力大的科技型企业进行重点支持，加快培育一批在高新技术领域有影响力的科技型企业。政策的鼓励及落实切实带动了泰州当地高成长企业新增，拉动了与其他地区高成长企业的联系。同时，2018年12月科技部下发文件，同意泰州医药高新区建设国家创新型特色园区。泰州医药高新区成为苏中苏北第一家、全国第27家获批创建的国家级高新区。

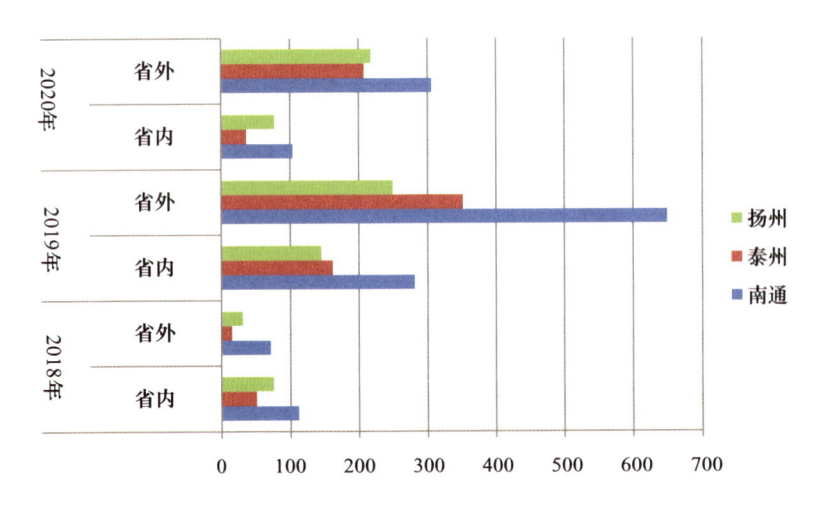

图7-7　2018—2020年苏中地区高成长企业省内外网络联系度分布

选取苏中地区高成长企业网络指数三年均最高的南通及增速较快的泰州进行逐一分析。以南通为例（如图7-8），2018—2019年南通已将其网络联系由长三角地区迅速拓展至京津冀及珠三角地区，并且实现与省会南京的强联系，网络连接度在40—100层级，2020年省内联系指数下降幅度较大，降至不足2019年的37%，省外网络指数降至不足2019年的50%。南通主要依附其独特的地理及交通优势，具有较大的影响力及发展潜力。其地处沿海，邻近上海、苏州等经济发达地区，可借海运等交通与沿海地区建立联系。

比较之下，扬州受疫情影响程度小于南通及泰州，特别是其省外网络联系度，只较前一年下降了12.4%。而泰州具有快速的发展能力与潜力，通过对比2018年与2019年的网络分布图7-9可知，泰州一年内从零星的单核网络，迅速建立了覆盖长三角、京津冀与珠三

第七章 江苏高成长企业的区域网络演化

2018年南通网络

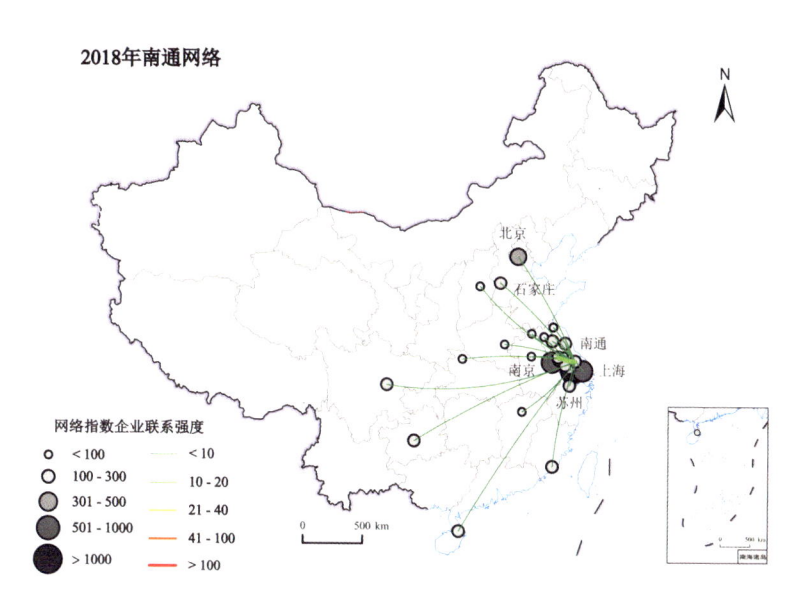

2019年南通网络

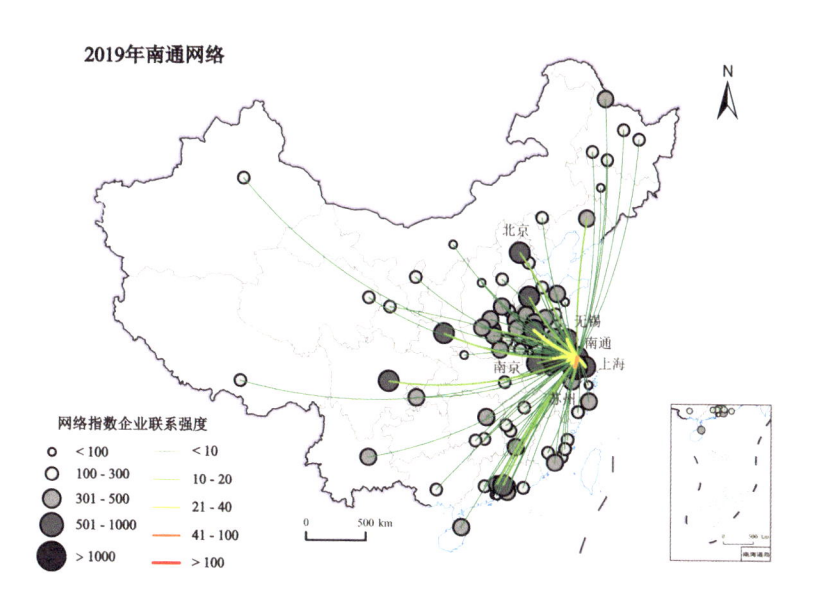

158 ▶ 分类特征篇

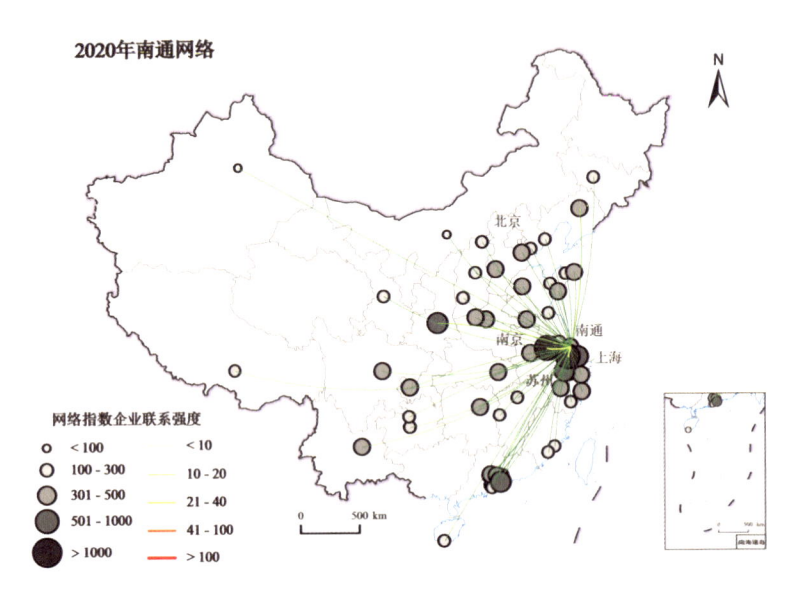

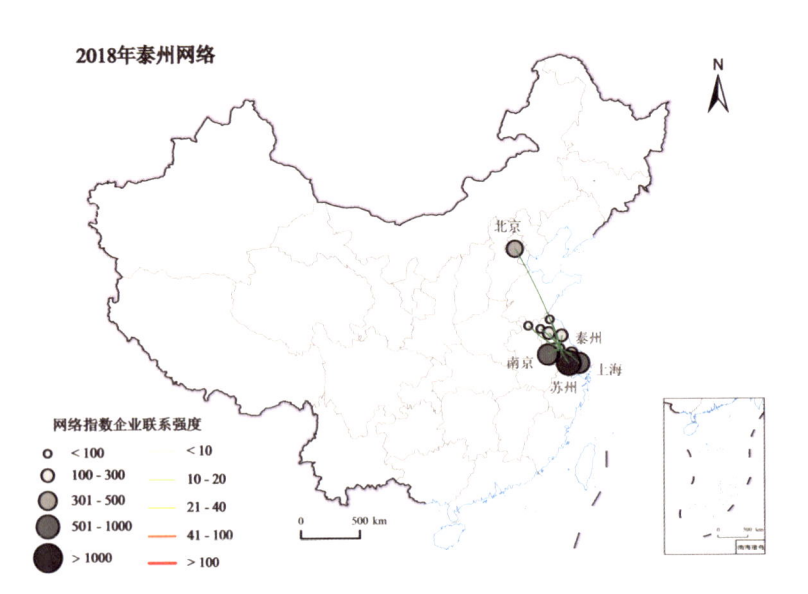

图 7-8　2018—2020 年南通高成长企业网络分布

第七章 江苏高成长企业的区域网络演化

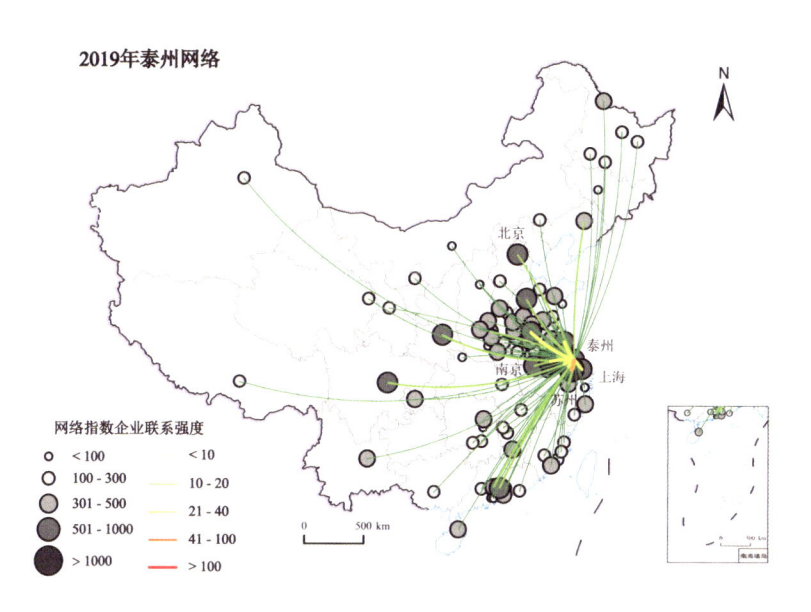

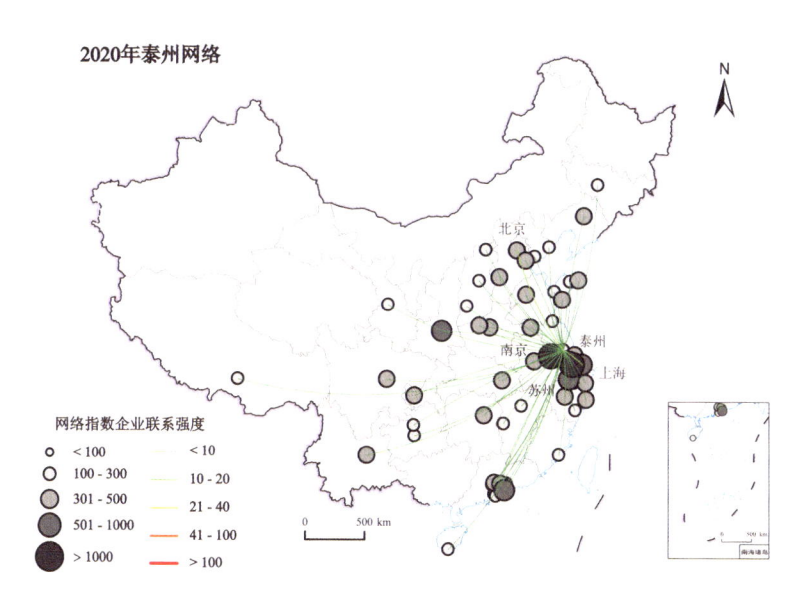

图 7-9 2018—2020 年泰州高成长企业网络分布

角的多核网络布局,并且具有较好的稳定性。2020年仅是与中原地区的城市弱化了联系,与其他省会城市仍然保持着10—20的网络连接度,且实现了与北京、上海等一线城市的紧密联系。

(三) 苏北地区

总体来说,苏北地区较苏南及苏中地区的高成长企业发展弱、增速及网络指数低。就八大产业而言,2018—2020年苏北地区拥有最高的公共服务及管理企业的新增占比,工业企业新增占比高于苏南,而低于苏中地区。

图7-10展示了2018—2020年苏北城市高成长企业的省内外网络联系度。总体来看,高成长企业在徐州的网络联系最强;盐城在2018年、2019年两年优于徐州,但在2020年的网络联系迅速减少,网络连接度不足20。此外,受新冠肺炎疫情影响显著的还有淮安及宿迁;最后,前期发展较弱,但是后期增速较强的连云港,相比其他地区,该地的相关政策制定及落实具有优越性及借鉴性。2019年连云港发布了《市政府办公室关于印发连云港市高新技术企业培育"小升高"行动工作方案(2019—2020年)的通知》,确定了该地加快发展高成长性科技型企业的行动指南。通过实施科技型企业上市培

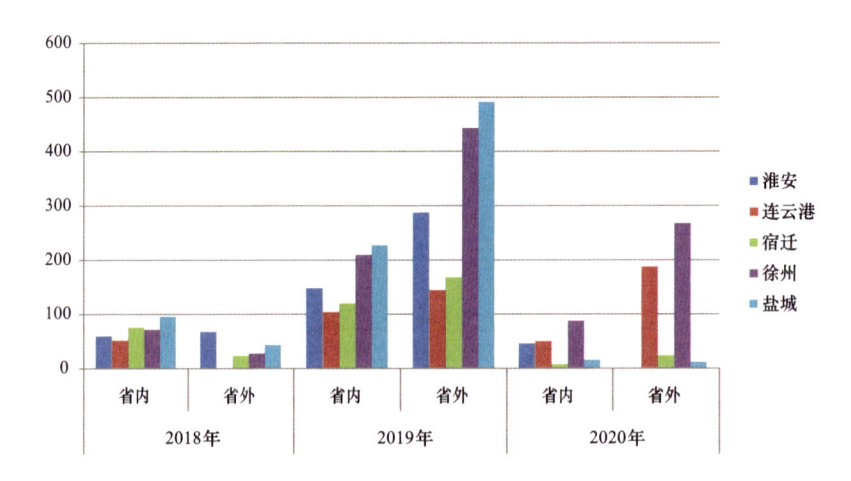

图 7-10 2018—2020 年苏北地区高成长企业省内外网络联系度分布

第七章　江苏高成长企业的区域网络演化

育计划，加强高新技术企业上市培育，引导其开展股改、建立现代企业管理制度，为其争取上市绿色通道，支持其与多层次资本市场有效对接、做优做强，促使其成为爆发式成长、竞争优势突出的瞪羚企业。并且积极实施百企市级行动计划，培育一批"专精特新"科技小巨人企业等一系列工作方案，这些都为连云港建立与全省乃至全国的高成长企业网络联系营造了良好的发展环境。

以苏北地区发展较好的徐州及连云港为例，分析其网络动态演化。通过比较徐州2018—2020年的网络演化过程（如图7-11）发现，2019年，徐州已基本形成与重要省会城市的连接，特别是与长三角地区的苏州、南京、上海等城市建立了强联系。而2020年，徐州失去了省外一些一线城市的网络联系，也弱化了与上海、南通等东部沿海城市的强联系。但凭借其交通优势及枢纽影响力，辅以一定的政策引导，徐州将可尽快消除疫情带来的高成长企业增长停滞及联系减弱等问题。

比较2018—2020年连云港在全国范围内的网络变化图7-12可知，连云港的高成长企业发展迅速，其地处沿海、交通便利，且具有对高成长企业政策鼓励的优势。因此，近两年高成长企业在该地的网

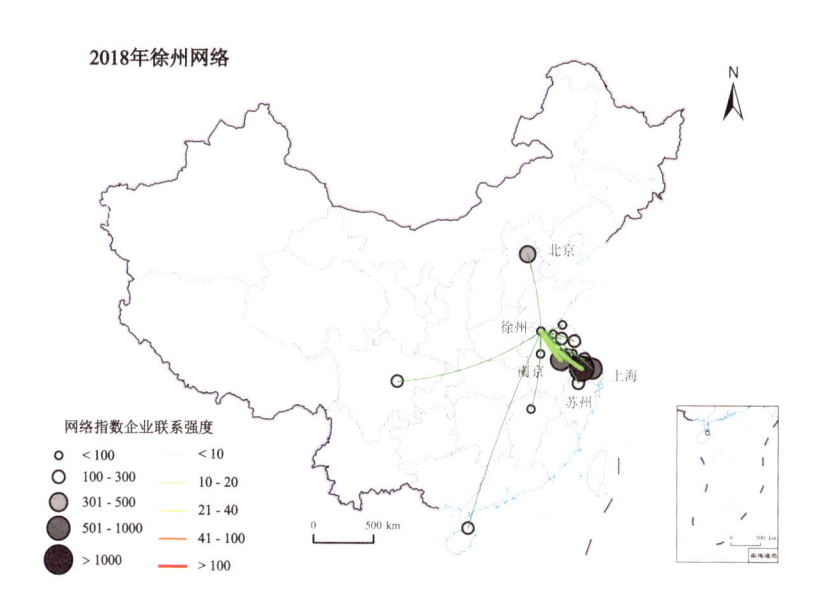

162 ▶ 分类特征篇

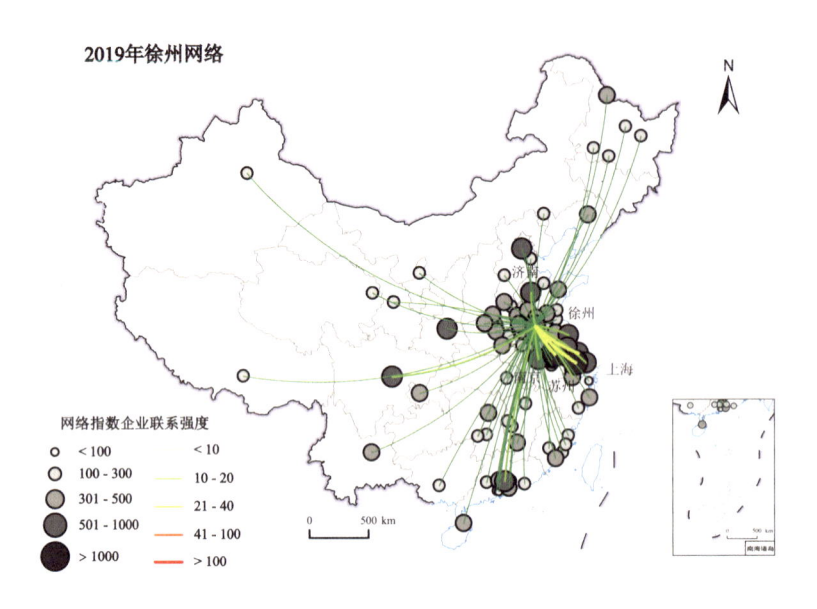

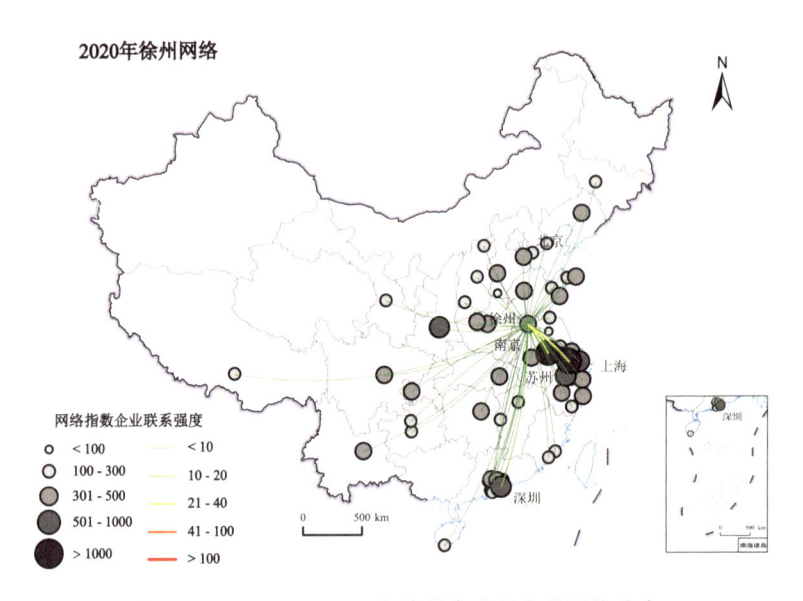

图 7-11 2018—2020 年徐州高成长企业网络分布

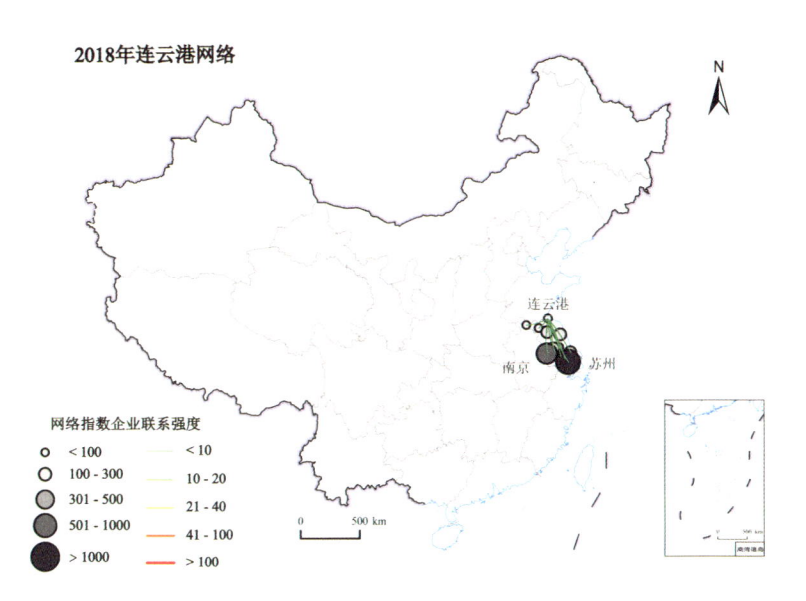

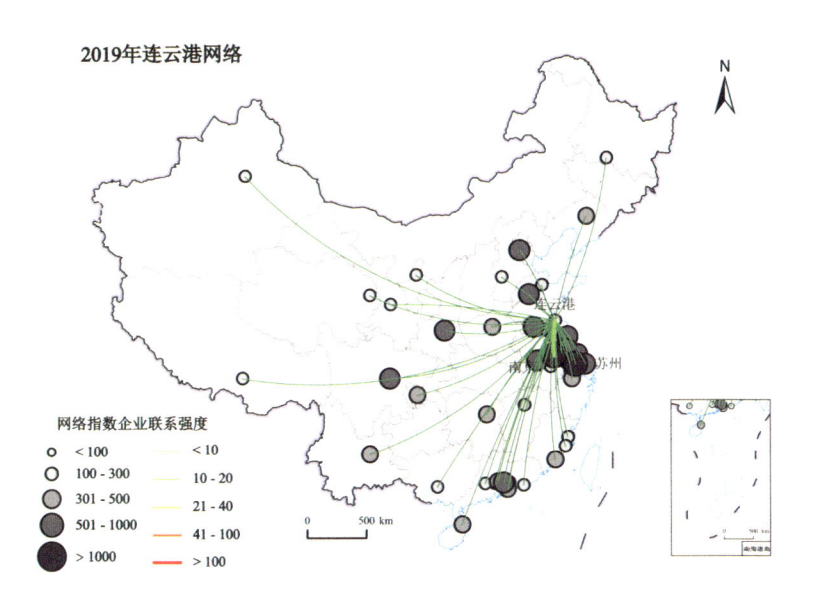

第七章 江苏高成长企业的区域网络演化

▶ 分类特征篇

2020年连云港网络

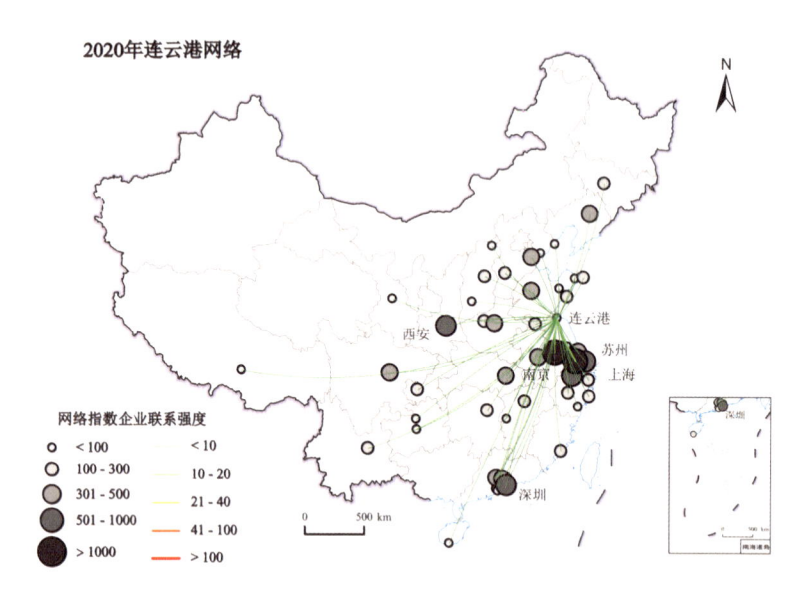

图7-12 2018—2020年连云港高成长企业网络分布

络布局迅速扩展，基本完成了与我国重要经济带或省会地区的网络构建。2020年连云港与内陆城市，特别是京津冀地带的城市联系减弱，但其与长三角地区的城市仍然具有较强的网络连接度。

三 高成长企业全域发展的策略分析

（一）推动地区优势产业发展

苏南地区加速推动自主创新示范区建设，苏中、苏北地区统筹规划，鼓励高新区建设发展。苏南地区创新发展起步早，城市影响力大，优势产业集中在公共服务管理、工业及信息传输、软件信息服务等行业，并且很早就采取了组团发展战略。早在2014年11月，国务院就正式批复同意，支持南京、苏州、无锡、常州、昆山、江阴、武进、镇江等8个高新技术产业开发区和苏州工业园区建设苏南国家自主创新示范区。苏南五市均为国家创新型试点城市，以占全国0.29%的土地面积，创造了全国6%、全省60%的地区生产总值，人均GDP达2万美元，高技术产业主营业务收入、高新技术企业数量、专利授权数均居全国前列。为推动其更好发展，苏南地区一要推动优势产业做大做强，形成产业链，将高新技术产业覆盖范围扩大，加强区域联系，扩大影响力，形成世界级产业集聚。二要有效落实江苏省政府印发的《苏南国家自主创新示范区一体化发展实施方案》(2020—2022年)，苏南国家自主创新示范区应在国家规划框架下，开展实体化运作，形成新的制度性安排和操作性举措，统筹协调各方力量，加快打造高水平的"创新矩阵"。三要形成"双循环"的投资发展观，面对疫情带来的苏南绝大部分地区发展退后、投资跟不上的问题，建立以国内大循环为主体、国内国际双循环相互促进的新发展格局是推动开放型经济向更高层次发展的关键手段。

苏中、苏北地区进一步统筹发展，推动其在优势产业工业、公共服务业的产业优化升级，形成产业集聚效应。一是要引导苏中、苏北地区健全科技投入、科技创新社会化服务、创新成果分配等机制，加快特色产业转型升级，构筑创新发展新优势。二是要推进创新型城市、创新型县（市、区）和创新型乡镇建设试点，提升苏南苏北共建园区建设水平，构建各具特色、优势互补、协同高效的区域创新体系。三是要积极建立更好的合作平台，利用地理及交通优势，扩大与长三角地区的产业合作，再逐渐将覆盖范围及影响力由长三角扩展至京津冀、珠三角及关中地区，并积极借鉴苏南地区创新示范区的发展经验，通过与之建立产业合作，逐渐扩大产业范围。

（二）共建优质创新发展环境

高成长企业的领导者及各下属部门负责人，应提高其管理能力及市场洞察力，紧跟政策及市场动向，将自身创造力转化为生产力。一是牢牢把握政策导向，密切关注和用好各类产业政策、区域政策、开放政策、融资政策，提高运用规则、开拓市场的能力。二是紧紧依靠科技支撑，提高自主创新能力，深化与科研院所的研发合作，会聚高端人才等要素资源，加快数字和科技赋能，不断迈向价值链中高端。三是提升企业管理水平，健全现代企业制度，在纷繁的诱惑面前保持清醒和冷静，始终聚焦主业、防范风险、稳健经营。四是更好弘扬企业家精神，增强诚信意识、法治意识，积极履行社会责任，增强树立企业良好形象。

政府部门应最大化鼓励与支撑当地高成长企业发展，为其提供优良的创业环境，通过政策引导与激励，加强区域间合作共赢。各地政府培育更多高成长企业，打造新经济蓬勃发展的增长极，须做到以下三点。一是提高科学技术创新竞争力，加强科技成果向现实生产力转化，大力发展高新技术产业。二是实施人才战略，加强人力资本的引进和利用。科技水平、人才素质的高低决定一个企业的成长空间，也决定着一个城市的发展趋向。地区企业成长发展不平衡，与这个地区的科技水平、人才素质高低息息相关。三是营造良好的政策环境。加大对成长性企业的扶持力度，实现人力、资金和技术等要素的优化配置，打造可持续的竞争平台，培育和创造竞争优势，提高成长性企业的核心竞争力，从而激发经济社会发展动力。

（三）提升南京城市影响力创新力

南京高成长企业爆发式增长，表现出不同的分布格局。一是地区间发展不平衡。南京高成长企业最多的区域是江宁区和雨花台区，均有21家；其次是栖霞区、江北新区和秦淮区，分别有13家、13家和9家。江北新区企业总数和新增企业数均居全市第一，江宁区紧随其后。江北新区和江宁区的企业数分别占全市的23%、21%，远远超过主城各区，表现出更强的发展潜力和竞争力。二是从技术创新能力看，原创能力和技术影响力有待提高，并且缺乏高素质应用型研究与开发人才。三是对高科技信息技术的投资不足，投资不足造成科研开发的落后。

因此，南京应在后续培育高成长企业过程中，一是要提高城市首位度，注重城市宣传力，适当"高调"发展，可通过举办创新企业峰会或交流会、展览等吸引更多企业及投资商，将省会城市的影响力进一步扩大。二是需引导南京各区域协同并进发展，发挥不同区域在不同行业的比较优势。政策制定需考虑不同地区的资源禀赋差异，对江宁区、江北新区等可加强对工业、信息技术研发等行业的支持，对老城区可加强公共服务、零售业及科学研究等行业的鼓励支持。三是要进一步培养高精尖人才。南京作为高校、科研院所云集的人才高地，应在人才培育及人才引进方面进一步给予政策支持，加强对高校、研究院所人才的培养，塑造更多创新型人才。同时配套人才引进政策，一方面留住南京本地高校培养的优秀人才，另一方面吸纳外地人才的加入。四是实现知识创新到技术产出的优化，将更多的创新成果实践应用，转为经济产出。政策上赋予更好的创新环境，积极给予资金技术支持或推动招商引资。

城市专题篇

第八章　南京市高成长企业的空间分布研究

创新驱动发展战略下，创新发展是城市可持续发展的重要内容。南京市高成长企业作为创新经济的重要组成部分，企业的发展能够推动南京市乃至全国范围内创新产业的发展。本部分以2018—2020年度以来南京市发布的《南京市独角兽、瞪羚企业发展白皮书》中所认定的独角兽、培育独角兽和瞪羚企业共422家样本为研究对象，以ArcGIS10.2为数据分析平台，利用核密度、空间聚集度等分析方法，探索南京市高成长企业空间分布特征与影响因素，并针对性提出空间优化策略，旨在推动南京市创新产业的发展水平。

一　南京市高成长企业空间格局分析

（一）空间演变与城市发展同步，呈现辐射性拓展格局

通过对比南京市从2018年到2020年的高成长企业分布特征（如图8-1），可以看出南京市高成长企业的空间演变与城市发展同步，总体呈现出辐射性拓展格局。具体来看，2018年南京高成长企业主要分布在建邺区、鼓楼区、栖霞区、秦淮区、雨花台区等中心城区；2019年南京新增高成长企业分布于江宁区、江北新区等，与中心城区组合成南京创新圈；2020年高成长企业在中心城区—江北新区—江宁区的集聚特征更为明显，同时南京市的高成长企业也呈现出边缘式增长，溧水区和六合区出现了潜在的集聚特征。

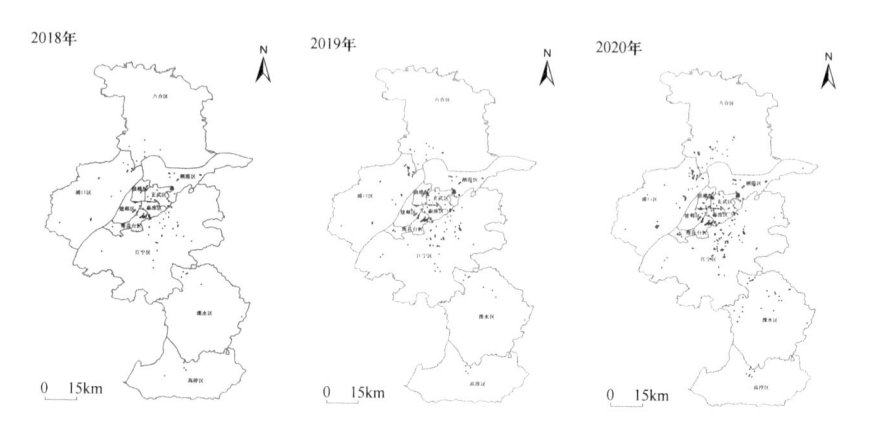

图 8-1　2018—2020 年南京高成长企业分布

(二) 簇团分布与空间集聚特征明显，呈现内聚外散的空间格局

通过对南京市 2020 年高成长企业的分布情况梳理，可以发现目前南京高成长企业总体分布呈现簇团分布，内聚外散的空间布局特征明显，大部分机构位于中心城区、江北新区和江宁区，且分布相对集聚，而在外围地区则较为分散（如图 8-2）。同时，各地区的高成长企业规模差异悬殊，江宁区高成长企业数量最多，江北新区次之。高淳区、溧水区和六合区三区企业之和只占南京市总数的 9.47%，高成长企业总体空间分布不均衡。此外，其空间集聚又体现出两种区位特征，一是在城市中心地区高度集聚；二是在城市中心边缘的科技园、产业园区集聚，主要体现在江北新区和江宁区两大片区。

(三) 在宁企业积极部署全国战略，呈现四周拓展的协同格局

从企业与外界的协同角度来看，南京市高成长企业在全国范围内积极部署子公司，在全国范围内呈现出"北上南下东扩西进"的扩散特征（如图 8-3）。可以看出，南京高成长企业正在不断细分市场领域；企业规模正在不断扩大；南京的创新创业经济也在带动全国其他区域，与全国的产业链分工协作日渐增强。其中，雨花台区和江宁区高成长企业的子公司最多，雨花台区拥有 374 家子公司，江宁区拥有 350 家，与外界联系也最为密切；江北新区与秦淮区次之，分别有

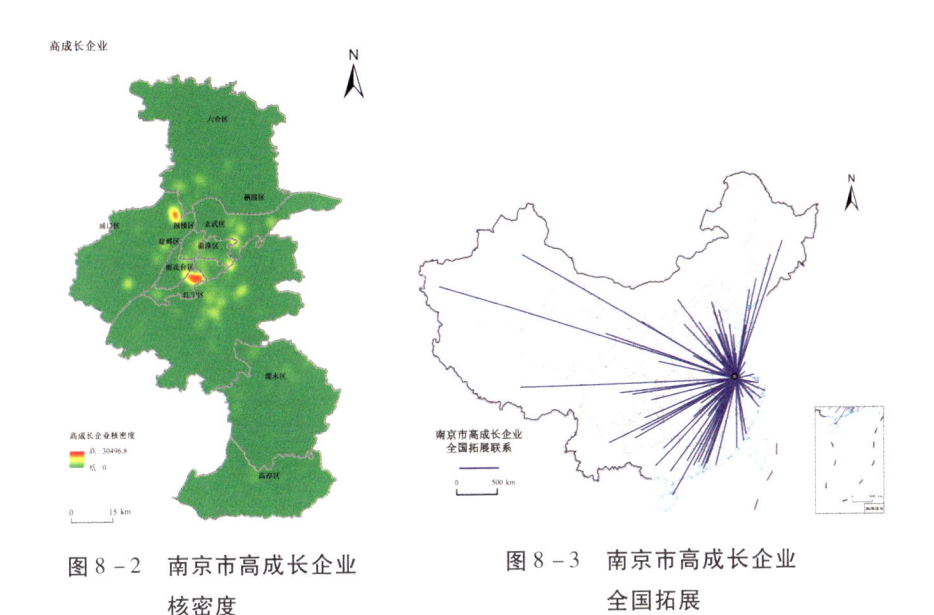

第八章 南京市高成长企业的空间分布研究

图 8-2 南京市高成长企业核密度

图 8-3 南京市高成长企业全国拓展

154 家和 160 家；高淳区、溧水区和浦口区的高成长企业子公司最少，分别为 20 家、31 家和 39 家（如图 8-4）。可以预见，南京高成长企业将进一步在全国范围内部署子公司，以南京为原点的创新协同格局将进一步明确。

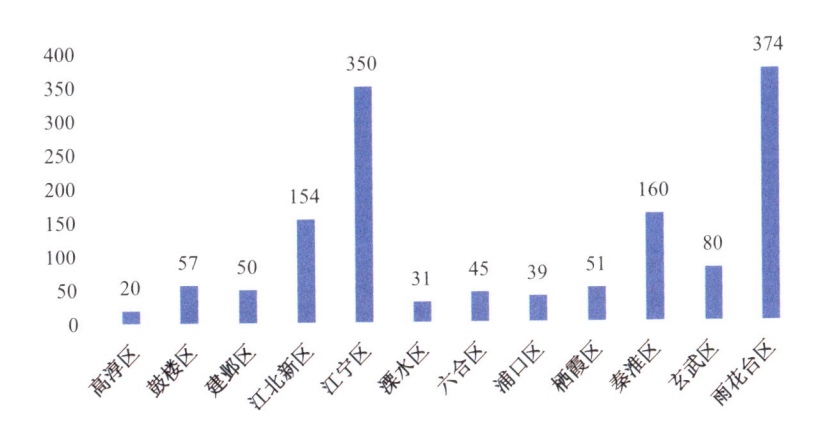

图 8-4 2020 年南京市各区高成长企业子公司数量

高淳区	20
鼓楼区	57
建邺区	50
江北新区	154
江宁区	350
溧水区	31
六合区	45
浦口区	39
栖霞区	51
秦淮区	160
玄武区	80
雨花台区	374

二 南京市不同类型高成长企业空间格局分析

研究表明，从独角兽企业到瞪羚企业，培育层次在由高到低的同时，空间集聚效应在不断地加强，但是受创业生态环境各类要素的转移方向性差异，会发生不同的分化与变形，表现为多核独立发展到多核多轴扩散下的空间演进（如图8-5和图8-6）。

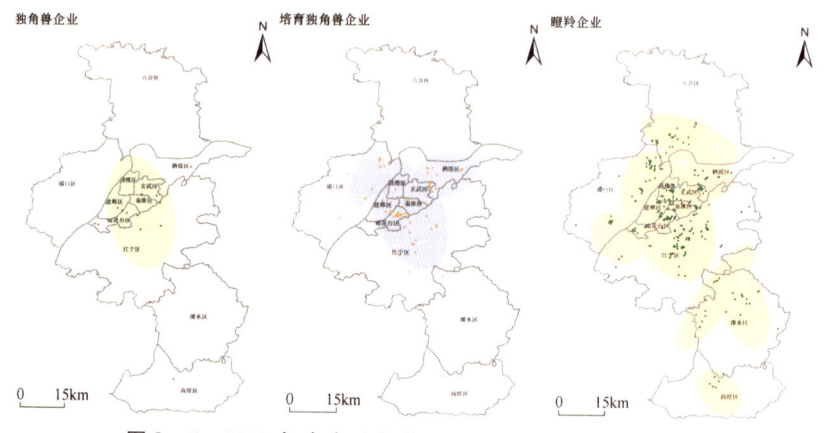

图8-5 2020年南京独角兽、培育独角兽和瞪羚企业分布

（一）独角兽企业分布呈现零星分布、扩散机制初显的特征

从地域分布来看，2020年南京市独角兽企业最多的区域是江宁区，共有4家；其次是雨花台区，有3家；江宁区和雨花台区共同组成了独角兽企业的分布核心。另外，建邺区和玄武区各有2家，栖霞区、江北新区、溧水区、高淳区各有1家，数量分布较为平均。

（二）培育独角兽企业发展集聚辐射能力开始显现

从数量上可以看出，江宁区、雨花台区、江北新区、栖霞区位列全市前四，属于第一梯队，其中江宁区和雨花台区的表现尤为突出，是全市高成长企业集聚的优势地区。以雨花台为例，在创新名城建设背景下，加快建设大众创业万众创新示范基地，打造软件名城示范区，持续通过政策创新支持企业持续快速发展紧密相关。

（三）瞪羚企业的集聚性和辐射性更加显著

作为核心的江宁区、江北新区等区域，在这一阶段空间向外辐射，形成围绕中心的高成长企业活动极值圈层。分析看来这与江宁区和江北新区科学高效的企业生态体系分不开，为区域内企业的培育提供了优质的发展环境。近年来，江宁区立足全市创新名城建设，紧扣自身产业禀赋出台一系列政策，如围绕江宁开发区"3+3+3+1"现代产业体系，重点聚焦绿色智能汽车、高端智能装备（智能电网、智能制造、航空航天装备）、节能环保和未来网络通信等产业，引进一系列大院大所资源建设新型研发机构。而江北新区除了多重政策并举，更加积极进入"自贸时代"，国家多重战略交汇叠加，主导产业不断优化升级，创新经济加速崛起，创新生态持续优化，涌现出一大批高成长性企业，而蓬勃的经济发展势头和招商引资力度的加大，也为其聚集了更多的瞪羚企业。

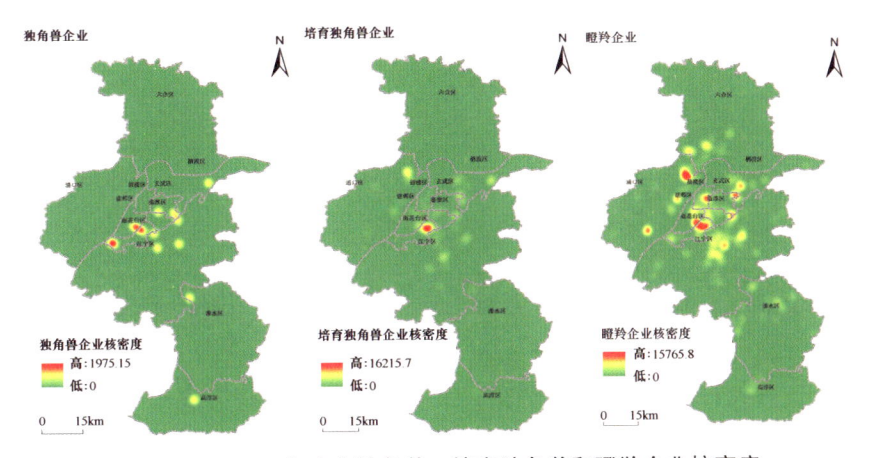

图 8-6 2020 年南京独角兽、培育独角兽和瞪羚企业核密度

总体来看，扩散形、多点形格局的产生一方面是由于独角兽等高成长企业对创新创业经济起到了良好的带动作用，促进其他区域的上下游产业发展，另一方面也可以看出江宁区、江北新区的持续发力，取得突出的培育成绩的同时，其他如溧水区、高淳区等区域也在逐渐

找到适合自身发展的产业。

三 南京市不同行业高成长企业空间格局分析

从行业类别上来看，南京高成长企业共有IT、电信及增值业务、电子及光电设备、互联网、化工原料及加工、节能环保、金融、科技服务、连锁及零售、汽车、生物医药、文体娱乐、物流、新材料和装备制造等14类。具体企业数量分布情况如图8-7所示。

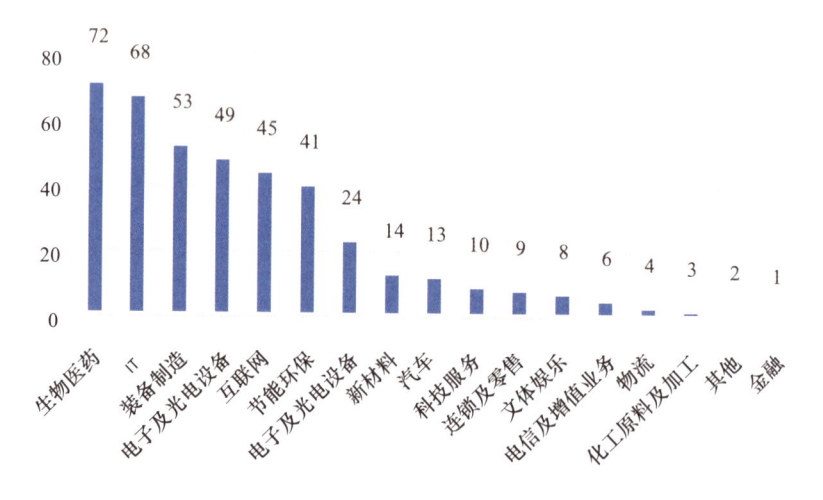

图8-7 2020年南京高成长企业各行业分布情况

本部分截取电子及光电设备、互联网、汽车、连锁及零售、生物医药和新材料六大行业进行分析（如图8-8）。

从六大行业的空间分布图整体来看，南京高成长企业空间分布形态呈现点状、带状和面状相结合的状态：如汽车行业和新材料行业，在市域空间上呈现散点状分布；连锁及零售行业，在市域空间上呈现出带状结构分布；电子及光电设备、互联网和生物医药等呈现出面状结构。从面状结构的分布来看，互联网企业的集聚程度最高，主要集中在雨花台区、秦淮区等区域；电子及光电设备行业和生物医药行业。其次，集聚程度中等，但也出现了明显的核心

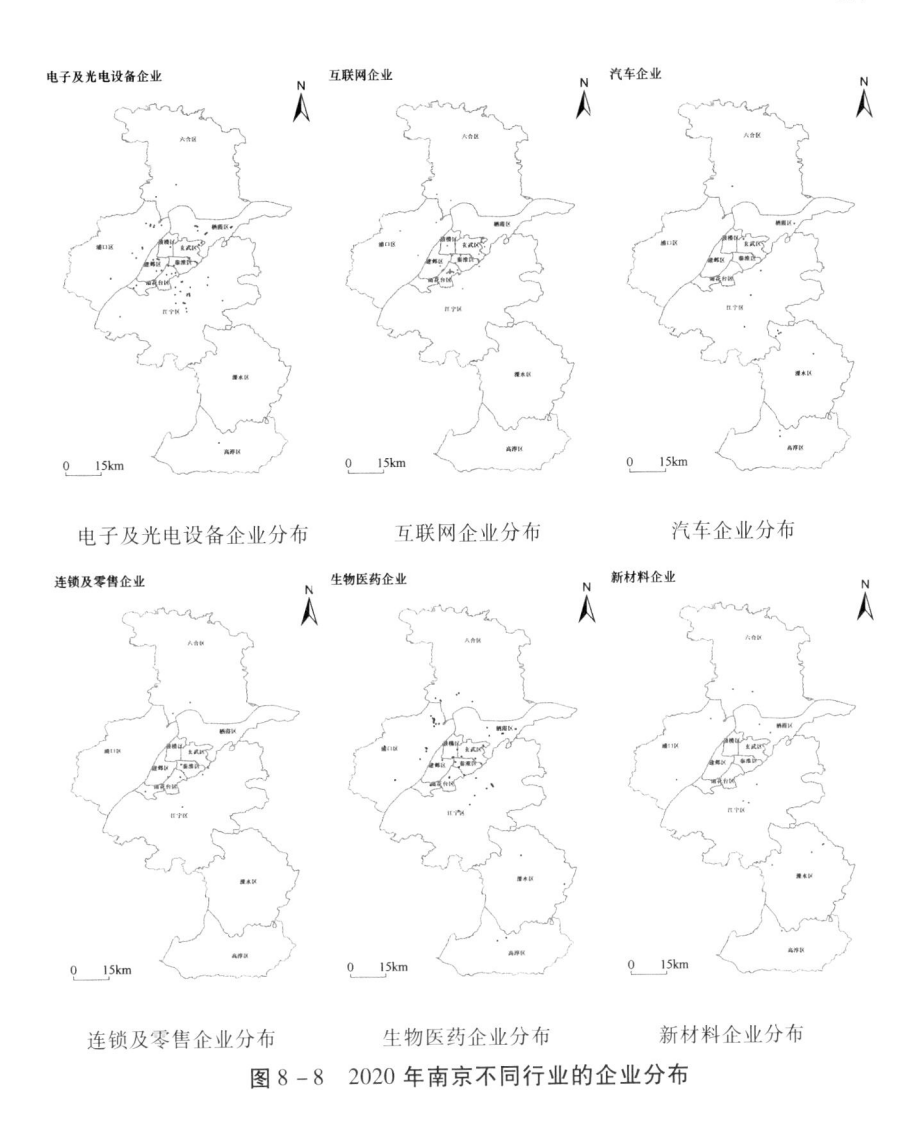

第八章 南京市高成长企业的空间分布研究 177

电子及光电设备企业分布　　互联网企业分布　　汽车企业分布

连锁及零售企业分布　　生物医药企业分布　　新材料企业分布

图 8-8　2020 年南京不同行业的企业分布

区域。

从六大行业的空间分布细分来看，电子及光电设备企业数量多，集聚特征较强；互联网企业集聚特征强，聚集面积较小；生物医药集聚特征较强，圈层结构明显。这在一定程度上可以看出南京的高端产业正在加速集聚、优质企业正在走向集群发展的道路，这与各区域政府的开发战略密不可分，也体现出高端产业园区在催发高成长性企业上的显著作用。这种现象有利于各区打造产业名片，使各区避免同质竞争，在不同的行业赛道享受集聚红利，实现效益最大化，并加快推进全市主导产业优化升级，形成更多新的增长点和增长极。

新材料、汽车等行业企业分布较为均衡，集聚特征不明显。这主要被新材料和汽车行业的技术特性和用地规模等要素所影响，尚未形成明显的企业产业集群。以新材料为例，《江苏省"十三五"战略性新兴产业发展规划》明确提出"新材料发展成为万亿元级规模的支柱产业"的发展目标。南京市新材料产业园/经开区主要有南京化学工业园区、高淳高新技术产业开发区、南京浦口经济开发区、溧水经济开发区四大园区。其中，南京化学工业园位于南京市六合区，成立于2001年10月，是南京唯一的经国家批准、以发展石油化工为主的化学工业园区，是21世纪南京经济建设的重点工程，也是中国石化集团重点发展的化学工业基地之一。园区主导新材料产业主要为化工材料、高分子材料、新型化工材料等。

连锁及零售行业的企业数量和企业集中度虽然不如电子及光电设备等行业，但所有企业都围绕着雨花台区、建邺区等近邻区域，集聚雏形特征开始出现。这主要是被连锁及零售行业的市场特征所影响，大多依赖于人口密度高、城市发展程度高的中心城区。从2020年开业商业品牌首店的门店可以发现，新进品牌首店集中分布在新街口、夫子庙等核心商圈。同时，商业品牌首店开设也呈现出向新兴商圈拓展的趋势。商业品牌首店的引入，既帮助了新兴商业体吸聚人气、提升知名度，也增强了商业体的区域竞争实力，加快激活消费潜能。

四 影响南京高成长企业空间格局的因素

（一）区位因素与区位条件

理论和实践经验均表明，区位因素是企业空间选择的关键因子。良好的区位条件，对于企业获取生产要素、降低生产成本、占领区域市场、取得竞争优势等诸多方面至关重要。一个地段或区域是否具有区位优势，同时也取决于道路通达性、流空间性（如信息流、技术流、人才流等）。尤其近年来，企业在选址上，区域是否通达、信息化程度是否达到要求、人才供应是否能够保障等因素，正逐渐成为企业更为看重和青睐的因子。通过对南京高成长企业的分析不难发现，城市企业在空间选择上极大地受到了区位因素的影响。如南京市的制药企业，在空间选择上就明显倾向于科技支撑能力强、软硬件条件好的江北新区及江宁经济技术开发区。

（二）城市规划与空间设计

随着城市规模的不断扩大，城市规划逐渐显现出不容忽视的作用。企业的发展需要空间，城市居民的生活、交通、教育、医疗等同样需要空间保障，如何协调这些空间需求的关系，促进彼此的良性互动，需要城市规划进行合理的编制和实施。企业在落户时，必须得到城市规划审批部门的批准后方能开工建设。因此，城市规划的作用在企业选址上起到了基础性的作用。以南京市为例，无论是高新技术开发区还是经济技术开发区，各个企业均是在先编制了城市规划以后才陆续入驻的。因此，可以认为南京市高成长企业空间分布格局，很大程度上以城市规划为基础。

（三）政府引导与政策导向

地方政府在城市发展过程中的作用是不可替代的。改革开放以来，各级地方政府均实施了多项优惠政策以招商引资，如税收、土地、融资、人才引进等多个方面。这些政策的实施，为地方引进区域外企业发挥了至关重要的作用，而企业也在政府的各项政策中得到了切实的利益，也更意愿入驻一些政策沃土。南京市政府也不例外，很多国内外知名企业的落户决策往往和政府所提供的各项优惠政策和营造的营商环境密不可分。值得强调的是，政策的制定是有一定指向性的，并不是所有企业均照单全收。政府根据地方的产业发展政策和方向，有选择地为不同类型的企业提供差别化的政策支持。

（四）其他因素的作用

影响高成长企业空间布局模式的因素还有很多，例如人才资源是否丰富、公共服务设施及基础设施是否完善、休闲娱乐场所是否齐全等。此外，企业的布局也会在很大程度上受到相邻区域同类企业的影响，如是否在市场开拓上受到制约，其产品是否会遭受区域内市场的各种壁垒等都是影响企业落户和选址布局的关键因素，并且这些因素的作用也越来越受到企业的重视。因此，分析高成长企业空间分布模式的影响因素，应该从多角度进行综合判定，才能洞悉其形成的真正原因。

五 南京高成长企业集聚区空间优化策略

（一）推进产业集聚区战略，优化创新企业空间布局

结合未来城市建设规划和产业发展规划，构筑若干特色鲜明、优势互补的产业集聚区，在集聚区形成过程中，要充分发挥独角兽企业和瞪羚企业在集聚过程中的重要作用，通过"以大带小"，建立起有机和谐的"企业生态系统"。

1. 立足"一核三极"创新体系，构建重点功能布局

根据南京市"十四五"规划，南京将构建"一核三极"的重点功能布局，即以江南主城区为"主核"、江北新区为"主城拓展极"、紫东地区为"创新引领极"、南部片区为"新兴增长极"。一是要积极落实长三角区域一体化发展国家战略和聚力推进宁镇扬一体化，加快建设在全国具有示范典型意义的现代化都市圈，提升南京战略枢纽地位，争创国家中心城市。二是要优化城市功能梯度，构建以江南主城区为"主核"、江北新区为"主城拓展极"、紫东地区为"创新引领极"、南部片区为"新兴增长极"的"一核三极"重点功能布局。三是要以"优空间、强功能、增活力、塑特色"为导向，集聚国际化高端化要素，提升综合服务功能，大力发展都市产业，建设超大城市的核心功能板块。严控老城开发强度，优化基础设施和公共服务配

套布局，增加公共绿地和活动空间，打造便捷舒适生活圈。加强山水城林格局塑造与历史文化风貌保护，留住南京特有的地域环境、文化特色、建筑风格等"基因"。

2. 构建产学研协同创新共同体，建设南京核心创新区

鼓励政府、企业、高等院校共同参与和构建创新网络，将创新要素向现有的科研机构集聚区和新增科技创新平台集聚。进一步推动江宁区、江北新区等构建高位统筹、上下联动、高效协同的全域创新发展格局；聚焦"基础创新＋技术转移＋产业培育"创新平台三个创新圈层，建立高新园区、大学城区、众创社区"三区联动"协同创新机制，完善政策链、资本链、人才链"三链融合"科创森林培育机制；实施信息化、精准化、市场化"三化并举"创新创业服务机制；优化创新生态，提升创新内涵，打造创新高地，做强创新产业，建设高能级集聚的现代产业强基地、创新名城核心区。

3. 优化创新空间布局模式，提升用地功能复合性

坚持产城融合理念，建设低碳城市、海绵城市、韧性城市。推动紫东核心区建设"数字之城"，整合板块空间，完善综合服务配套，加快培育科技研发、教育医疗、高端商务等功能。推动南部新城打造现代化主城新中心，充分利用大校场机场搬迁释放的空间，发展总部经济、文化创意、健康休闲等产业。推动鼓楼滨江注入高端发展要素，加速长江国际航运物流服务集聚区建设，形成航运管理机构、航运领军与配套服务企业集群。激发转型片区新活力。推动铁北—燕子矶片区更新升级，加强居住商业、医疗教育、休闲文旅等配套，建设生态宜居的南京北部新城区。

（二）激发存量空间功能更新，提升区域服务水平

1. 积极盘活低效用地空间，推进高端要素集聚

目前，南京市高成长企业集聚区内存在较多中低端写字楼、各类市场等低效空间，且规模巨大，传统工业、村镇产业等用房亟待升级改造；一些集聚区内的大院用地的划拨性质也导致其难以对外释放，

空间资源调配难度大。因此，应积极盘活创新集聚区内现存低效用地与楼宇空间，具体措施可以通过创办科技园进行科研成果的转化和科技企业的孵化，在土地利用布局上主要以更新、改造为主，依托低效的工业用地、交通用地等存量用地，推动城市空间更新，打造富有吸引力的创新集聚区。

2. 着力打破城市空间分隔，积极增强城市空间互动

公共交流空间能够促进集聚区内各功能区块的互动联系，吸引人流、集聚人气，提升集聚区创新活力。而以街道空间为主体的公共空间是旧城中创新空间开放的重要体现。从相关案例来看，可以通过构建完善连续的步行网络、打造多样化的街头广场或转角公园、设计特色化的建筑组群或风貌要素等手段，形成连续的、有体验感的开放空间体系，将原本相对独立的场所体验加以整合，优化地区空间形态的有机组织，从而激发地区的创新活力。此外，还可以在产业园区、校区、社区之中增设开放式休闲场所，增加各类不同人力资源之间互相接触的频率，促进管委会＋公司＋园区的融合。

（三）健全创新空间建设政策机制，激发创新新动能

1. 制定红利政策，激活集聚区产业空间

创新集聚空间的良性发展离不开良好的政策和制度支撑，创新集聚区内的产业创新、空间创新、环境创新势必要在管理体制上的创新支持。制度创新是创新空间发展的重要保障，通过一系列适用于创新集聚区的政策与机制促进创新活动不断涌现，以提升创新集聚区创新空间竞争力。面向需求，完善创新科技配套服务。现有创新空间在符合控规的前提下，依需求允许调整用地结构，增加服务型制造业务设施和经营场所，控制其建筑面积比例不超过总建筑面积的15%，可不更改用地性质，但不得分割转让产业。

2. 强化空间联系，加快制定利益协调机制

进一步整合企业、高校、科研院所资源要素，在更深的层次上和更广泛的范围内统筹科技资源，建立泛空间创新联合体，切实提高科研成果转化效率，以协同创新机制的优化加快推动产学研用一体化发

展。在持续开放的市场中推进企业、高校、科研院所和不同区域之间的协同创新，以产学研用各方的全面合作，使人力资本、知识技术、资金设备、市场客户等各类科技资源在加速流动中增加结合的机会，实现富有效率的协同创新。积极探索完善不同地区的利益协调机制，推动产学研用各方作为技术创新的协作主体，从差异矛盾共处走向优势兼容共生。

附　　录

附表1　　2018—2020 年江苏省高成长企业发展相关政策

地区	年份	政策	主要内容
江苏省	2018	《江苏省瞪羚企业培育实施方案》	培育一批技术含量高、成长速度快、盈利能力强、产业模式新、发展潜力大的瞪羚企业，支持一批瞪羚企业加速成长为具有颠覆性创新、爆发式成长、竞争优势突出的独角兽企业或特色鲜明、竞争力强的平台经济品牌企业，为全省经济转型升级、高质量发展注入新动能。
		《创新型省份建设工作实施方案》	到2020年，高水平建成创新型省份，形成一批国内外有影响的创新型领军企业，若干重点产业进入全球价值链中高端，基本实现发展动力转换和创新驱动发展，对建设现代化经济体系和高质量发展形成有力支撑。
		《省政府关于加快培育先进制造业集群的指导意见》	依托现有政府投资基金，设立先进制造业集群投资基金，支持各地整合现有专项资金，加大专项资金支持力度，引导其他资本参与，对集群内引领性、基础性、高成长项目给予重点支持。
		《省政府关于加强质量认证体系建设促进全面质量管理的实施意见》	利用质量认证先进技术手段，聚焦100家规模优势明显、具备产业链整合能力的龙头企业，1000家专业基础好、创新意识强、发展潜力大的高成长型企业，树立一批新型质量认证领跑者企业，引领各行业质量持续提升，进一步提高江苏产品的市场竞争力和影响力。
	2019	《江苏省高新技术企业培育"小升高"行动工作方案（2019—2020年）》	各级政府和省有关部门要站在全局和战略高度，充分认识做好高新技术企业培育工作的重要性，将其作为市县政府主要领导实施创新驱动发展战略、促进转型升级的重要举措，作为"一把手"工程加快推进。
	2020	《省政府关于落实就业优先政策进一步做好稳就业工作的实施意见》	实施高新技术企业培育"小升高"行动，壮大高成长性科技型企业和高新技术企业，拓展就业新空间，提升就业质量。
		《省政府关于促进全省高新技术产业开发区高质量发展的实施意见》	实施高新技术企业培育"小升高"行动，加大高新技术企业培育资金投入力度，推动面广量大的科技中小企业加速成长为高新技术企业、瞪羚企业、独角兽企业，培育一批具有国际竞争力的创新型企业，打造高新技术企业密集区。

附表2　　2018—2020年江苏省各地区高成长企业发展政策

地区	年份	政策/会议	主要内容
南京市	2018	《南京市关于对瞪羚企业、独角兽企业、拟上市企业等进行"一企一策"激励的实施办法》	科委、经信委、金融办要建立瞪羚企业、独角兽企业、拟上市企业储备库。连续两年增幅超过50%，列入重点培育瞪羚企业。估值超过5亿美元，列入重点培育独角兽企业。
		《南京市独角兽、瞪羚企业发展白皮书》	重点培育起始年收入不低于500万元人民币且连续3年增长率不低于50%，符合南京"4+4+1"主导产业方向的初创企业。
	2019	《南京市及各区高新技术企业认定奖励政策》	在我市注册纳税的企业，只要在下列支持的范围内，均有资格享受该专项资金支持。（一）进入市高新技术企业培育库的企业给予最高20万元奖励。（二）进入省高新技术企业培育库的企业再按省支持标准给予1∶1共同支持。（三）首次通过高新技术企业认定的给予50万元奖励。
	2020	"2020年南京市独角兽、瞪羚企业发布暨高成长性企业培育推进会"	张敬华提出，近年来，南京高度重视新经济发展，在推动产业转型中把新经济作为关键突破口，在建设创新名城中牢牢把握新技术与新经济的融合对接点，在完善生态体系中注重高成长性企业的梯度培育，在应对疫情中全面实施新基建、新消费、新产业、新都市"四新"行动计划，正在成为创新创业的"首选地"和新经济蓬勃发展的"增长极"。要把握规律、顺应大势，精准布局新经济领域，引领全市高质量发展闯出新的蓝海。
	2021	《雨花台区独角兽瞪羚企业培育计划》	进一步优化资源配置，推动创新要素自由流通，建立高成长性企业梯度培育机制，着力构建独角兽、瞪羚企业的理想栖息地。梳理一批现有、潜在独角兽、瞪羚企业，实行跟踪服务、重点培育、动态储备，支持更多高成长企业走向资本市场，培育更多创新型企业成为独角兽、瞪羚企业。力争到2025年全区独角兽、培育独角兽、瞪羚企业总数超过100家。
		《关于对独角兽、瞪羚和研发类功能型等企业激励的实施办法》	对独角兽、瞪羚企业和研发类功能型总部企业，连续三年按其当年新增地方经济贡献超过全市平均增幅部分的50%给予奖励。

续表

地区	年份	政策/会议	主要内容
苏州市	2018	《苏州市独角兽企业培育计划（2018—2022年)》	大力培育独角兽企业，树立创新创业新标杆。建立健全分层孵化体系，构建从科技型中小企业、高新技术企业、瞪羚企业到独角兽企业的成长培育机制，打造一批创新发展的标杆型企业，形成苏州创新创业高峰。到2022年，全市纳入独角兽培育企业库的企业力争累计达到200家以上，力争培育形成15家左右的独角兽企业。
	2019	"苏州市2019年二季度重点项目现场推进会"	要主攻科技创新项目，围绕构建产业科技创新体系，加快重大科技创新载体建设，大力培育雏鹰企业、瞪羚企业等创新型企业，引进和培育高成长性的中小型科技项目。
	2020	"6月18日全市'独角兽'企业发展大会"	对入库的"独角兽"培育企业，给予5年累计最高1000万元的研发后补助；对在境内外主要资本市场实现IPO的企业，给予不低于300万元的奖励。力争到2022年，苏州"独角兽"培育企业达到200家以上，并从中崛起15家左右真正的"独角兽"企业。
	2021	《苏州市相城区独角兽企业认定条件以及奖励政策》	提出一系列扶持政策，有入库奖励、融资支持、风险补偿、科研补助、贡献奖励、人才补贴、推广补助、上市奖励、空间保障、不设限条款等。
		《市政府关于进一步提高上市公司质量的实施意见》	要坚持量质并举，在提升企业利用资本市场实现发展意愿同时，着力提升拟上市企业规范化治理水平。围绕资本市场全面深化改革，抢抓推行注册制改革、发行上市标准优化等重大机遇，鼓励"独角兽（高成长创新型）"企业、专精特新"小巨人""头雁"等企业登陆资本市场，支持生物药、光通信、软件和信息服务、智能制造装备、新型医疗器械等我市重点产业、新兴产业、特色产业中的优质企业融资上市。

续表

地区	年份	政策/会议	主要内容
无锡市	2018	《无锡市创新型企业倍增计划（2018—2022年）》	分层分类培育创新型企业，构建从雏鹰企业、瞪羚企业到独角兽企业的孵化育成体系，打造数量多、质量优、潜力大、成长快的创新型企业集群。到2022年，培育瞪羚企业1000家和准独角兽企业150家。
	2021	《无锡市创新型企业培育政策汇编解读》	说明了针对高成长企业的税收优惠政策，即自2018年1月1日起，当年具备高新技术企业或科技型中小企业资格（以下统称资格）的企业，其具备资格年度之前5个年度发生的尚未弥补完的亏损，准予结转以后年度弥补，最长结转年限由5年延长至10年。
常州市	2020	《区应急管理局开展重点企业、高成长企业"六个一"安全生产惠企行动实施方案》	聚焦150家区重点企业和高成长企业，在安全生产领域开展惠企行动。通过"听民声，解民困，聚民心"的工作方式，全面掌握重点企业、高成长企业的安全生产状况，千方百计帮助企业解决安全生产领域的重点难点问题，进一步凝聚企业发展的动力合力，为企业做强做大提供坚实的安全生产保障。
		《常州市进一步推进高新技术企业培育的若干政策》	鼓励企业加大研发投入，支持企业建设高效研发体系，创建企业研究院、重点实验室、工程技术研究中心等，以高水平企业研发机构建设引领持续创新能力，夯实关键核心技术突破的基础和潜力，培育一批瞪羚企业、独角兽企业、科创板企业、科技型上市企业。全面落实高新技术企业所得税减按15%的税率征收、企业研究开发费用175%税前加计扣除等优惠政策，对企业主导或牵头的重大科技创新平台给予奖励。
徐州市	2019	《2019年徐州市政府工作总体计划》	要全面落实深化科技体制改革各项举措，建立市县联动的政策落实跟踪机制。大力培育高新技术、科技小巨人、瞪羚和独角兽企业，支持规模以上企业与高校院所共建"一站两院三中心"，年内新增高新技术企业210家以上。
	2021	"创投基金管委会第2次会议"	赵兴友副市长提出要坚持"投早、投长、投中小、投科技"的原则，优先投资一批有良好发展潜力、高成长性的初创期企业。

续表

地区	年份	政策/会议	主要内容
南通市	2020	《关于支持科技创新型企业发展政策的实施意见》	对通过评审,首次入选企业培育库的科技创新型企业、高成长性科技企业、科创板上市培育企业按60万元、240万元、600万元分三年给予补助,入库当年一次性分别给予20万元、80万元、200万元补助;入库第二、第三年保持原营业收入增长率的,每年分别给予20万元、80万元、200万元补助。
连云港市	2019	《市政府办公室关于印发连云港市高新技术企业培育"小升高"行动工作方案(2019—2020年)的通知》	加快发展高成长性科技型企业。实施科技型企业上市培育计划,加强高新技术企业上市培育,引导其开展股改、建立现代企业管理制度,为其争取上市绿色通道,支持其与多层次资本市场有效对接、做优做强,成为爆发式成长、竞争优势突出的瞪羚企业。实施百企市级行动计划,培育一批"专精特新"科技小巨人企业。
镇江市	2020	《镇江市人民政府关于进一步支持企业上市挂牌的政策意见》	由各地政府(管委会)会同市发改委、市工信局、市科技局、市统计局等相关部门,分别梳理属地范围内"规模以上"企业、"高新技术"企业、"单项冠军"企业、"瞪羚"企业、"战略性新兴"企业,结合区域重点产业发展目标,推动重点拟上市企业实施股份制改造。
扬州市	2020	《市政府关于加快培育独角兽、瞪羚企业的实施意见》	围绕我市新兴科创名城建设和"323+1"先进制造业产业集群的打造,遴选出竞争优势突出、科创能力强、未来增长潜力巨大的高成长性企业进行培育,建立独角兽、瞪羚企业培育库。每年发布独角兽培育企业、独角兽种子企业,瞪羚企业和瞪羚培育企业名单,"十四五"末独角兽培育企业达10家,瞪羚企业达100家。
盐城市	2021	"科技创新突破年新闻发布会"	提升研发机构建设水平,新建省级以上研发机构100家以上,评估确认瞪羚企业、潜在独角兽企业、独角兽企业超30家,到2021年底全市高企总数达1800家,超出省定任务250家。

续表

地区	年份	政策/会议	主要内容
泰州市	2019	《高港区"雏鹰"企业、"瞪羚"企业、准"独角兽"企业培育计划》	通过培育计划的实施,在全区建立和完善"高港区雏鹰企业培育库""高港区瞪羚企业培育库""高港区准独角兽企业培育库",遴选一批成长速度快、创新能力强、发展潜力大的科技型企业进行重点支持,加快培育一批在高新技术领域有影响力的科技型企业,着力构建创新服务链条完备的企业成长环境,提升我区企业竞争实力,力争到2021年累计培育30家以上"雏鹰"企业、10家以上"瞪羚"企业、3家以上准"独角兽"企业。
宿迁市	2018	《宿迁市2018年创新型企业培育"百人千企"服务行动工作方案》	优选30家成长性好的科技型企业,加大培育力度,加快培育成长为"瞪羚"企业、"独角兽"企业。力争2018年底国家科技型中小企业入库达300家,省高新技术企业培育库入库企业达100家,国家高新技术企业达240家。

附表3　2018年江苏省高成长企业在全国的网络连接度

名次	城市	得分	名次	城市	得分
1	苏州	1212	34	乌鲁木齐	84
2	南京	560	35	沈阳	80
3	上海	534	36	宝鸡	76
4	北京	460	37	滁州	76
5	成都	280	38	赣州	76
6	无锡	244	39	吉安	76
7	武汉	236	40	金昌	76
8	深圳	228	41	牡丹江	76
9	镇江	212	42	盘锦	76
10	石家庄	210	43	三门峡	76
11	海口	196	44	西安	76
12	广州	195	45	长沙	76
13	大连	187	46	郑州	76
14	南通	184	47	泰州	68

续表

名次	城市	得分	名次	城市	得分
15	杭州	176	48	舟山	52
16	昆明	170	49	连云港	52
17	天津	140	50	淮南	48
18	盐城	140	51	南昌	48
19	合肥	136	52	郴州	40
20	常州	136	53	宁德	28
21	青岛	128	54	烟台	28
22	淮安	128	55	平顶山	24
23	厦门	124	56	周口	20
24	贵阳	124	57	宁夏	20
25	重庆	116	58	十堰	20
26	福州	108	59	台州	20
27	扬州	108	60	湘潭	20
28	南宁	104	61	佛山	18
29	宿迁	100	62	东莞	16
30	西宁	100	63	宁波	16
31	徐州	100	64	东营	12
32	太原	96	65	新乡	12
33	长春	88	66	马鞍山	8

附表4　2019年江苏省高成长企业在全国的网络连接度

名次	城市	得分	名次	城市	得分
1	苏州	1964	56	阜阳	242
2	南京	1311	57	亳州	242
3	南通	930	58	淮北	242
4	上海	890	59	濮阳	242
5	常州	868	60	周口	242
6	无锡	773	61	大庆	242
7	盐城	720	62	佳木斯	242
8	成都	664	63	伊春	242

续表

名次	城市	得分	名次	城市	得分
9	徐州	654	64	衡阳	242
10	北京	644	65	永州	242
11	镇江	616	66	吉安	242
12	东莞	605	67	宜春	242
13	济南	576	68	赤峰	242
14	合肥	533	69	日照	242
15	泰州	514	70	上饶	242
16	西安	510	71	温州	242
17	杭州	458	72	西宁	220
18	淮安	436	73	银川	216
19	深圳	433	74	福州	204
20	郑州	406	75	芜湖	196
21	广州	395	76	莆田	196
22	扬州	394	77	兰州	196
23	海口	376	78	佛山	196
24	滁州	360	79	惠州	196
25	宿州	360	80	汕尾	196
26	安阳	360	81	肇庆	196
27	焦作	360	82	南宁	196
28	商丘	360	83	东营	196
29	许昌	360	84	拉萨	196
30	驻马店	360	85	湖州	196
31	黑河	360	86	武汉	162
32	沈阳	360	87	天津	146
33	菏泽	360	88	江门	84
34	济宁	360	89	宁波	84
35	临沂	360	90	青岛	60
36	潍坊	360	91	包头	52
37	枣庄	360	92	太原	52
38	赣州	360	93	郴州	40

续表

名次	城市	得分	名次	城市	得分
39	台州	346	94	中山	32
40	昆明	328	95	大连	28
41	洛阳	326	96	长春	27
42	长沙	322	97	贵阳	24
43	重庆	320	98	平顶山	24
44	马鞍山	314	99	荆门	24
45	厦门	304	100	德州	24
46	哈尔滨	299	101	十堰	20
47	南昌	298	102	湘潭	20
48	泉州	296	103	淄博	20
49	淮南	290	104	临汾	16
50	宿迁	288	105	新乡	12
51	乌鲁木齐	264	106	中卫	12
52	廊坊	250	107	黔南州	8
53	石家庄	250	108	三亚	8
54	连云港	248	109	红河州	8
55	蚌埠	242			

附表5　2020年江苏省高成长企业在全国的网络连接度

名次	城市	得分	名次	城市	得分
1	苏州	1630	43	惠州	222
2	南京	1450	44	中山	222
3	上海	814	45	珠海	222
4	无锡	602	46	贵阳	222
5	西安	546	47	遵义	222
6	杭州	538	48	三亚	222
7	深圳	532	49	秦皇岛	222
8	沈阳	473	50	唐山	222
9	武汉	464	51	宜春	222
10	广州	451	52	烟台	222

续表

名次	城市	得分	名次	城市	得分
11	郑州	451	53	大同	222
12	北京	430	54	拉萨	222
13	合肥	424	55	温州	222
14	成都	414	56	厦门	148
15	南通	410	57	海口	112
16	天津	400	58	福州	100
17	济南	394	59	江门	84
18	东莞	373	60	乌鲁木齐	66
19	徐州	356	61	马鞍山	60
20	重庆	346	62	包头	58
21	长沙	342	63	柳州	48
22	石家庄	336	64	廊坊	48
23	青岛	336	65	聊城	48
24	威海	330	66	赣州	48
25	金华	330	67	淮安	46
26	常州	326	68	德州	44
27	宁波	322	69	郴州	40
28	昆明	318	70	宿迁	32
29	洛阳	306	71	赤峰	32
30	台州	306	72	盐城	28
31	扬州	296	73	湘潭	20
32	长春	292	74	大连	20
33	太原	280	75	银川	20
34	泉州	276	76	淄博	20
35	南昌	276	77	镇江	16
36	绍兴	266	78	黄山	16
37	临汾	254	79	喀什	16
38	泰州	246	80	新乡	12
39	连云港	238	81	黔南	8

续表

名次	城市	得分	名次	城市	得分
40	潍坊	238	82	邯郸	8
41	兰州	222	83	红河州	8
42	佛山	222			

附表6　2018—2020年江苏省高成长企业名单

年份	企业名称	类别	所在市
2018	孩子王儿童用品股份有限公司	独角兽	南京市
2018	惠龙易通国际物流股份有限公司	独角兽	镇江市
2018	南京知行电动汽车有限公司	独角兽	南京市
2018	信达生物制药（苏州）有限公司	独角兽	苏州市
2018	基石药业（苏州）有限公司	独角兽	苏州市
2018	江苏车置宝信息科技股份有限公司	独角兽	南京市
2018	江苏紫米电子技术有限公司	独角兽	无锡市
2018	江苏恒神股份有限公司	独角兽	镇江市
2018	苏州亚盛药业有限公司	潜在独角兽	苏州市
2018	中简科技股份有限公司	潜在独角兽	常州市
2018	前沿生物药业（南京）股份有限公司	潜在独角兽	南京市
2018	山石网科通信技术有限公司	潜在独角兽	苏州市
2018	江苏康宁杰瑞生物制药有限公司	潜在独角兽	苏州市
2018	苏州泽璟生物制药有限公司	潜在独角兽	苏州市
2018	苏州开拓药业股份有限公司	潜在独角兽	苏州市
2018	天聚地合（苏州）数据股份有限公司	潜在独角兽	苏州市
2018	苏州海吉亚生物科技有限公司	潜在独角兽	苏州市
2018	赛特斯信息科技股份有限公司	潜在独角兽	南京市
2018	苏州思必驰信息科技有限公司	潜在独角兽	苏州市
2018	易视腾科技股份有限公司	潜在独角兽	无锡市
2018	南京世和基因生物技术有限公司	潜在独角兽	南京市
2018	天演药业（苏州）有限公司	潜在独角兽	苏州市
2018	苏州仙峰网络科技股份有限公司	潜在独角兽	苏州市

续表

年份	企业名称	类别	所在市
2018	苏州清睿教育科技股份有限公司	潜在独角兽	苏州市
2018	南京诺唯赞生物科技有限公司	潜在独角兽	南京市
2018	南京甄视智能科技有限公司	潜在独角兽	南京市
2018	江苏曲速教育科技有限公司	潜在独角兽	无锡市
2018	南京贝登医疗股份有限公司	潜在独角兽	南京市
2018	苏州信诺维医药科技有限公司	潜在独角兽	苏州市
2018	迈博斯生物医药（苏州）有限公司	潜在独角兽	苏州市
2018	苏州叠纸网络科技股份有限公司	潜在独角兽	苏州市
2018	苏州迈瑞微电子有限公司	潜在独角兽	苏州市
2018	凯杰（苏州）转化医学研究有限公司	潜在独角兽	苏州市
2018	兴盟生物医药（苏州）有限公司	潜在独角兽	苏州市
2018	江苏晨泰医药科技有限公司	潜在独角兽	苏州市
2018	苏州乐米信息科技股份有限公司	潜在独角兽	苏州市
2018	常州爱尔威智能科技有限公司	潜在独角兽	常州市
2018	苏州嘉图软件有限公司	潜在独角兽	苏州市
2018	南京乐韵瑞信息技术有限公司	潜在独角兽	南京市
2018	南京易米云通网络科技有限公司	潜在独角兽	南京市
2018	拓攻（南京）机器人有限公司	潜在独角兽	南京市
2018	南京中科煜宸激光技术有限公司	潜在独角兽	南京市
2018	江苏万邦微电子有限公司	瞪羚	南京市
2018	南京博兰得电子科技有限公司	瞪羚	南京市
2018	南京杰迈视讯科技有限公司	瞪羚	南京市
2018	南京拓界信息技术有限公司	瞪羚	南京市
2018	南京壹进制信息技术股份有限公司	瞪羚	南京市
2018	江苏南资环保股份有限公司	瞪羚	南京市
2018	江苏云瀚股份有限公司	瞪羚	南京市
2018	常州中进医疗器材有限公司	瞪羚	常州市
2018	常州克迈特数控科技有限公司	瞪羚	常州市
2018	常州神鹰碳塑复合材料有限公司	瞪羚	常州市
2018	常州时创能源科技有限公司	瞪羚	常州市

续表

年份	企业名称	类别	所在市
2018	苏州市君悦新材料科技股份有限公司	瞪羚	苏州市
2018	苏州朗高电机有限公司	瞪羚	苏州市
2018	创新精密（苏州）有限公司	瞪羚	苏州市
2018	苏州谐通光伏科技股份有限公司	瞪羚	苏州市
2018	苏州仕净环保科技股份有限公司	瞪羚	苏州市
2018	苏州天禄光科技股份有限公司	瞪羚	苏州市
2018	苏州朗威电子机械股份有限公司	瞪羚	苏州市
2018	苏州共创科技有限公司	瞪羚	苏州市
2018	苏州纽克斯电源技术股份有限公司	瞪羚	苏州市
2018	中广核达胜加速器技术有限公司	瞪羚	苏州市
2018	苏州欧普照明有限公司	瞪羚	苏州市
2018	苏州欧圣电气股份有限公司	瞪羚	苏州市
2018	德米特（苏州）电子环保材料有限公司	瞪羚	苏州市
2018	常熟安通林汽车饰件有限公司	瞪羚	苏州市
2018	张家港友诚科技机电有限公司	瞪羚	苏州市
2018	张家港先锋自动化机械设备股份有限公司	瞪羚	苏州市
2018	江苏朗信电气有限公司	瞪羚	苏州市
2018	江苏索尔新能源科技股份有限公司	瞪羚	苏州市
2018	伟速达（中国）汽车安全系统有限公司	瞪羚	苏州市
2018	苏州维艾普新材料股份有限公司	瞪羚	苏州市
2018	苏州金韦尔机械有限公司	瞪羚	苏州市
2018	法可赛（太仓）汽车配件有限公司	瞪羚	苏州市
2018	苏州沃特节水产品有限公司	瞪羚	苏州市
2018	太仓旭莱自动化机械有限公司	瞪羚	苏州市
2018	太仓冠联高分子材料有限公司	瞪羚	苏州市
2018	赛业（苏州）生物科技有限公司	瞪羚	苏州市
2018	南通中集能源装备有限公司	瞪羚	南通市
2018	江苏智途科技股份有限公司	瞪羚	扬州市
2018	江苏唯益换热器股份有限公司	瞪羚	镇江市
2018	江苏恒神股份有限公司	瞪羚	镇江市

续表

年份	企业名称	类别	所在市
2018	镇江环太硅科技有限公司	瞪羚	镇江市
2018	南京诺尔曼生物技术有限公司	瞪羚	南京市
2018	南京工大环境科技有限公司	瞪羚	南京市
2018	南京中电熊猫液晶材料科技有限公司	瞪羚	南京市
2018	南京威迩德汽车零部件有限公司	瞪羚	南京市
2018	南京金斯瑞生物科技有限公司	瞪羚	南京市
2018	江苏博睿光电有限公司	瞪羚	南京市
2018	中电新源智能电网科技有限公司	瞪羚	南京市
2018	南京国臣信息自动化技术有限公司	瞪羚	南京市
2018	江苏科工科技有限公司	瞪羚	南京市
2018	南京埃斯顿自动控制技术有限公司	瞪羚	南京市
2018	南京磁谷科技有限公司	瞪羚	南京市
2018	江苏紫米电子技术有限公司	瞪羚	无锡市
2018	江阴塞特精密工具有限公司	瞪羚	无锡市
2018	赛特斯信息科技股份有限公司	瞪羚	南京市
2018	广州广电计量检测无锡有限公司	瞪羚	无锡市
2018	无锡士康通讯技术有限公司	瞪羚	无锡市
2018	无锡中科光电技术有限公司	瞪羚	无锡市
2018	无锡德飞科技有限公司	瞪羚	无锡市
2018	无锡石播增压器有限公司	瞪羚	无锡市
2018	无锡珀金斯动力系统科技有限公司	瞪羚	无锡市
2018	无锡仓佑汽车配件有限公司	瞪羚	无锡市
2018	无锡威孚环保催化剂有限公司	瞪羚	无锡市
2018	无锡市新华起重工具有限公司	瞪羚	无锡市
2018	无锡中微爱芯电子有限公司	瞪羚	无锡市
2018	无锡罗姆半导体科技有限公司	瞪羚	无锡市
2018	奥特凯姆（中国）汽车部件有限公司	瞪羚	无锡市
2018	无锡同联机电工程有限公司	瞪羚	无锡市
2018	海隆石油钻具（无锡）有限公司	瞪羚	无锡市
2018	无锡市儒兴科技开发有限公司	瞪羚	无锡市

续表

年份	企业名称	类别	所在市
2018	无锡先驱自动化科技有限公司	瞪羚	无锡市
2018	埃梯梯精密机械制造（无锡）有限公司	瞪羚	无锡市
2018	无锡中微高科电子有限公司	瞪羚	无锡市
2018	常州龙翔气弹簧有限公司	瞪羚	常州市
2018	常州回天新材料有限公司	瞪羚	常州市
2018	江苏中科朗恩斯车辆科技有限公司	瞪羚	常州市
2018	江苏汤姆包装机械有限公司	瞪羚	常州市
2018	常州瑞复达高温新材料有限公司	瞪羚	常州市
2018	常州市拓源电缆成套有限公司	瞪羚	常州市
2018	斯泰必鲁斯（江苏）有限公司	瞪羚	常州市
2018	常州药物研究所有限公司	瞪羚	常州市
2018	常州凯鹏液流器材有限公司	瞪羚	常州市
2018	常州协鑫光伏科技有限公司	瞪羚	常州市
2018	安费诺（常州）电子有限公司	瞪羚	常州市
2018	常州市璟胜自动化科技有限公司	瞪羚	常州市
2018	江苏福尔特金属制品有限公司	瞪羚	常州市
2018	常州日马精密锻压有限公司	瞪羚	常州市
2018	江苏昊润电子科技有限公司	瞪羚	常州市
2018	江苏正辉太阳能电力有限公司	瞪羚	常州市
2018	常州联慧资源环境科技有限公司	瞪羚	常州市
2018	常州阿奇夏米尔机床有限公司	瞪羚	常州市
2018	常州捷佳创精密机械有限公司	瞪羚	常州市
2018	常州诺德电子有限公司	瞪羚	常州市
2018	常州市凯德汽车部件有限公司	瞪羚	常州市
2018	常州苏晶电子材料有限公司	瞪羚	常州市
2018	南京药石科技股份有限公司	瞪羚	南京市
2018	常州富邦电气有限公司	瞪羚	常州市
2018	江苏叶迪车灯有限公司	瞪羚	常州市
2018	常州市腾诚机械制造有限公司	瞪羚	常州市
2018	常州市赛嘉机械有限公司	瞪羚	常州市

续表

年份	企业名称	类别	所在市
2018	江苏常宝滔邦石油管件有限公司	瞪羚	常州市
2018	常州良旭车辆配件有限公司	瞪羚	常州市
2018	常州朗锐东洋传动技术有限公司	瞪羚	常州市
2018	苏州海迈汽车防护材料有限公司	瞪羚	苏州市
2018	苏州安硕软科软件有限公司	瞪羚	苏州市
2018	苏州优纳科技有限公司	瞪羚	苏州市
2018	苏州协鑫光伏科技有限公司	瞪羚	苏州市
2018	苏州必信空调有限公司	瞪羚	苏州市
2018	江苏振翔车辆装备股份有限公司	瞪羚	苏州市
2018	苏州恒康新材料有限公司	瞪羚	苏州市
2018	苏州宏瑞达新能源装备有限公司	瞪羚	苏州市
2018	苏州晶银新材料股份有限公司	瞪羚	苏州市
2018	苏州长光华芯光电技术有限公司	瞪羚	苏州市
2018	苏州沃伦韦尔高新技术股份有限公司	瞪羚	苏州市
2018	苏州朗坤自动化设备有限公司	瞪羚	苏州市
2018	苏州朗捷通智能科技有限公司	瞪羚	苏州市
2018	苏州珂玛材料技术有限公司	瞪羚	苏州市
2018	苏州长光华医生物医学工程有限公司	瞪羚	苏州市
2018	苏州贝尔特光伏电子科技有限公司	瞪羚	苏州市
2018	斯飞乐（苏州）客车冷暖设备制造有限公司	瞪羚	苏州市
2018	苏州茂立光电科技有限公司	瞪羚	苏州市
2018	苏州勤堡精密机械有限公司	瞪羚	苏州市
2018	苏州泰思特电子科技有限公司	瞪羚	苏州市
2018	苏州广型模具有限公司	瞪羚	苏州市
2018	苏州苏福马机械有限公司	瞪羚	苏州市
2018	苏州博瑞达高分子材料有限公司	瞪羚	苏州市
2018	苏州华天国科电力科技有限公司	瞪羚	苏州市
2018	苏州凡特斯测控科技有限公司	瞪羚	苏州市
2018	苏州力生美半导体有限公司	瞪羚	苏州市
2018	西安交通大学苏州研究院	瞪羚	苏州市

续表

年份	企业名称	类别	所在市
2018	江苏风云科技服务有限公司	瞪羚	苏州市
2018	苏州工业园区耐斯达自动化技术有限公司	瞪羚	苏州市
2018	苏州利驰电子商务有限公司	瞪羚	苏州市
2018	苏州维赛克阀门检测技术有限公司	瞪羚	苏州市
2018	东曜药业有限公司	瞪羚	苏州市
2018	苏州晶云药物科技有限公司	瞪羚	苏州市
2018	苏州纳米科技发展有限公司	瞪羚	苏州市
2018	江苏格朗瑞科技有限公司	瞪羚	苏州市
2018	苏州新金相金属材料有限公司	瞪羚	苏州市
2018	苏州罗博特科自动化设备有限公司	瞪羚	苏州市
2018	苏州超集信息科技有限公司	瞪羚	苏州市
2018	苏州柏特瑞新材料有限公司	瞪羚	苏州市
2018	苏州沃顿印刷有限公司	瞪羚	苏州市
2018	苏州鹭翔航空设备有限公司	瞪羚	苏州市
2018	苏州百捷信息科技有限公司	瞪羚	苏州市
2018	苏州韬盛电子科技有限公司	瞪羚	苏州市
2018	苏州银瑞光电材料科技有限公司	瞪羚	苏州市
2018	天演药业（苏州）有限公司	瞪羚	苏州市
2018	苏州恒元华建信息技术有限公司	瞪羚	苏州市
2018	苏州三维精密机械有限公司	瞪羚	苏州市
2018	苏州同元软控信息技术有限公司	瞪羚	苏州市
2018	江苏康众数字医疗设备有限公司	瞪羚	苏州市
2018	扬州扬杰电子科技股份有限公司	瞪羚	扬州市
2018	航天海鹰（镇江）特种材料有限公司	瞪羚	镇江市
2018	苏州度辰新材料有限公司	瞪羚	苏州市
2018	苏州博创集成电路设计有限公司	瞪羚	苏州市
2018	皆可博（苏州）车辆控制系统有限公司	瞪羚	苏州市
2018	苏州旭创科技有限公司	瞪羚	苏州市
2018	苏州新纳晶光电有限公司	瞪羚	苏州市
2018	江苏敏捷科技股份有限公司	瞪羚	苏州市

续表

年份	企业名称	类别	所在市
2018	苏州纳康生物科技有限公司	瞪羚	苏州市
2018	苏州工业园区安泽汶环保技术有限公司	瞪羚	苏州市
2018	苏州工业园区为真生物医药科技有限公司	瞪羚	苏州市
2018	爱捷精密设备（苏州）有限公司	瞪羚	苏州市
2018	江苏硕世生物科技有限公司	瞪羚	泰州市
2018	苏州华碧微科检测技术有限公司	瞪羚	苏州市
2018	苏州赛芯电子科技有限公司	瞪羚	苏州市
2018	苏州迅镭激光科技有限公司	瞪羚	苏州市
2018	苏州德亚交通技术有限公司	瞪羚	苏州市
2018	苏州凌创电子科技有限公司	瞪羚	苏州市
2018	苏州新代数控设备有限公司	瞪羚	苏州市
2018	苏州苏净环保科技有限公司	瞪羚	苏州市
2018	苏州汉明科技有限公司	瞪羚	苏州市
2018	苏州天奇安激光设备有限公司	瞪羚	苏州市
2018	苏州广博力学环境实验室有限公司	瞪羚	苏州市
2018	飞利浦医疗（苏州）有限公司	瞪羚	苏州市
2018	亚杰科技（江苏）有限公司	瞪羚	苏州市
2018	苏州市普实软件有限公司	瞪羚	苏州市
2018	艾司匹技电机（苏州）有限公司	瞪羚	苏州市
2018	苏州工业园区晓山工程塑料有限公司	瞪羚	苏州市
2018	苏州快可光伏电子股份有限公司	瞪羚	苏州市
2018	苏州市软件评测中心有限公司	瞪羚	苏州市
2018	康德瑞恩电磁技术（苏州）有限公司	瞪羚	苏州市
2018	苏州工业园区创易技研有限公司	瞪羚	苏州市
2018	苏州西山生物技术有限公司	瞪羚	苏州市
2018	东富科精密仪器（苏州）有限公司	瞪羚	苏州市
2018	苏州矽微电子科技有限公司	瞪羚	苏州市
2018	哈曼汽车电子系统（苏州）有限公司	瞪羚	苏州市
2018	苏州弗士达科学仪器有限公司	瞪羚	苏州市
2018	苏州瀚川机电有限公司	瞪羚	苏州市

续表

年份	企业名称	类别	所在市
2018	江苏达伦电子股份有限公司	瞪羚	苏州市
2018	江苏特兴通讯科技有限公司	瞪羚	苏州市
2018	苏州安可信通信技术有限公司	瞪羚	苏州市
2018	苏州领创激光科技有限公司	瞪羚	苏州市
2018	江苏博迁新材料有限公司	瞪羚	宿迁市
2018	昆山同昌汽车新材料有限公司	瞪羚	苏州市
2018	昆山力盟机械工业有限公司	瞪羚	苏州市
2018	昆山丘钛微电子科技有限公司	瞪羚	苏州市
2018	昆山勃盛电子有限公司	瞪羚	苏州市
2018	昆山神舟电脑有限公司	瞪羚	苏州市
2018	昆山希盟自动化科技有限公司	瞪羚	苏州市
2018	昆山市和博电子科技有限公司	瞪羚	苏州市
2018	昆山鑫泰利精密模具有限公司	瞪羚	苏州市
2018	昆山杰士德精密工业有限公司	瞪羚	苏州市
2018	昆山金莓电子有限公司	瞪羚	苏州市
2018	昆山纳诺新材料科技有限公司	瞪羚	苏州市
2018	江阴贝瑞森生化技术有限公司	瞪羚	无锡市
2018	江苏甬金金属科技有限公司	瞪羚	南通市
2018	广东鸿图南通压铸有限公司	瞪羚	南通市
2018	南通新江海动力电子有限公司	瞪羚	南通市
2018	江苏通盛换热器有限公司	瞪羚	南通市
2018	江苏蒙哥马利电梯有限公司	瞪羚	南通市
2018	南通亿华塑胶有限公司	瞪羚	南通市
2018	华进半导体封装先导技术研发中心有限公司	瞪羚	无锡市
2018	江苏康为世纪生物科技有限公司	瞪羚	泰州市
2018	泰州市美画艺术品有限公司	瞪羚	泰州市
2018	扬子江药业集团江苏海慈生物药业有限公司	瞪羚	泰州市
2018	常州普莱克红梅色母料有限公司	瞪羚	常州市
2018	江苏新泉汽车饰件股份有限公司常州分公司	瞪羚	常州市
2018	常州欣战江特种纤维有限公司	瞪羚	常州市

续表

年份	企业名称	类别	所在市
2018	天合光能（常州）科技有限公司	瞪羚	常州市
2018	常州瑞华化工工程技术有限公司	瞪羚	常州市
2018	江苏鑫亿软件有限公司	瞪羚	常州市
2018	中简科技发展有限公司	瞪羚	常州市
2018	常州银河世纪微电子有限公司	瞪羚	常州市
2018	常州宇田电气有限公司	瞪羚	常州市
2018	江苏力博医药生物技术股份有限公司	瞪羚	无锡市
2018	昆山艾博机器人系统工程有限公司	瞪羚	苏州市
2018	江苏盛纺纳米材料科技股份有限公司	瞪羚	苏州市
2018	宾科汽车紧固件（昆山）有限公司	瞪羚	苏州市
2018	昆山市佰奥自动化设备科技有限公司	瞪羚	苏州市
2018	昆山盛鸿大业数控有限公司	瞪羚	苏州市
2018	盖尔瑞孚艾斯曼（昆山）汽车零部件有限公司	瞪羚	苏州市
2018	昆山倚天自动化有限公司	瞪羚	苏州市
2018	南京中能瑞华电气有限公司	瞪羚	南京市
2018	法雷奥汽车自动传动系统（南京）有限公司	瞪羚	南京市
2018	江苏枫叶能源技术有限公司	瞪羚	南京市
2018	江苏美特林科特殊合金有限公司	瞪羚	南京市
2018	茂莱（南京）仪器有限公司	瞪羚	南京市
2018	南京泉峰汽车精密技术有限公司	瞪羚	南京市
2018	雄邦压铸（南通）有限公司	瞪羚	南通市
2018	德尔福连接器系统（南通）有限公司	瞪羚	南通市
2018	苏州华启智能科技股份有限公司	瞪羚	苏州市
2018	金石机器人常州有限公司	瞪羚	常州市
2018	安捷利电子科技（苏州）有限公司	瞪羚	苏州市
2018	苏州科达科技股份有限公司	瞪羚	苏州市
2018	苏州速迈医疗设备有限公司	瞪羚	苏州市
2018	斯威泽尔压铸（苏州）有限公司	瞪羚	苏州市
2018	苏州汉瑞森光电科技有限公司	瞪羚	苏州市
2018	天纳克汽车工业（苏州）有限公司	瞪羚	苏州市

续表

年份	企业名称	类别	所在市
2018	聚灿光电科技股份有限公司	瞪羚	苏州市
2018	江苏唯达水处理技术有限公司	瞪羚	苏州市
2018	苏州赛景生物科技有限公司	瞪羚	苏州市
2018	苏州依斯倍化学环保装备科技有限公司	瞪羚	苏州市
2018	暨明医药科技（苏州）有限公司	瞪羚	苏州市
2018	苏州索泰检测技术服务有限公司	瞪羚	苏州市
2018	苏州工业园区宝优际通讯科技有限公司	瞪羚	苏州市
2018	泛博制动部件（苏州）有限公司	瞪羚	苏州市
2018	华为数字技术（苏州）有限公司	瞪羚	苏州市
2018	苏州逸美德自动化科技有限公司	瞪羚	苏州市
2018	艾曼斯（苏州）工程塑料有限公司	瞪羚	苏州市
2018	苏州敏芯微电子技术有限公司	瞪羚	苏州市
2018	苏州工业园区丰年科技有限公司	瞪羚	苏州市
2018	维林光电（苏州）有限公司	瞪羚	苏州市
2018	苏州市伏泰信息科技有限公司	瞪羚	苏州市
2018	凯瑞斯德生化（苏州）有限公司	瞪羚	苏州市
2018	牧东光电（苏州）有限公司	瞪羚	苏州市
2018	苏州工业园区达菲特过滤技术有限公司	瞪羚	苏州市
2018	苏州英诺迅科技股份有限公司	瞪羚	苏州市
2018	苏州优备精密电子有限公司	瞪羚	苏州市
2018	利穗科技（苏州）有限公司	瞪羚	苏州市
2018	同程网络科技股份有限公司	瞪羚	苏州市
2018	扬昕科技（苏州）有限公司	瞪羚	苏州市
2018	三浦工业设备（苏州）有限公司	瞪羚	苏州市
2018	盛科网络（苏州）有限公司	瞪羚	苏州市
2018	富士胶片电子材料（苏州）有限公司	瞪羚	苏州市
2018	银科环企软件（苏州）有限公司	瞪羚	苏州市
2018	威格高纯气体设备科技（苏州工业园区）有限公司	瞪羚	苏州市
2018	米巴精密零部件（中国）有限公司	瞪羚	苏州市
2018	模德模具（苏州工业园区）有限公司	瞪羚	苏州市

续表

年份	企业名称	类别	所在市
2018	创达特（苏州）科技有限责任公司	瞪羚	苏州市
2018	江苏梦兰神彩科技发展有限公司	瞪羚	苏州市
2018	斯丹德汽车系统（苏州）有限公司	瞪羚	苏州市
2018	欧朗科技（苏州）有限公司	瞪羚	苏州市
2018	苏州首创嘉净环保科技股份有限公司	瞪羚	苏州市
2018	天佑电器（苏州）有限公司	瞪羚	苏州市
2018	耐世特汽车系统（苏州）有限公司	瞪羚	苏州市
2018	科瑞自动化技术（苏州）有限公司	瞪羚	苏州市
2018	荣捷生物工程（苏州）有限公司	瞪羚	苏州市
2018	苏州博实机器人技术有限公司	瞪羚	苏州市
2018	伟杰科技（苏州）有限公司	瞪羚	苏州市
2018	网经科技（苏州）有限公司	瞪羚	苏州市
2018	必佳乐（苏州工业园区）纺织机械有限公司	瞪羚	苏州市
2018	奥美凯聚合物（苏州）有限公司	瞪羚	苏州市
2018	苏州慧盾信息安全科技有限公司	瞪羚	苏州市
2018	艾信智慧医疗科技发展（苏州）有限公司	瞪羚	苏州市
2018	苏州爱调言网络科技有限公司	瞪羚	苏州市
2018	盟拓软件（苏州）有限公司	瞪羚	苏州市
2018	思瑞浦微电子科技（苏州）有限公司	瞪羚	苏州市
2018	苏州清睿教育科技股份有限公司	瞪羚	苏州市
2018	创发信息科技（苏州）有限公司	瞪羚	苏州市
2018	瑞莱生物科技（江苏）有限公司	瞪羚	泰州市
2018	无锡中微晶园电子有限公司	瞪羚	无锡市
2018	无锡中微腾芯电子有限公司	瞪羚	无锡市
2018	威能（无锡）供热设备有限公司	瞪羚	无锡市
2018	无锡市太平洋新材料股份有限公司	瞪羚	无锡市
2018	格林美（无锡）能源材料有限公司	瞪羚	无锡市
2018	柳工常州挖掘机有限公司	瞪羚	常州市
2018	苏州腾晖光伏技术有限公司	瞪羚	苏州市
2018	安费诺（常州）高端连接器有限公司	瞪羚	常州市

续表

年份	企业名称	类别	所在市
2018	常州铭赛机器人科技有限公司	瞪羚	常州市
2018	江苏恒立高压油缸有限公司	瞪羚	常州市
2018	常州今创风挡系统有限公司	瞪羚	常州市
2018	怀特（中国）驱动产品有限公司	瞪羚	镇江市
2018	连云港润众制药有限公司	瞪羚	连云港市
2018	昆山维信诺科技有限公司	瞪羚	苏州市
2018	淮安欣展高分子科技有限公司	瞪羚	淮安市
2018	江苏北斗星通汽车电子有限公司	瞪羚	宿迁市
2018	江苏华海诚科新材料股份有限公司	瞪羚	连云港市
2018	江苏中利电子信息科技有限公司	瞪羚	苏州市
2018	扬州杰利半导体有限公司	瞪羚	扬州市
2018	苏州吉玛基因股份有限公司	瞪羚	苏州市
2018	江苏创景科技有限公司	瞪羚	苏州市
2018	江苏德源药业股份有限公司	瞪羚	连云港市
2018	江苏精湛光电仪器股份有限公司	瞪羚	扬州市
2018	江苏吉能达建材设备有限公司	瞪羚	盐城市
2018	苏州朗润医疗系统有限公司	瞪羚	苏州市
2018	艾博白云电气技术（扬州）有限公司	瞪羚	扬州市
2018	苏州康宁杰瑞生物科技有限公司	瞪羚	苏州市
2018	盐城市赛隆节能技术工程有限公司	瞪羚	盐城市
2018	思达耐精密机电（常熟）有限公司	瞪羚	苏州市
2018	苏州中来光伏新材股份有限公司	瞪羚	苏州市
2018	江苏达科信息科技有限公司	瞪羚	南京市
2018	常州高尔登科技有限公司	瞪羚	常州市
2018	常熟雅致模块化建筑有限公司	瞪羚	苏州市
2018	茂康材料科技（常熟）有限公司	瞪羚	苏州市
2018	欧宝聚合物江苏有限公司	瞪羚	镇江市
2018	苏州天准精密技术有限公司	瞪羚	苏州市
2018	华灿光电（苏州）有限公司	瞪羚	苏州市
2018	太仓市同维电子有限公司	瞪羚	苏州市

续表

年份	企业名称	类别	所在市
2018	吴江京奕特种纤维有限公司	瞪羚	苏州市
2018	苏州市商祺光电有限公司	瞪羚	苏州市
2018	苏州新海宜电子技术有限公司	瞪羚	苏州市
2018	无锡中德伯尔生物技术有限公司	瞪羚	无锡市
2018	沃太能源南通有限公司	瞪羚	南通市
2018	江苏锐升新材料有限公司	瞪羚	镇江市
2018	江苏振江新能源装备股份有限公司	瞪羚	无锡市
2018	无锡上机数控股份有限公司	瞪羚	无锡市
2018	南京越博动力系统股份有限公司	瞪羚	南京市
2018	无锡赛晶电力电容器有限公司	瞪羚	无锡市
2018	南京巨鲨显示科技有限公司	瞪羚	南京市
2018	江苏凯尔生物识别科技有限公司	瞪羚	苏州市
2018	江苏海天微电子科技有限公司	瞪羚	镇江市
2018	江苏苏宁易购电子商务有限公司	瞪羚	南京市
2018	南京华讯方舟通信设备有限公司	瞪羚	南京市
2018	无锡睿思凯科技股份有限公司	瞪羚	无锡市
2018	江苏达实久信数字医疗科技有限公司	瞪羚	常州市
2018	江苏原力电脑动画制作有限公司	瞪羚	南京市
2018	必维申优质量技术服务江苏有限公司	瞪羚	无锡市
2018	苏州热工研究院有限公司	瞪羚	苏州市
2018	南京万德斯环保科技股份有限公司	瞪羚	南京市
2018	南京金域医学检验所有限公司	瞪羚	南京市
2018	昆山全亚冠环保科技有限公司	瞪羚	苏州市
2018	江苏国茂减速机股份有限公司	瞪羚	常州市
2018	昆山德盛精密模具有限公司	瞪羚	苏州市
2018	苏州华兴源创电子科技有限公司	瞪羚	苏州市
2018	江苏九鼎光伏系统有限公司	瞪羚	常州市
2018	江苏辉伦太阳能科技有限公司	瞪羚	南京市
2018	苏州文迪光电科技有限公司	瞪羚	苏州市
2018	江苏元泰智能科技股份有限公司	瞪羚	苏州市

续表

年份	企业名称	类别	所在市
2018	苏州纽迈电子科技有限公司	瞪羚	苏州市
2018	苏州普源精电科技有限公司	瞪羚	苏州市
2018	苏州国科综合数据中心有限公司	瞪羚	苏州市
2018	中复神鹰碳纤维有限责任公司	瞪羚	连云港市
2018	南京云创大数据科技股份有限公司	瞪羚	南京市
2018	江苏新科软件有限公司	瞪羚	常州市
2018	苏州大宇宙信息创造有限公司	瞪羚	苏州市
2018	无锡识凌科技有限公司	瞪羚	无锡市
2018	无锡文思海辉信息技术有限公司	瞪羚	无锡市
2019	汇通达网络股份有限公司	独角兽	南京市
2019	孩子王儿童用品股份有限公司	独角兽	南京市
2019	魔门塔（苏州）科技有限公司	独角兽	苏州市
2019	江苏艾佳家居用品有限公司	独角兽	南京市
2019	好享家舒适智能家居股份有限公司	独角兽	南京市
2019	苏州亚盛药业有限公司	潜在独角兽	苏州市
2019	苏州泽璟生物制药股份有限公司	潜在独角兽	苏州市
2019	山石网科通信技术股份有限公司	潜在独角兽	苏州市
2019	苏州智加科技有限公司	潜在独角兽	苏州市
2019	南京世和基因生物技术有限公司	潜在独角兽	南京市
2019	江苏塔菲尔新能源科技股份有限公司	潜在独角兽	南京市
2019	苏州能讯高能半导体有限公司	潜在独角兽	苏州市
2019	苏州开拓药业股份有限公司	潜在独角兽	苏州市
2019	凯博易控驱动（苏州）股份有限公司	潜在独角兽	苏州市
2019	八爪鱼在线旅游发展有限公司	潜在独角兽	苏州市
2019	南京分布文化发展有限公司	潜在独角兽	南京市
2019	江苏日托光伏科技股份有限公司	潜在独角兽	无锡市
2019	江苏随易信息科技有限公司	潜在独角兽	苏州市
2019	健亚（常州）生物技术有限公司	潜在独角兽	常州市
2019	苏州更美互动信息科技有限公司	潜在独角兽	苏州市
2019	苏州清睿教育科技股份有限公司	潜在独角兽	苏州市

续表

年份	企业名称	类别	所在市
2019	无锡奥特维科技股份有限公司	潜在独角兽	无锡市
2019	江苏跨境电子商务服务有限公司	潜在独角兽	南京市
2019	昇印光电（昆山）股份有限公司	潜在独角兽	苏州市
2019	苏州晶云药物科技股份有限公司	潜在独角兽	苏州市
2019	苏州福莱盈电子有限公司	潜在独角兽	苏州市
2019	苏州贝康医疗器械有限公司	潜在独角兽	苏州市
2019	布瑞克（苏州）农业信息科技有限公司	潜在独角兽	苏州市
2019	无锡航亚科技股份有限公司	潜在独角兽	无锡市
2019	苏州桐力光电股份有限公司	潜在独角兽	苏州市
2019	苏州迈瑞微电子有限公司	潜在独角兽	苏州市
2019	苏州绿的谐波传动科技股份有限公司	潜在独角兽	苏州市
2019	苏州亚德林股份有限公司	潜在独角兽	苏州市
2019	常州纵慧芯光半导体科技有限公司	潜在独角兽	常州市
2019	苏州长光华芯光电技术有限公司	潜在独角兽	苏州市
2019	南京云创大数据科技股份有限公司	潜在独角兽	南京市
2019	常州龙腾光热科技股份有限公司	潜在独角兽	常州市
2019	益萃网络科技（中国）有限公司	潜在独角兽	苏州市
2019	飞依诺科技（苏州）有限公司	潜在独角兽	苏州市
2019	江苏普莱医药生物技术有限公司	潜在独角兽	无锡市
2019	无锡朗贤轻量化科技股份有限公司	潜在独角兽	无锡市
2019	江苏长泰药业有限公司	潜在独角兽	泰州市
2019	凯美瑞德（苏州）信息科技股份有限公司	潜在独角兽	苏州市
2019	联掌门户网络科技有限公司	潜在独角兽	无锡市
2019	苏州加拉泰克动力有限公司	潜在独角兽	苏州市
2019	苏州优乐赛供应链管理有限公司	潜在独角兽	苏州市
2019	苏州易卖东西信息技术有限公司	潜在独角兽	苏州市
2019	南京甄视智能科技有限公司	潜在独角兽	南京市
2019	苏州倍丰激光科技有限公司	潜在独角兽	苏州市
2019	苏州极目机器人科技有限公司	潜在独角兽	苏州市
2019	无锡林泰克斯汽车部件有限公司	潜在独角兽	无锡市

续表

年份	企业名称	类别	所在市
2019	南京牧镭激光科技有限公司	潜在独角兽	南京市
2019	中建材（宜兴）新能源有限公司	潜在独角兽	无锡市
2019	常州厚德再生资源科技有限公司	潜在独角兽	常州市
2019	苏州引航生物科技有限公司	潜在独角兽	苏州市
2019	好活（昆山）网络科技有限公司	潜在独角兽	苏州市
2019	南京隼眼电子科技有限公司	潜在独角兽	南京市
2019	苏州锴威特半导体有限公司	潜在独角兽	苏州市
2019	格陆博科技有限公司	潜在独角兽	南通市
2019	苏州朗动网络科技有限公司	潜在独角兽	苏州市
2019	苏州含光微纳科技有限公司	潜在独角兽	苏州市
2019	南京世和基因生物技术有限公司	瞪羚	南京市
2019	南京碧盾环保科技股份有限公司	瞪羚	南京市
2019	江苏威凯尔医药科技有限公司	瞪羚	南京市
2019	南京天膜科技股份有限公司	瞪羚	南京市
2019	南京诺尔曼生物技术有限公司	瞪羚	南京市
2019	南京工大环境科技有限公司	瞪羚	南京市
2019	南京药石科技股份有限公司	瞪羚	南京市
2019	江苏中圣压力容器装备制造有限公司	瞪羚	南京市
2019	南京金域医学检验所有限公司	瞪羚	南京市
2019	南京华讯方舟通信设备有限公司	瞪羚	南京市
2019	南京麦澜德医疗科技有限公司	瞪羚	南京市
2019	南京海融医药科技股份有限公司	瞪羚	南京市
2019	南京美乐威电子科技有限公司	瞪羚	南京市
2019	江苏美特林科特殊合金股份有限公司	瞪羚	南京市
2019	南京万德斯环保科技股份有限公司	瞪羚	南京市
2019	南京金斯瑞生物科技有限公司	瞪羚	南京市
2019	江苏博睿光电有限公司	瞪羚	南京市
2019	南京江原安迪科正电子研究发展有限公司	瞪羚	南京市
2019	南京中科药业有限公司	瞪羚	南京市
2019	江苏睿孜星智控科技有限公司	瞪羚	南京市

续表

年份	企业名称	类别	所在市
2019	中苏科技股份有限公司	瞪羚	南京市
2019	南京磁谷科技有限公司	瞪羚	南京市
2019	南京南瑞信息通信科技有限公司	瞪羚	南京市
2019	南京中科煜宸激光技术有限公司	瞪羚	南京市
2019	南京康尼新能源汽车零部件有限公司	瞪羚	南京市
2019	南京诺唯赞生物科技有限公司	瞪羚	南京市
2019	南京艾凌节能技术有限公司	瞪羚	南京市
2019	南京壹进制信息技术股份有限公司	瞪羚	南京市
2019	南京云创大数据科技股份有限公司	瞪羚	南京市
2019	南京拓界信息技术有限公司	瞪羚	南京市
2019	中设设计集团股份有限公司	瞪羚	南京市
2019	南京理学工程数据技术有限公司	瞪羚	南京市
2019	南京德普瑞克催化器有限公司	瞪羚	南京市
2019	南京讯汇科技发展有限公司	瞪羚	南京市
2019	南京斯瑞奇医疗用品有限公司	瞪羚	南京市
2019	江苏南资环保科技有限公司	瞪羚	南京市
2019	江苏万邦微电子有限公司	瞪羚	南京市
2019	无锡深南电路有限公司	瞪羚	无锡市
2019	广州广电计量检测无锡有限公司	瞪羚	无锡市
2019	北京中石伟业科技无锡有限公司	瞪羚	无锡市
2019	纽豹智能识别技术（无锡）有限公司	瞪羚	无锡市
2019	无锡市艾克特电气股份有限公司	瞪羚	无锡市
2019	江苏美正生物科技有限公司	瞪羚	无锡市
2019	无锡天云数据中心科技有限公司	瞪羚	无锡市
2019	无锡奥特维科技股份有限公司	瞪羚	无锡市
2019	无锡海斯凯尔医学技术有限公司	瞪羚	无锡市
2019	无锡冠亚恒温制冷技术有限公司	瞪羚	无锡市
2019	无锡市保时龙塑业有限公司	瞪羚	无锡市
2019	无锡市同步电子科技有限公司	瞪羚	无锡市
2019	无锡中科光电技术有限公司	瞪羚	无锡市

续表

年份	企业名称	类别	所在市
2019	无锡天芯互联科技有限公司	瞪羚	无锡市
2019	无锡倍安杰机械科技有限公司	瞪羚	无锡市
2019	无锡威孚中意齿轮有限责任公司	瞪羚	无锡市
2019	无锡市尚沃医疗电子股份有限公司	瞪羚	无锡市
2019	无锡亿能电力设备股份有限公司	瞪羚	无锡市
2019	无锡新中瑞婴儿用品有限公司	瞪羚	无锡市
2019	无锡圣敏传感科技股份有限公司	瞪羚	无锡市
2019	无锡保瑞特万邦油气防腐有限公司	瞪羚	无锡市
2019	江苏宏丰奥凯机电有限公司	瞪羚	无锡市
2019	帝发技术（无锡）有限公司	瞪羚	无锡市
2019	江苏申凯包装高新技术股份有限公司	瞪羚	无锡市
2019	无锡市儒兴科技开发有限公司	瞪羚	无锡市
2019	无锡昆仑富士仪表有限公司	瞪羚	无锡市
2019	无锡先驱自动化科技有限公司	瞪羚	无锡市
2019	无锡积捷光电材料有限公司	瞪羚	无锡市
2019	无锡泰诺工具有限公司	瞪羚	无锡市
2019	无锡士康通讯技术有限公司	瞪羚	无锡市
2019	无锡中微掩模电子有限公司	瞪羚	无锡市
2019	江苏凌志环保工程有限公司	瞪羚	无锡市
2019	中辰电缆股份有限公司	瞪羚	无锡市
2019	江阴市新万沅机件有限公司	瞪羚	无锡市
2019	江阴贝瑞森生化技术有限公司	瞪羚	无锡市
2019	江苏泽成生物技术有限公司	瞪羚	无锡市
2019	江苏风和医疗器材股份有限公司	瞪羚	无锡市
2019	江苏力博医药生物技术股份有限公司	瞪羚	无锡市
2019	江阴市中迪空冷设备有限公司	瞪羚	无锡市
2019	无锡佰翱得生物科学有限公司	瞪羚	无锡市
2019	江阴塞特精密工具有限公司	瞪羚	无锡市
2019	江阴名鸿车顶系统有限公司	瞪羚	无锡市
2019	江苏紫米电子技术有限公司	瞪羚	无锡市

续表

年份	企业名称	类别	所在市
2019	徐州徐工汽车制造有限公司	瞪羚	徐州市
2019	江苏三仪生物工程有限公司	瞪羚	徐州市
2019	常州柯特瓦电子有限公司	瞪羚	常州市
2019	伟通工业设备（江苏）有限公司	瞪羚	常州市
2019	中节能城市节能研究院有限公司	瞪羚	常州市
2019	常州药物研究所有限公司	瞪羚	常州市
2019	常州新日催化剂有限公司	瞪羚	常州市
2019	天合光能（常州）科技有限公司	瞪羚	常州市
2019	永安行科技股份有限公司	瞪羚	常州市
2019	江苏长青艾德利装饰材料有限公司	瞪羚	常州市
2019	江苏乐众信息技术股份有限公司	瞪羚	常州市
2019	江苏新泉模具有限公司	瞪羚	常州市
2019	派瑞格医疗器械（常州）有限公司	瞪羚	常州市
2019	常州凯旺金属材料有限公司	瞪羚	常州市
2019	江苏茂逸光电科技有限公司	瞪羚	常州市
2019	常州百康特医疗器械有限公司	瞪羚	常州市
2019	特雷克斯（常州）机械有限公司	瞪羚	常州市
2019	常州鑫源盛德电子科技有限公司	瞪羚	常州市
2019	常州华光建材科技有限公司	瞪羚	常州市
2019	江苏华唐电器有限公司	瞪羚	常州市
2019	常州瑞明药业有限公司	瞪羚	常州市
2019	江苏浩森建筑设计有限公司	瞪羚	常州市
2019	常州力安液压设备有限公司	瞪羚	常州市
2019	常州市赛嘉机械有限公司	瞪羚	常州市
2019	江苏常宝滔邦石油管件有限公司	瞪羚	常州市
2019	常州精棱设备制造有限公司	瞪羚	常州市
2019	江苏三恒科技股份有限公司	瞪羚	常州市
2019	常州贺斯特科技股份有限公司	瞪羚	常州市
2019	常州青峰亿康机械有限公司	瞪羚	常州市
2019	江苏盈天化学有限公司	瞪羚	常州市

续表

年份	企业名称	类别	所在市
2019	江苏宏微科技股份有限公司	瞪羚	常州市
2019	常州市康心医疗器械有限公司	瞪羚	常州市
2019	江苏福尔特金属制品有限公司	瞪羚	常州市
2019	江苏鑫亿软件股份有限公司	瞪羚	常州市
2019	常州市凯德汽车部件有限公司	瞪羚	常州市
2019	江苏达实久信数字医疗科技有限公司	瞪羚	常州市
2019	江苏国茂减速机股份有限公司	瞪羚	常州市
2019	江苏恒立液压科技有限公司	瞪羚	常州市
2019	江苏万帮德和新能源科技股份有限公司	瞪羚	常州市
2019	常州携手智能家居有限公司	瞪羚	常州市
2019	柳工常州机械有限公司	瞪羚	常州市
2019	金石机器人常州股份有限公司	瞪羚	常州市
2019	安费诺（常州）高端连接器有限公司	瞪羚	常州市
2019	北汽新能源汽车常州有限公司	瞪羚	常州市
2019	江苏君华特种工程塑料制品有限公司	瞪羚	常州市
2019	常州铭赛机器人科技股份有限公司	瞪羚	常州市
2019	江苏欧密格光电科技股份有限公司	瞪羚	常州市
2019	江苏新瑞齿轮系统有限公司	瞪羚	常州市
2019	江苏恒立液压股份有限公司	瞪羚	常州市
2019	常州今创风挡系统有限公司	瞪羚	常州市
2019	快克智能装备股份有限公司	瞪羚	常州市
2019	常州龙骏天纯环保科技有限公司	瞪羚	常州市
2019	常州工利精机科技有限公司	瞪羚	常州市
2019	常州龙翔气弹簧股份有限公司	瞪羚	常州市
2019	江苏振邦智慧城市信息系统有限公司	瞪羚	常州市
2019	常州鼎健医疗器械有限公司	瞪羚	常州市
2019	常州时创能源科技有限公司	瞪羚	常州市
2019	中移（苏州）软件技术有限公司	瞪羚	苏州市
2019	苏州联视泰电子信息技术有限公司	瞪羚	苏州市
2019	工业和信息化部电子第五研究所华东分所	瞪羚	苏州市

续表

年份	企业名称	类别	所在市
2019	苏州必信空调有限公司	瞪羚	苏州市
2019	江苏振翔车辆装备股份有限公司	瞪羚	苏州市
2019	苏州福莱盈电子有限公司	瞪羚	苏州市
2019	苏州恒康新材料有限公司	瞪羚	苏州市
2019	苏州德品医疗科技股份有限公司	瞪羚	苏州市
2019	苏州华启智能科技有限公司	瞪羚	苏州市
2019	苏州晶银新材料股份有限公司	瞪羚	苏州市
2019	帝斯曼尚善太阳能科技（苏州）有限公司	瞪羚	苏州市
2019	苏州长光华芯光电技术有限公司	瞪羚	苏州市
2019	苏州瑞玛精密工业股份有限公司	瞪羚	苏州市
2019	苏州西典机电有限公司	瞪羚	苏州市
2019	苏州互盟信息存储技术有限公司	瞪羚	苏州市
2019	苏州朗捷通智能科技有限公司	瞪羚	苏州市
2019	苏州苏媛爱德克机械有限公司	瞪羚	苏州市
2019	苏州圣美特压铸科技有限公司	瞪羚	苏州市
2019	苏州纽迈分析仪器股份有限公司	瞪羚	苏州市
2019	苏州珂玛材料科技股份有限公司	瞪羚	苏州市
2019	苏州长光华医生物医学工程有限公司	瞪羚	苏州市
2019	苏州威尔汉姆堆焊技术有限公司	瞪羚	苏州市
2019	苏州天准科技股份有限公司	瞪羚	苏州市
2019	苏州市朗吉科技有限公司	瞪羚	苏州市
2019	苏州速迈医疗设备有限公司	瞪羚	苏州市
2019	阿纳克斯（苏州）轨道系统有限公司	瞪羚	苏州市
2019	苏州艾福电子通讯有限公司	瞪羚	苏州市
2019	天纳克汽车工业（苏州）有限公司	瞪羚	苏州市
2019	苏州海盛精密机械有限公司	瞪羚	苏州市
2019	苏州安硕软科软件有限公司	瞪羚	苏州市
2019	苏州纳米科技发展有限公司	瞪羚	苏州市
2019	苏州市伏泰信息科技股份有限公司	瞪羚	苏州市
2019	江苏盖亚环境科技股份有限公司	瞪羚	苏州市

续表

年份	企业名称	类别	所在市
2019	江苏睿博数据技术有限公司	瞪羚	苏州市
2019	苏州清睿教育科技股份有限公司	瞪羚	苏州市
2019	苏州国泰新点软件有限公司	瞪羚	苏州市
2019	苏州智铸通信科技股份有限公司	瞪羚	苏州市
2019	苏州维业达触控科技有限公司	瞪羚	苏州市
2019	和记黄埔医药（苏州）有限公司	瞪羚	苏州市
2019	苏州旺山旺水生物医药有限公司	瞪羚	苏州市
2019	苏州众言网络科技股份有限公司	瞪羚	苏州市
2019	瑞尔通（苏州）医疗科技有限公司	瞪羚	苏州市
2019	苏州纳芯微电子股份有限公司	瞪羚	苏州市
2019	苏州沃特维自动化系统有限公司	瞪羚	苏州市
2019	苏州泓迅生物科技股份有限公司	瞪羚	苏州市
2019	凯美瑞德（苏州）信息科技股份有限公司	瞪羚	苏州市
2019	苏州矩度电子科技有限公司	瞪羚	苏州市
2019	创发信息科技（苏州）有限公司	瞪羚	苏州市
2019	苏州工业园区天意达化学技术有限公司	瞪羚	苏州市
2019	苏州大禹网络科技有限公司	瞪羚	苏州市
2019	苏州赛尔科技有限公司	瞪羚	苏州市
2019	天聚地合（苏州）数据股份有限公司	瞪羚	苏州市
2019	江苏风云科技服务有限公司	瞪羚	苏州市
2019	苏州工业园区耐斯达自动化技术有限公司	瞪羚	苏州市
2019	苏州美尔科自动化设备有限公司	瞪羚	苏州市
2019	聚灿光电科技股份有限公司	瞪羚	苏州市
2019	苏州聚阳环保科技股份有限公司	瞪羚	苏州市
2019	飞依诺科技（苏州）有限公司	瞪羚	苏州市
2019	卡博森斯化学科技（苏州）有限公司	瞪羚	苏州市
2019	金螳螂精装科技（苏州）有限公司	瞪羚	苏州市
2019	苏州金唯智生物科技有限公司	瞪羚	苏州市
2019	苏州泛普科技股份有限公司	瞪羚	苏州市
2019	江天精密制造科技（苏州）有限公司	瞪羚	苏州市

续表

年份	企业名称	类别	所在市
2019	雅玛信过滤器（苏州工业园区）科技有限公司	瞪羚	苏州市
2019	苏州思丹孚钻具有限公司	瞪羚	苏州市
2019	苏州雅睿生物技术有限公司	瞪羚	苏州市
2019	苏州工业园区咖乐美电器有限公司	瞪羚	苏州市
2019	江苏格朗瑞科技有限公司	瞪羚	苏州市
2019	苏州智绿环保科技有限公司	瞪羚	苏州市
2019	苏州新金相金属材料有限公司	瞪羚	苏州市
2019	江苏唯达水处理技术股份有限公司	瞪羚	苏州市
2019	智慧芽信息科技（苏州）有限公司	瞪羚	苏州市
2019	慧盾信息安全科技（苏州）股份有限公司	瞪羚	苏州市
2019	苏州涂冠镀膜科技有限公司	瞪羚	苏州市
2019	苏州罗博特科自动化设备有限公司	瞪羚	苏州市
2019	苏州超集信息科技有限公司	瞪羚	苏州市
2019	苏州众志医疗科技有限公司	瞪羚	苏州市
2019	苏州依斯倍环保装备科技有限公司	瞪羚	苏州市
2019	苏州爱知高斯电机有限公司	瞪羚	苏州市
2019	辉达生物医药（苏州）有限公司	瞪羚	苏州市
2019	盟拓软件（苏州）有限公司	瞪羚	苏州市
2019	信达生物制药（苏州）有限公司	瞪羚	苏州市
2019	苏州索泰检测技术服务股份有限公司	瞪羚	苏州市
2019	苏州宝优际科技股份有限公司	瞪羚	苏州市
2019	苏州方位通讯科技有限公司	瞪羚	苏州市
2019	苏州沃顿印刷有限公司	瞪羚	苏州市
2019	苏州鹭翔航空设备有限公司	瞪羚	苏州市
2019	苏州海光芯创光电科技有限公司	瞪羚	苏州市
2019	泛博制动部件（苏州）有限公司	瞪羚	苏州市
2019	荣捷生物工程（苏州）有限公司	瞪羚	苏州市
2019	江苏绿威环保科技有限公司	瞪羚	苏州市
2019	苏州纳新新能源科技有限公司	瞪羚	苏州市
2019	苏州艾吉威机器人有限公司	瞪羚	苏州市

续表

年份	企业名称	类别	所在市
2019	江苏北人机器人系统股份有限公司	瞪羚	苏州市
2019	苏州蓝博控制技术有限公司	瞪羚	苏州市
2019	华为数字技术（苏州）有限公司	瞪羚	苏州市
2019	天演药业（苏州）有限公司	瞪羚	苏州市
2019	苏州朗晟智能技术有限公司	瞪羚	苏州市
2019	苏州今蓝纳米科技有限公司	瞪羚	苏州市
2019	思瑞浦微电子科技（苏州）股份有限公司	瞪羚	苏州市
2019	苏州迈星机床有限公司	瞪羚	苏州市
2019	苏州恒元华建信息技术有限公司	瞪羚	苏州市
2019	维嘉数控科技（苏州）有限公司	瞪羚	苏州市
2019	江苏康众数字医疗设备有限公司	瞪羚	苏州市
2019	苏州顺芯半导体有限公司	瞪羚	苏州市
2019	苏州维旺科技有限公司	瞪羚	苏州市
2019	艾曼斯（苏州）工程塑料有限公司	瞪羚	苏州市
2019	智原微电子（苏州）有限公司	瞪羚	苏州市
2019	苏州一航电子科技股份有限公司	瞪羚	苏州市
2019	苏州思迈尔电子设备有限公司	瞪羚	苏州市
2019	苏州敏芯微电子技术股份有限公司	瞪羚	苏州市
2019	苏州纳微科技有限公司	瞪羚	苏州市
2019	苏州朗润医疗系统有限公司	瞪羚	苏州市
2019	苏州博能炉窑科技有限公司	瞪羚	苏州市
2019	苏州丰年科技股份有限公司	瞪羚	苏州市
2019	维林光电（苏州）有限公司	瞪羚	苏州市
2019	苏州苏试试验集团股份有限公司	瞪羚	苏州市
2019	康帝雅高档面料（苏州）有限公司	瞪羚	苏州市
2019	苏州度辰新材料有限公司	瞪羚	苏州市
2019	苏州博创集成电路设计有限公司	瞪羚	苏州市
2019	苏州旭创科技有限公司	瞪羚	苏州市
2019	苏州天加新材料股份有限公司	瞪羚	苏州市
2019	苏州硒谷科技有限公司	瞪羚	苏州市

续表

年份	企业名称	类别	所在市
2019	牧东光电科技有限公司	瞪羚	苏州市
2019	苏州纳康生物科技有限公司	瞪羚	苏州市
2019	爱捷精密设备（苏州）有限公司	瞪羚	苏州市
2019	苏州康宁杰瑞生物科技有限公司	瞪羚	苏州市
2019	苏州优备精密智能装备股份有限公司	瞪羚	苏州市
2019	江苏汇博机器人技术股份有限公司	瞪羚	苏州市
2019	苏州华碧微科检测技术有限公司	瞪羚	苏州市
2019	苏州迅镭激光科技有限公司	瞪羚	苏州市
2019	艾迪康科技（苏州）有限公司	瞪羚	苏州市
2019	爱发科电子材料（苏州）有限公司	瞪羚	苏州市
2019	苏州凌创电子科技有限公司	瞪羚	苏州市
2019	苏州新代数控设备有限公司	瞪羚	苏州市
2019	苏州闻道网络科技股份有限公司	瞪羚	苏州市
2019	江苏浩欧博生物医药股份有限公司	瞪羚	苏州市
2019	苏州天奇安激光设备有限公司	瞪羚	苏州市
2019	哈德逊（苏州）水技术有限公司	瞪羚	苏州市
2019	苏州金螳螂园林绿化景观有限公司	瞪羚	苏州市
2019	苏州沛德导热材料有限公司	瞪羚	苏州市
2019	利穗科技（苏州）有限公司	瞪羚	苏州市
2019	飞利浦医疗（苏州）有限公司	瞪羚	苏州市
2019	亚杰科技（江苏）有限公司	瞪羚	苏州市
2019	苏州天隆生物科技有限公司	瞪羚	苏州市
2019	中国科学院苏州纳米技术与纳米仿生研究所	瞪羚	苏州市
2019	盛科网络（苏州）有限公司	瞪羚	苏州市
2019	苏州市新鸿基精密部品有限公司	瞪羚	苏州市
2019	泽尼特泵业（中国）有限公司	瞪羚	苏州市
2019	银科环企软件（苏州）有限公司	瞪羚	苏州市
2019	苏州快可光伏电子股份有限公司	瞪羚	苏州市
2019	威格气体纯化科技（苏州）股份有限公司	瞪羚	苏州市
2019	苏州市软件评测中心有限公司	瞪羚	苏州市

续表

年份	企业名称	类别	所在市
2019	康德瑞恩电磁技术（苏州）有限公司	瞪羚	苏州市
2019	苏州华兴源创电子科技股份有限公司	瞪羚	苏州市
2019	伟杰科技（苏州）有限公司	瞪羚	苏州市
2019	苏州创易技研股份有限公司	瞪羚	苏州市
2019	华澳轮胎设备科技（苏州）股份有限公司	瞪羚	苏州市
2019	米巴精密零部件（中国）有限公司	瞪羚	苏州市
2019	苏州摩利自动化控制技术有限公司	瞪羚	苏州市
2019	苏州格莱博扫描有限公司	瞪羚	苏州市
2019	苏州艾隆科技股份有限公司	瞪羚	苏州市
2019	东富科精密仪器（苏州）有限公司	瞪羚	苏州市
2019	苏州金楷科技有限公司	瞪羚	苏州市
2019	苏州工业园区高泰电子有限公司	瞪羚	苏州市
2019	苏州矽微电子科技有限公司	瞪羚	苏州市
2019	苏州鑫捷顺五金机电有限公司	瞪羚	苏州市
2019	网经科技（苏州）有限公司	瞪羚	苏州市
2019	创达特（苏州）科技有限责任公司	瞪羚	苏州市
2019	吉孚动力技术（中国）有限公司	瞪羚	苏州市
2019	江苏神彩科技股份有限公司	瞪羚	苏州市
2019	斯丹德汽车系统（苏州）有限公司	瞪羚	苏州市
2019	美博科技（苏州）有限公司	瞪羚	苏州市
2019	福斯流体控制（苏州）有限公司	瞪羚	苏州市
2019	苏州工业园区格网信息科技有限公司	瞪羚	苏州市
2019	苏州首创嘉净环保科技股份有限公司	瞪羚	苏州市
2019	卓研精密工业（苏州）有限公司	瞪羚	苏州市
2019	科瑞自动化技术（苏州）有限公司	瞪羚	苏州市
2019	苏州好玩友网络科技有限公司	瞪羚	苏州市
2019	昆山大桔装饰材料有限公司	瞪羚	苏州市
2019	江苏伊诺尔新材料科技有限公司	瞪羚	苏州市
2019	昆山开信精工机械股份有限公司	瞪羚	苏州市
2019	苏州安可信通信技术有限公司	瞪羚	苏州市

续表

年份	企业名称	类别	所在市
2019	悦利电气（江苏）有限公司	瞪羚	苏州市
2019	江苏国网自控科技股份有限公司	瞪羚	苏州市
2019	昆山海为自动化有限公司	瞪羚	苏州市
2019	苏州奥德机械有限公司	瞪羚	苏州市
2019	昆山丘钛微电子科技有限公司	瞪羚	苏州市
2019	昆山神舟电脑有限公司	瞪羚	苏州市
2019	昆山希盟自动化科技有限公司	瞪羚	苏州市
2019	昆山广谦电子有限公司	瞪羚	苏州市
2019	昆山力普电子橡胶有限公司	瞪羚	苏州市
2019	万润科技精机（昆山）有限公司	瞪羚	苏州市
2019	昆山市杰尔电子科技股份有限公司	瞪羚	苏州市
2019	昆山佰奥智能装备股份有限公司	瞪羚	苏州市
2019	江苏杰士德精密工业有限公司	瞪羚	苏州市
2019	昆山光曜电子科技有限公司	瞪羚	苏州市
2019	江苏天瑞仪器股份有限公司	瞪羚	苏州市
2019	江苏特思达电子科技股份有限公司	瞪羚	苏州市
2019	盖尔瑞孚艾斯曼（昆山）汽车零部件有限公司	瞪羚	苏州市
2019	昆山力盟机械工业有限公司	瞪羚	苏州市
2019	江苏盛鸿大业智能科技股份有限公司	瞪羚	苏州市
2019	江苏盛纺纳米材料科技股份有限公司	瞪羚	苏州市
2019	江苏凯弘新能源管理有限公司	瞪羚	苏州市
2019	常熟宝升精冲材料有限公司	瞪羚	苏州市
2019	常熟中佳新材料有限公司	瞪羚	苏州市
2019	苏州标新力亿信息科技有限公司	瞪羚	苏州市
2019	加通汽车内饰（常熟）有限公司	瞪羚	苏州市
2019	常熟雅致模块化建筑有限公司	瞪羚	苏州市
2019	苏州英华特涡旋技术有限公司	瞪羚	苏州市
2019	苏州金山太阳能科技有限公司	瞪羚	苏州市
2019	苏州昌恒精密金属压铸有限公司	瞪羚	苏州市
2019	苏州海德新材料科技股份有限公司	瞪羚	苏州市

续表

年份	企业名称	类别	所在市
2019	施泰尔精密机械（常熟）有限公司	瞪羚	苏州市
2019	索特传动设备有限公司	瞪羚	苏州市
2019	迪思特空气处理设备（常熟）有限公司	瞪羚	苏州市
2019	常熟东南相互电子有限公司	瞪羚	苏州市
2019	西部技研环保节能设备（常熟）有限公司	瞪羚	苏州市
2019	常熟生益科技有限公司	瞪羚	苏州市
2019	江苏中利电子信息科技有限公司	瞪羚	苏州市
2019	苏州腾晖光伏技术有限公司	瞪羚	苏州市
2019	江苏创景科技有限公司	瞪羚	苏州市
2019	席梦思床褥家具（苏州）有限公司	瞪羚	苏州市
2019	吴江京奕特种纤维有限公司	瞪羚	苏州市
2019	伟速达（中国）汽车安全系统有限公司	瞪羚	苏州市
2019	苏州美源达环保科技股份有限公司	瞪羚	苏州市
2019	太仓冠联高分子材料有限公司	瞪羚	苏州市
2019	苏州金江铜业有限公司	瞪羚	苏州市
2019	洋保电子（太仓）有限公司	瞪羚	苏州市
2019	博格华纳汽车零部件（江苏）有限公司	瞪羚	苏州市
2019	南阳防爆（苏州）特种装备有限公司	瞪羚	苏州市
2019	苏州银海机电科技有限公司	瞪羚	苏州市
2019	苏州铁近机电科技股份有限公司	瞪羚	苏州市
2019	苏州固泰新材股份有限公司	瞪羚	苏州市
2019	中广核达胜加速器技术有限公司	瞪羚	苏州市
2019	德米特（苏州）电子环保材料有限公司	瞪羚	苏州市
2019	苏州顶裕节能设备有限公司	瞪羚	苏州市
2019	大峡谷光电科技（苏州）有限公司	瞪羚	苏州市
2019	苏州欧圣电气股份有限公司	瞪羚	苏州市
2019	苏州欧普照明有限公司	瞪羚	苏州市
2019	苏州东亚机械铸造有限公司	瞪羚	苏州市
2019	苏州好特斯模具有限公司	瞪羚	苏州市
2019	苏州三值精密仪器有限公司	瞪羚	苏州市

续表

年份	企业名称	类别	所在市
2019	苏州先锋物流装备科技有限公司	瞪羚	苏州市
2019	华灿光电（苏州）有限公司	瞪羚	苏州市
2019	江苏哈工药机科技股份有限公司	瞪羚	苏州市
2019	江苏长隆石化装备有限公司	瞪羚	苏州市
2019	江苏朗信电气有限公司	瞪羚	苏州市
2019	科泰科技（张家港）机械有限公司	瞪羚	苏州市
2019	苏州中固建筑科技股份有限公司	瞪羚	苏州市
2019	苏州朗威电子机械股份有限公司	瞪羚	苏州市
2019	苏州天禄光科技股份有限公司	瞪羚	苏州市
2019	苏州帝瀚环保科技股份有限公司	瞪羚	苏州市
2019	苏州市商祺光电有限公司	瞪羚	苏州市
2019	苏州仕净环保科技股份有限公司	瞪羚	苏州市
2019	苏州铜盟电气有限公司	瞪羚	苏州市
2019	强龙科技（苏州）有限公司	瞪羚	苏州市
2019	苏州领裕电子科技有限公司	瞪羚	苏州市
2019	南通百纳数码新材料有限公司	瞪羚	南通市
2019	南通庞源机械工程有限公司	瞪羚	南通市
2019	江苏甬金金属科技有限公司	瞪羚	南通市
2019	江苏德明新材料有限公司	瞪羚	南通市
2019	广东鸿图南通压铸有限公司	瞪羚	南通市
2019	广东鸿泰南通精机科技有限公司	瞪羚	南通市
2019	江苏通盛换热器有限公司	瞪羚	南通市
2019	江苏辰星药业股份有限公司	瞪羚	南通市
2019	海迪科（南通）光电科技有限公司	瞪羚	南通市
2019	南通恒康数控机械股份有限公司	瞪羚	南通市
2019	南通国谊锻压机床有限公司	瞪羚	南通市
2019	南通华东油压科技有限公司	瞪羚	南通市
2019	江苏宝众宝达药业有限公司	瞪羚	南通市
2019	南通新昱化工有限公司	瞪羚	南通市
2019	江苏弘盛新材料股份有限公司	瞪羚	南通市

续表

年份	企业名称	类别	所在市
2019	江苏瑞恩电气股份有限公司	瞪羚	南通市
2019	南通大通电气有限公司	瞪羚	南通市
2019	连云港润众制药有限公司	瞪羚	连云港市
2019	中复神鹰碳纤维有限责任公司	瞪羚	连云港市
2019	江苏麒祥高新材料有限公司	瞪羚	淮安市
2019	盐城林达变压器制造有限公司	瞪羚	盐城市
2019	江苏博克斯科技股份有限公司	瞪羚	盐城市
2019	扬州哈迪特新材料有限公司	瞪羚	扬州市
2019	艾博白云电气技术（扬州）有限公司	瞪羚	扬州市
2019	扬州杰利半导体有限公司	瞪羚	扬州市
2019	扬州扬杰电子科技股份有限公司	瞪羚	扬州市
2019	扬州春天线缆有限公司	瞪羚	扬州市
2019	扬州市永诚电器线缆有限公司	瞪羚	扬州市
2019	江苏美科硅能源有限公司	瞪羚	镇江市
2019	江苏淘镜有限公司	瞪羚	镇江市
2019	江苏唯益换热器有限公司	瞪羚	镇江市
2019	江苏硕世生物科技有限公司	瞪羚	泰州市
2019	江苏康为世纪生物科技有限公司	瞪羚	泰州市
2019	瑞莱生物科技江苏有限公司	瞪羚	泰州市
2019	江苏爱源医疗科技股份有限公司	瞪羚	泰州市
2019	扬子江药业集团江苏海慈生物药业有限公司	瞪羚	泰州市
2019	江苏德福来汽车部件有限公司	瞪羚	泰州市
2019	江苏博迁新材料股份有限公司	瞪羚	宿迁市
2019	江苏北斗星通汽车电子有限公司	瞪羚	宿迁市
2019	宿迁科思化学有限公司	瞪羚	宿迁市
2019	江苏辰宇电气有限公司	瞪羚	宿迁市
2019	新亚强硅化学股份有限公司	瞪羚	宿迁市
2019	江苏惠然实业有限公司	瞪羚	宿迁市
2020	南京世和基因生物技术股份有限公司	独角兽	南京市
2020	南京传奇生物科技有限公司	独角兽	南京市

续表

年份	企业名称	类别	所在市
2020	南京领行科技股份有限公司	独角兽	南京市
2020	南京诺唯赞生物科技有限公司	独角兽	南京市
2020	江苏康众汽配有限公司	独角兽	南京市
2020	汇通达网络股份有限公司	独角兽	南京市
2020	好享家舒适智能家居股份有限公司	独角兽	南京市
2020	魔门塔（苏州）科技有限公司	独角兽	苏州市
2020	南京芯驰半导体科技有限公司	潜在独角兽	南京市
2020	南京英锐创电子科技有限公司	潜在独角兽	南京市
2020	江苏塔菲尔新能源科技股份有限公司	潜在独角兽	南京市
2020	南京甄视智能科技有限公司	潜在独角兽	南京市
2020	江苏跨境电子商务服务有限公司	潜在独角兽	南京市
2020	南京岚煜生物科技有限公司	潜在独角兽	南京市
2020	南京乐韵瑞信息技术有限公司	潜在独角兽	南京市
2020	南京易米云通网络科技有限公司	潜在独角兽	南京市
2020	南京麦澜德医疗科技有限公司	潜在独角兽	南京市
2020	江苏赛博空间科学技术有限公司	潜在独角兽	南京市
2020	南京三迭纪医药科技有限公司	潜在独角兽	南京市
2020	南京快轮智能科技有限公司	潜在独角兽	南京市
2020	南京仁迈生物科技有限公司	潜在独角兽	南京市
2020	先声医学诊断有限公司	潜在独角兽	南京市
2020	南京文火传媒有限公司	潜在独角兽	南京市
2020	南京江行联加智能科技有限公司	潜在独角兽	南京市
2020	迪哲（江苏）医药有限公司	潜在独角兽	无锡市
2020	江苏微导纳米科技股份有限公司	潜在独角兽	无锡市
2020	无锡朗贤轻量化科技股份有限公司	潜在独角兽	无锡市
2020	芯河半导体科技（无锡）有限公司	潜在独角兽	无锡市
2020	无锡航亚科技股份有限公司	潜在独角兽	无锡市
2020	江苏日托光伏科技股份有限公司	潜在独角兽	无锡市
2020	无锡林泰克斯汽车部件有限公司	潜在独角兽	无锡市
2020	中芯长电半导体（江阴）有限公司	潜在独角兽	无锡市

续表

年份	企业名称	类别	所在市
2020	江苏法尔胜光电科技有限公司	潜在独角兽	无锡市
2020	江苏中宏环保科技有限公司	潜在独角兽	无锡市
2020	常州聚和新材料股份有限公司	潜在独角兽	常州市
2020	健亚（常州）生物技术有限公司	潜在独角兽	常州市
2020	常州世竟液态金属有限公司	潜在独角兽	常州市
2020	常州纵慧芯光半导体科技有限公司	潜在独角兽	常州市
2020	江苏高凯精密流体技术股份有限公司	潜在独角兽	常州市
2020	溧阳天目先导电池材料科技有限公司	潜在独角兽	常州市
2020	江苏云学堂网络科技有限公司	潜在独角兽	苏州市
2020	怡道生物科技（苏州）有限公司	潜在独角兽	苏州市
2020	诺一迈尔（苏州）医学科技有限公司	潜在独角兽	苏州市
2020	苏州福莱盈电子有限公司	潜在独角兽	苏州市
2020	苏州特瑞药业有限公司	潜在独角兽	苏州市
2020	苏州伽蓝致远电子科技股份有限公司	潜在独角兽	苏州市
2020	苏州长光华芯光电技术有限公司	潜在独角兽	苏州市
2020	苏州晶银新材料股份有限公司	潜在独角兽	苏州市
2020	苏州万店掌网络科技有限公司	潜在独角兽	苏州市
2020	苏州无双医疗设备有限公司	潜在独角兽	苏州市
2020	苏州加拉泰克动力有限公司	潜在独角兽	苏州市
2020	苏州裕太车通电子科技有限公司	潜在独角兽	苏州市
2020	苏州倍丰激光科技有限公司	潜在独角兽	苏州市
2020	苏州清听声学科技有限公司	潜在独角兽	苏州市
2020	快住智能科技（苏州）有限公司	潜在独角兽	苏州市
2020	迈博斯生物医药（苏州）有限公司	潜在独角兽	苏州市
2020	苏州和阳智能制造股份有限公司	潜在独角兽	苏州市
2020	和铂医药（苏州）有限公司	潜在独角兽	苏州市
2020	天聚地合（苏州）数据股份有限公司	潜在独角兽	苏州市
2020	天演药业（苏州）有限公司	潜在独角兽	苏州市
2020	八爪鱼在线旅游发展有限公司	潜在独角兽	苏州市
2020	苏州鲜橙科技有限公司	潜在独角兽	苏州市

续表

年份	企业名称	类别	所在市
2020	苏州易卖东西信息技术有限公司	潜在独角兽	苏州市
2020	苏州朗动网络科技有限公司	潜在独角兽	苏州市
2020	苏州景昱医疗器械有限公司	潜在独角兽	苏州市
2020	苏州叠纸网络科技股份有限公司	潜在独角兽	苏州市
2020	苏州贝康医疗器械有限公司	潜在独角兽	苏州市
2020	苏州跃盟信息科技有限公司	潜在独角兽	苏州市
2020	苏州晶湛半导体有限公司	潜在独角兽	苏州市
2020	苏州画你爱萌网络科技有限公司	潜在独角兽	苏州市
2020	苏州迈瑞微电子有限公司	潜在独角兽	苏州市
2020	苏州引航生物科技有限公司	潜在独角兽	苏州市
2020	兴盟生物医药（苏州）有限公司	潜在独角兽	苏州市
2020	苏州博纳讯动软件有限公司	潜在独角兽	苏州市
2020	苏州源卓光电科技有限公司	潜在独角兽	苏州市
2020	凯美瑞德（苏州）信息科技股份有限公司	潜在独角兽	苏州市
2020	苏州牧星智能科技有限公司	潜在独角兽	苏州市
2020	苏州易锐光电科技有限公司	潜在独角兽	苏州市
2020	益萃网络科技（中国）有限公司	潜在独角兽	苏州市
2020	苏州优乐赛供应链管理有限公司	潜在独角兽	苏州市
2020	知行汽车科技（苏州）有限公司	潜在独角兽	苏州市
2020	苏州克睿基因生物科技有限公司	潜在独角兽	苏州市
2020	度亘激光技术（苏州）有限公司	潜在独角兽	苏州市
2020	鼎科医疗技术（苏州）有限公司	潜在独角兽	苏州市
2020	苏州极目机器人科技有限公司	潜在独角兽	苏州市
2020	苏州蠡康合生物医药科技有限公司	潜在独角兽	苏州市
2020	苏桥生物（苏州）有限公司	潜在独角兽	苏州市
2020	苏州桐力光电股份有限公司	潜在独角兽	苏州市
2020	苏州能讯高能半导体有限公司	潜在独角兽	苏州市
2020	昆山新蕴达生物科技有限公司	潜在独角兽	苏州市
2020	好活（昆山）网络科技有限公司	潜在独角兽	苏州市
2020	苏州康乃德生物医药有限公司	潜在独角兽	苏州市

续表

年份	企业名称	类别	所在市
2020	英诺赛科（苏州）半导体有限公司	潜在独角兽	苏州市
2020	苏州绿的谐波传动科技股份有限公司	潜在独角兽	苏州市
2020	凯博易控车辆科技（苏州）有限公司	潜在独角兽	苏州市
2020	苏州杰锐思智能科技股份有限公司	潜在独角兽	苏州市
2020	苏州天瞳威视电子科技有限公司	潜在独角兽	苏州市
2020	苏州智加科技有限公司	潜在独角兽	苏州市
2020	格陆博科技有限公司	潜在独角兽	南通市
2020	江苏艾科维科技有限公司	潜在独角兽	淮安市
2020	泰州亿腾景昂药业股份有限公司	潜在独角兽	泰州市
2020	江苏苠信生物医药有限公司	潜在独角兽	泰州市
2020	鲲鱼健康药业江苏有限公司	潜在独角兽	泰州市
2020	江苏中慧元通生物科技有限公司	潜在独角兽	泰州市
2020	宿迁联盛科技股份有限公司	潜在独角兽	宿迁市
2020	南京药石科技股份有限公司	瞪羚	南京市
2020	南京领先环保技术股份有限公司	瞪羚	南京市
2020	江苏瑞银科技有限公司	瞪羚	南京市
2020	南京杰运医药科技有限公司	瞪羚	南京市
2020	江苏中谱检测有限公司	瞪羚	南京市
2020	江苏威凯尔医药科技有限公司	瞪羚	南京市
2020	南京志卓电子科技有限公司	瞪羚	南京市
2020	南京富润凯德生物医药有限公司	瞪羚	南京市
2020	江苏中圣压力容器装备制造有限公司	瞪羚	南京市
2020	江苏由甲申田新能源科技有限公司	瞪羚	南京市
2020	江苏环保产业技术研究院股份公司	瞪羚	南京市
2020	中车南京浦镇车辆有限公司	瞪羚	南京市
2020	南京软通动力信息技术服务有限公司	瞪羚	南京市
2020	南京泉峰汽车精密技术股份有限公司	瞪羚	南京市
2020	延锋伟世通电子科技（南京）有限公司	瞪羚	南京市
2020	南界乐韵瑞彳目息技术有限公司	瞪羚	南京市
2020	南京甄视智能科技有限公司	瞪羚	南京市

续表

年份	企业名称	类别	所在市
2020	江苏金智教育信息股份有限公司	瞪羚	南京市
2020	南京慧尔视智能科技有限公司	瞪羚	南京市
2020	南京汀原安迪科正电子研究发展有限公司	瞪羚	南京市
2020	南京迈瑞生物医疗电子有限公司	瞪羚	南京市
2020	南京万德斯环保科技股份有限公司	瞪羚	南京市
2020	南界磁谷科技有限公司	瞪羚	南京市
2020	南京优速网络科技有限公司	瞪羚	南京市
2020	南京大全自动化科技有限公司	瞪羚	南京市
2020	南京天祇软件有限公司	瞪羚	南京市
2020	南京贝迪电子有限公司	瞪羚	南京市
2020	南京环保产业创新中心有限公司	瞪羚	南京市
2020	南京高精轨道交通设备有限公司	瞪羚	南京市
2020	南京机器岛智能科技有限公司	瞪羚	南京市
2020	江苏大全高压开关有限公司	瞪羚	南京市
2020	中苏科技股份有限公司	瞪羚	南京市
2020	南京科远驱动技术有限公司	瞪羚	南京市
2020	南京优能特电力科技发展有限公司	瞪羚	南京市
2020	南京乐鹰商用厨房设备有限公司	瞪羚	南京市
2020	南京濠曝通讯科技有限公司	瞪羚	南京市
2020	南京生兴有害生物防治技术股份有限公司	瞪羚	南京市
2020	南京永能新材料有限公司	瞪羚	南京市
2020	南京埃斯顿机器人工程有限公司	瞪羚	南京市
2020	江苏和泽干细胞基因工程有限公司	瞪羚	南京市
2020	南京汽轮电机长风新能源股份有限公司	瞪羚	南京市
2020	南京英尼格玛工业自动化技术有限公司	瞪羚	南京市
2020	中船重工鹏力（南京）超低温技术有限公司	瞪羚	南京市
2020	南京麦澜德医疗科技有限公司	瞪羚	南京市
2020	南京龙渊微电子科技有限公司	瞪羚	南京市
2020	南京诺唯赞生物科技股份有限公司	瞪羚	南京市
2020	江苏量为石科技股份有限公司	瞪羚	南京市

续表

年份	企业名称	类别	所在市
2020	南京占一科技有限公司	瞪羚	南京市
2020	南京中科煜宸激光技术有限公司	瞪羚	南京市
2020	南京中认南信检测技术有限公司	瞪羚	南京市
2020	南京高光半导体材料有限公司	瞪羚	南京市
2020	南京拓界信息技术有限公司	瞪羚	南京市
2020	南京索酷信息科技股份有限公司	瞪羚	南京市
2020	南京诺丹工程技术有限公司	瞪羚	南京市
2020	南京斯坦德云科技股份有限公司	瞪羚	南京市
2020	南京壹进制信息科技有限公司	瞪羚	南京市
2020	南京云创大数据科技股份有限公司	瞪羚	南京市
2020	南京冠盛汽配有限公司	瞪羚	南京市
2020	南京德普瑞克催化器有限公司	瞪羚	南京市
2020	南京卓能机械设备有限公司	瞪羚	南京市
2020	南京同尔电子科技有限公司	瞪羚	南京市
2020	南京宁粮生物工程有限公司	瞪羚	南京市
2020	江苏南资环保科技有限公司	瞪羚	南京市
2020	南京正源搪瓷设备制造有限公司	瞪羚	南京市
2020	南京海泰医疗信息系统有限公司	瞪羚	南京市
2020	江苏万邦微电子有限公司	瞪羚	南京市
2020	无锡中微高科电子有限公司	瞪羚	无锡市
2020	江苏税软软件科技有限公司	瞪羚	无锡市
2020	无锡深南电路有限公司	瞪羚	无锡市
2020	永中软件股份有限公司	瞪羚	无锡市
2020	江苏智恒信息科技服务有限公司	瞪羚	无锡市
2020	北京中石伟业科技无锡有限公司	瞪羚	无锡市
2020	无锡英臻科技有限公司	瞪羚	无锡市
2020	无锡邑文电子科技有限公司	瞪羚	无锡市
2020	无锡凯乐士科技有限公司	瞪羚	无锡市
2020	无锡航亚科技股份有限公司	瞪羚	无锡市
2020	无锡市江松科技有限公司	瞪羚	无锡市

续表

年份	企业名称	类别	所在市
2020	无锡晶晟科技股份有限公司	瞪羚	无锡市
2020	无锡市凯奥善生物医药科技有限公司	瞪羚	无锡市
2020	无锡斯考尔自动控制设备有限公司	瞪羚	无锡市
2020	格林美（无锡）能源材料有限公司	瞪羚	无锡市
2020	无锡齐恩科技有限公司	瞪羚	无锡市
2020	腾达航勤设备（无锡）有限公司	瞪羚	无锡市
2020	无锡品冠物联科技有限公司	瞪羚	无锡市
2020	江苏三联生物工程有限公司	瞪羚	无锡市
2020	无锡创新网网络安全股份有限公司	瞪羚	无锡市
2020	无锡紫光微电子有限公司	瞪羚	无锡市
2020	无锡扬晟科技股份有限公司	瞪羚	无锡市
2020	无锡英威腾电梯控制技术有限公司	瞪羚	无锡市
2020	江苏锡压石化装备有限公司	瞪羚	无锡市
2020	无锡威孚施密特动力系统零部件有限公司	瞪羚	无锡市
2020	无锡亿能电力设备股份有限公司	瞪羚	无锡市
2020	无锡华利特纸制品有限公司	瞪羚	无锡市
2020	无锡影速半导体科技有限公司	瞪羚	无锡市
2020	无锡晶哲科技有限公司	瞪羚	无锡市
2020	无锡冠亚恒温制冷技术有限公司	瞪羚	无锡市
2020	无锡海斯凯尔医学技术有限公司	瞪羚	无锡市
2020	无锡美偌科微电子有限公司	瞪羚	无锡市
2020	无锡圣敏传感科技股份有限公司	瞪羚	无锡市
2020	无锡市保时龙塑业有限公司	瞪羚	无锡市
2020	无锡新中瑞婴儿用品有限公司	瞪羚	无锡市
2020	无锡倍安杰机械科技有限公司	瞪羚	无锡市
2020	无锡凌志软件有限公司	瞪羚	无锡市
2020	无锡和晶信息技术有限公司	瞪羚	无锡市
2020	江苏中科君芯科技有限公司	瞪羚	无锡市
2020	无锡威孚中意齿轮有限责任公司	瞪羚	无锡市
2020	无锡昆仑富士仪表有限公司	瞪羚	无锡市

续表

年份	企业名称	类别	所在市
2020	六合科技无锡有限公司	瞪羚	无锡市
2020	无锡天芯互联科技有限公司	瞪羚	无锡市
2020	江苏大信环境科技有限公司	瞪羚	无锡市
2020	江苏碧诺环保科技有限公司	瞪羚	无锡市
2020	江苏紫米电子技术有限公司	瞪羚	无锡市
2020	星科金朋半导体（江阴）有限公司	瞪羚	无锡市
2020	中芯长电半导体（江阴）有限公司	瞪羚	无锡市
2020	无锡佰翱得生物科学有限公司	瞪羚	无锡市
2020	江阴市华硕机械制造有限公司	瞪羚	无锡市
2020	江阴塞特精密工具有限公司	瞪羚	无锡市
2020	江苏风和医疗器材股份有限公司	瞪羚	无锡市
2020	江苏华西村海洋工程服务有限公司	瞪羚	无锡市
2020	江阴市凯业纺织机械制造有限公司	瞪羚	无锡市
2020	江阴金缘锯业有限公司	瞪羚	无锡市
2020	江阴市天柠管道有限公司	瞪羚	无锡市
2020	江苏力博医药生物技术股份有限公司	瞪羚	无锡市
2020	江苏淮海新能源车辆有限公司	瞪羚	徐州市
2020	徐州万达回转支承有限公司	瞪羚	徐州市
2020	徐州华夏电子有限公司	瞪羚	徐州市
2020	江苏中机矿山设备有限公司	瞪羚	徐州市
2020	江苏影速光电技术有限公司	瞪羚	徐州市
2020	贸联电子（常州）有限公司	瞪羚	常州市
2020	联影（常州）医疗科技有限公司	瞪羚	常州市
2020	天合光能（常州）科技有限公司	瞪羚	常州市
2020	常州聚和新材料股份有限公司	瞪羚	常州市
2020	常州市永丰新材料科技有限公司	瞪羚	常州市
2020	江苏鑫亿软件股份有限公司	瞪羚	常州市
2020	常州伟博海泰生物科技有限公司	瞪羚	常州市
2020	常州众信联合汽车机械制造有限公司	瞪羚	常州市
2020	江苏正能量新材料科技有限公司	瞪羚	常州市

续表

年份	企业名称	类别	所在市
2020	常州市康心医疗器械有限公司	瞪羚	常州市
2020	常州飞宇化工有限公司	瞪羚	常州市
2020	江苏三工建材科技有限公司	瞪羚	常州市
2020	天地（常州）自动化股份有限公司	瞪羚	常州市
2020	常州宏创车辆部件有限公司	瞪羚	常州市
2020	常州协发机械制造有限公司	瞪羚	常州市
2020	常州市顺祥新材料科技股份有限公司	瞪羚	常州市
2020	江苏盈天化学有限公司	瞪羚	常州市
2020	江苏三斯风电科技有限公司	瞪羚	常州市
2020	常州市罗军机械设备有限公司	瞪羚	常州市
2020	江苏瑞升华能源科技有限公司	瞪羚	常州市
2020	常州赛尔克瑞特电气有限公司	瞪羚	常州市
2020	常州三思环保科技有限公司	瞪羚	常州市
2020	常州鑫源盛德电子科技有限公司	瞪羚	常州市
2020	巨美（常州）工具有限公司	瞪羚	常州市
2020	江苏联慧资源环境科技有限公司	瞪羚	常州市
2020	常州欧亚重工机械有限公司	瞪羚	常州市
2020	江苏赞奇科技股份有限公司	瞪羚	常州市
2020	伟通工业设备（江苏）有限公司	瞪羚	常州市
2020	常州贺斯特科技股份有限公司	瞪羚	常州市
2020	常州华光建材科技有限公司	瞪羚	常州市
2020	派瑞格医疗器械（常州）有限公司	瞪羚	常州市
2020	江苏安瑞达新材料有限公司	瞪羚	常州市
2020	常州百瑞吉生物医药有限公司	瞪羚	常州市
2020	常州良旭车辆配件有限公司	瞪羚	常州市
2020	常州兰陵自动化设备有限公司	瞪羚	常州市
2020	常州药物研究所有限公司	瞪羚	常州市
2020	常州青峰亿康机械有限公司	瞪羚	常州市
2020	江苏众红生物工程创药研究院有限公司	瞪羚	常州市
2020	常州捷佳创精密机械有限公司	瞪羚	常州市

续表

年份	企业名称	类别	所在市
2020	安费诺汽车连接系统（常州）有限公司	瞪羚	常州市
2020	江苏达实久信数字医疗科技有限公司	瞪羚	常州市
2020	瑞声精密制造科技（常州）有限公司	瞪羚	常州市
2020	江苏今创交通设备有限公司	瞪羚	常州市
2020	柳工常州机械有限公司	瞪羚	常州市
2020	江苏万帮德和新能源科技股份有限公司	瞪羚	常州市
2020	安费诺（常州）高端连接器有限公司	瞪羚	常州市

参考文献

白雪：《以金融供给侧改革助力独角兽企业成长》，《人民论坛》2019年第25期。

不董：《创新与创业可以是一门科学吗？——埃里克·莱斯著〈精益创业新创企业的成长思维〉》，《北大商业评论》2015年第2期。

蔡莉、朱秀梅、刘预：《创业导向对新企业资源获取的影响研究》，《科学学研究》2011年第4期。

蔡宁、贺锦江、王节祥：《"互联网+"背景下的制度压力与企业创业战略选择——基于滴滴出行平台的案例研究》，《中国工业经济》2017年第3期。

曹方：《独角兽企业如何引领颠覆性创新?》，《高科技与产业化》2017年第1期。

曹前、沈丽珍、甄峰：《中国互联网企业空间演化与城市网络特征研究》，《人文地理》2018年第5期。

曹勇、秦以旭：《中国区域创新能力差异变动实证分析》，《中国人口·资源与环境》2012年第3期。

陈靖、徐建国、唐涯、陈戴希：《独角兽企业的兴起典型事实和驱动因素》，《上海金融》2019年第2期。

陈强、肖雨桐、刘笑：《京沪独角兽企业成长环境比较研究——城市创新创业生态体系的视角》，《同济大学学报》（社会科学版）2018年第5期。

池仁勇：《区域中小企业创新网络形成、结构属性与功能提升浙江省实证考察》，《管理世界》2005年第10期。

楚天骄、宋韬：《中国独角兽企业的空间分布及其影响因素研究》，

《世界地理研究》2017 年第 6 期。

党兴华、刘景东：《技术异质性及技术强度对突变创新的影响研究——基于资源整合能力的调节作用》，《科学学研究》2013 年第 1 期。

刁秀华、李姣姣、李宇：《高技术产业的企业规模质量、技术创新效率及区域差异的门槛效应》，《中国软科学》2018 年第 11 期。

段茹、李华晶：《创业型企业市场进入模式研究》，《科学学研究》2019 年第 8 期。

段姗、蒋泰维、张洁音、王镓利：《区域企业技术创新发展评价研究——浙江省、11 个设区市及各行业企业技术创新评价指标体系分析》，《中国软科学》2014 年第 5 期。

方创琳、马海涛、王振波、李广东：《中国创新型城市建设的综合评估与空间格局分异》，《地理学报》2014 年第 4 期。

符文颖：《地方创业与产业集群互动关系的研究进展与展望》，《地理科学进展》2018 年第 6 期。

盖文启、王缉慈：《论区域创新网络对我国高新技术中小企业发展的作用》，《中国软科学》1999 年第 9 期。

顾建平、邓荣霖：《企业家灵性资本如何影响团队创新绩效？——基于独角兽公司创业导向的视角》，《南京社会科学》2020 年第 1 期。

郭建华：《独角兽企业财务特征研究》，《经济师》2018 年第 11 期。

郭泉恩、孙斌栋：《中国高技术产业创新空间分布及其影响因素——基于面板数据的空间计量分析》，《地理科学进展》2016 年第 10 期。

郭韬、王晨、井润田：《区域软环境因素对高新技术企业成长的影响》，《科学学研究》2017 年第 7 期。

何雄浪、杨继瑞：《企业异质、产业集聚与区域发展差异——新新经济地理学的理论解释与拓展》，《学术月刊》2012 年第 7 期。

贺灿飞、朱彦刚、朱晟君：《产业特性、区域特征与中国制造业省区集聚》，《地理学报》2010 年第 10 期。

胡彬：《基于区域化生产平台的全球城市成长路径》，《城市问题》2014 年第 10 期。

胡峰、李晶、黄斌：《中国独角兽企业分析及其对江苏的启示》，《科技与经济》2016年第5期。

胡国建、陆玉麒：《基于企业视角的城市网络研究进展、思考和展望》，《地理科学进展》2020年第9期。

胡海青、李浩：《加速器支持、环境动态性与瞪羚企业突破式创新》，《科研管理》2015年第12期。

胡苏迪、丁少军、姜雅芯：《商业银行支持独角兽企业发展国际经验与启示》，《新金融》2019年第7期。

胡艳明：《中国"独角兽"大扫描"互联网+"领域占五成》，《中国中小企业》2018年第4期。

黄晓东、马海涛、苗长虹：《基于创新企业的中国城市网络联系特征》，《地理学报》2021年第4期。

贾佳美：《成长型中小企业技术创新对经营绩效的影响研究——以我国创业板企业为例》，《商场现代化》2017年第14期。

瞿肖怡、熊思勇、范小秋、杨莹：《创新驱动背景下苏州瞪羚企业发展现状分析》，《科技创新导报》2015年第31期。

李春秋、李然辉：《基于业务计划和收益的数据资产价值评估研究——以某独角兽公司数据资产价值评估为例》，《中国资产评估》2020年第10期。

李红松、熊莉：《高成长高科技企业资金运营特征——基于沪深股市上市公司样本数据》，《科技管理研究》2018年第6期。

李金华：《中国冠军企业、"独角兽"企业的发展现实与培育路径》，《深圳大学学报》（人文社会科学版）2019年第1期。

李兰冰、高雪莲、黄玖立：《"十四五"时期中国新型城镇化发展重大问题展望》，《管理世界》2020年第11期。

李奇霖、张德礼：《"独角兽"热潮下的冷思考》，《中国金融》2018年第12期。

李诗洋：《瞪羚企业高新区创新发展的新引擎》，《国际融资》2016年第10期。

李涛、唐子来、张伊娜、周锐：《中国城市体系资本支配和资本服务城市的演化》，《城市规划》2019年第1期。

李仙德：《基于上市公司网络的长三角城市网络空间结构研究》，《地理科学进展》2014年第12期。

李雪丹：《基于核心竞争力的瞪羚企业战略管理研究述评》，《时代金融》2017年第24期。

李焱：《中关村"独角兽"惊艳亮相》，《投资北京》2016年第5期。

李雨婕、肖黎明：《中国绿色金融网络空间结构特征及影响因素分析——基于企业—城市网络转译模型的视角》，《世界地理研究》2021年第1期。

林存文、吕庆华：《中国创意城市发展水平CATG评价模型及其实证》，《经济地理》2016年第3期。

林娟、张欣炜、汪明峰：《上海大都市区物联网产业集聚与空间演化》，《人文地理》2017年第3期。

刘刚、王宁：《创新区与新经济的起源关系和动力机制研究——基于北京海淀区独角兽企业的价值网络分析》，《南京社会科学》2018年第12期。

刘海兵、许庆瑞：《后发企业战略演进、创新范式与能力演化》，《科学学研究》2018年第8期。

刘可文、袁丰、潘坤友：《长江三角洲不同所有制企业空间组织网络演化分析》，《地理科学》2017年第5期。

刘砾丹、刘力臻：《高新技术企业成长性对资本结构动态调整的影响研究——基于不同成长阶段的实证分析》，《内蒙古社会科学》2020年第5期。

刘青、李贵才、仝德、栾晓帆：《基于ESDA的深圳市高新技术企业空间格局及影响因素》，《经济地理》2011年第6期。

刘莎莎、宋立丰、宋远方：《数字化情境下互联网独角兽的公司创业路径研究》，《科学学研究》2020年第1期。

刘曦子、王彦博、陈进：《互联网金融生态圈发展评价研究——以蚂蚁金服和京东金融为例》，《经济与管理评论》2017年第3期。

刘洋、董久钰、魏江：《数字创新管理理论框架与未来研究》，《管理世界》2020年第7期。

刘卓群：《我国独角兽企业的风险管理问题研究》，《知识经济》2017

年第 13 期。

柳卸林、胡志坚：《中国区域创新能力的分布与成因》，《科学学研究》2002 年第 5 期。

娄鹏震：《"独角兽"企业爆发探因》，《合作经济与科技》2021 年第 6 期。

卢方元、焦科研：《中国大中型工业企业技术创新区域差异分析》，《中国工业经济》2008 年第 2 期。

鲁诚至、刘愿：《区域创新网络、异质企业成长与区域创新》，《科研管理》2017 年第 2 期。

鲁桐：《"独角兽"回归对资本市场的挑战》，《中国金融》2018 年第 12 期。

路旭、马学广、李贵才：《基于国际高级生产者服务业布局的珠三角城市网络空间格局研究》，《经济地理》2012 年第 4 期。

吕国庆、曾刚、顾娜娜：《经济地理学视角下区域创新网络的研究综述》，《经济地理》2014 年第 2 期。

罗君：《高新技术企业的成长影响因素分析》，《现代商业》2018 年第 3 期。

罗利华、陈晓歌、陈红喜、姜春：《南京高新区瞪羚企业发展及对策研究》，《经济师》2018 年第 12 期。

罗世俊、焦华富、王秉建：《基于城市成长能力的长三角城市群空间发展态势分析》，《经济地理》2009 年第 3 期。

马丽亚、修春亮、冯兴华：《基于母子企业联系的东北三省城市网络特征》，《地理科学》2019 年第 7 期。

孟德友、陆玉麒：《基于引力模型的江苏区域经济联系强度与方向》，《地理科学进展》2009 年第 5 期。

孟军：《高成长企业的风险研究》，《经济视角》（中旬刊）2014 年第 1 期。

孟韬、徐广林：《专利申请、创业融资与独角兽企业估值及成长性》，《科学学研究》2020 年第 8 期。

苗长虹：《马歇尔产业区理论的复兴及其理论意义》，《地域研究与开发》2004 年第 1 期。

莫祯贞、王建：《场景新经济创新发生器》，《经济与管理》2018年第6期。

潘峰华、方成、李仙德：《中国城市网络研究评述与展望》，《地理科学》2019年第7期。

潘雄锋、刘凤朝：《中国区域工业企业技术创新效率变动及其收敛性研究》，《管理评论》2010年第2期。

彭伟、符正平：《权变视角下联盟网络与新创企业成长关系研究》，《管理学报》2014年第5期。

彭修竹、张子博、魏涛：《独角兽企业成长的影响因素及其金融扶持策略研究》，《时代金融》2020年第27期。

齐嘉：《促进我国民营企业高质量发展的政策思路——基于瞪羚企业扶持政策的效应分析》，《学习与实践》2019年第2期。

钱燕：《苏州独角兽企业培育基础与对策研究》，《苏州科技大学学报（社会科学版）》2018年第2期。

秦德生、陈楠：《中国独角兽企业发展的影响因素研究》，《价值工程》2019年第9期。

任声策、胡迟：《独角兽企业培育绩效的创业生态系统建设路径——基于模糊集定性比较分析的观点》，《技术经济》2019年第7期。

史璇、江春霞：《互联网"独角兽"企业社会责任的履行及治理》，《理论探讨》2019年第4期。

宋立丰、祁大伟、宋远方：《中国新兴独角兽企业估值比较基础与分析框架》，《科技进步与对策》2019年第3期。

苏勇、李作良、马文杰：《新兴经济国家后发企业战略转型演化路径、驱动因素——基于HTC的案例研究》，《研究与发展管理》2014年第2期。

谭一洺、杨永春、冷炳荣等：《基于高级生产者服务业视角的成渝地区城市网络体系》，《地理科学进展》2011年第6期。

滕堂伟、陈佳怡、司月芳：《国家高新区企业创新发展效应再认识——来自张江示范区的实证研究》，《科技进步与对策》2019年第13期。

万坤扬、陆文聪：《中国技术创新区域变化及其成因分析——基于面板数据的空间计量经济学模型》,《科学学研究》2010 年第 10 期。

汪蕾、张剑虎:《瞪羚企业认定是否提高了企业创新质量》,《科技进步与对策》2021 年第 8 期。

汪明峰、宁越敏:《城市的网络优势——中国互联网骨干网络结构与节点可达性分析》,《地理研究》2006 年第 2 期。

王爱群、王璐、郝毅:《高成长企业内部控制问题与对策》,《东北师大学报》(哲学社会科学版) 2016 年第 2 期。

王琛、林初昇、戴世续:《产业集群对技术创新的影响——以电子信息产业为例》,《地理研究》2012 年第 8 期。

王成刚、杨冬明、姚会文:《瞪羚企业内生增长的驱动器》,《科技创新与生产力》2011 年第 5 期。

王德禄:《"瞪羚企业"高新区发展的新动力》,《中国高新区》2007 年第 4 期。

王德禄、赵慕兰:《中国新经济发展之路脉络、经验与前瞻》,《新经济导刊》2019 年第 3 期。

王海东、武佳薇:《从美国 IPO 市场的萎缩看创新企业融资方式的变化》,《中国证券期货》2018 年第 5 期。

王灏晨、温珂:《新冠肺炎疫情的危中之机——加速我国数字化转型》,《科学学研究》2020 年第 3 期。

王缉慈、王可:《区域创新环境和企业根植性——兼论我国高新技术企业开发区的发展》,《地理研究》1999 年第 4 期。

王姣娥、莫辉辉、金凤君:《中国航空网络空间结构的复杂性》,《地理学报》2009 年第 8 期。

王列辉、朱艳:《基于"21 世纪海上丝绸之路"的中国国际航运网络演化》,《地理学报》2017 年第 12 期。

王益澄、陈璐璐、林雄斌、葛亚军:《中国独角兽企业空间分布特征及驱动要素研究》,《宁波大学学报》(理工版) 2021 年第 1 期。

魏守华、吴贵生、吕新雷:《区域创新能力的影响因素——兼评我国创新能力的地区差距》,《中国软科学》2010 年第 9 期。

吴贝贝、王胜男:《新经济下企业爆发式成长研究》,《中国市场》2017 年第 29 期。

吴康、方创琳、赵渺希:《中国城市网络的空间组织及其复杂性结构特征》,《地理研究》2015年第4期。

吴宁、蓝洁、周文鹏、王志玲:《青岛市高成长性高新技术企业特征研究》,《特区经济》2018年第4期。

武晋:《"独角兽"公司回归境内上市的投资者保护问题研究——以换股并购模式为视角》,《南方金融》2018年第7期。

武前波、宁越敏:《中国城市空间网络分析——基于电子信息企业生产网络视角》,《地理研究》2012年第2期。

谢平、周美琴、张楚信:《杭州高成长、创新型企业发展报告》,《杭州科技》2018年第1期。

徐青松、徐岚、王荣:《物流独角兽企业的培育和形成现状、典型特征和驱动因素》,《企业经济》2021年第1期。

徐珊:《区域知识溢出、产权性质与企业自主创新绩效——基于创新价值链的视角》,《当代财经》2019年第2期。

徐示波、陈晴、谷潇磊:《我国创新创业发展态势及应对策略》,《中国科技产业》2020年第7期。

许庆瑞、吴志岩、陈力田:《转型经济中企业自主创新能力演化路径及驱动因素分析——海尔集团1984—2013年的纵向案例研究》,《管理世界》2013年第4期。

闫冰竹:《以金融助推科技产业创新发展》,《中国金融》2012年第14期。

阎明宇:《基于创业网络的科技企业孵化器外部创新驱动机制》,《辽宁师范大学学报》(自然科学版)2014年第2期。

杨波、王核成、沈运红:《基于多层网络视角的核心企业成长位移研究》,《科技进步与对策》2011年第22期。

杨克威:《从独角兽企业分布特性谈培育经验》,《中国市场》2020年第9期。

叶琦林:《我国独角兽企业的发展态势分析——基于"北上杭深"四城市比较》,《中国集体经济》2018年第34期。

游达明、李志鹏、杨晓辉:《高新技术企业创新网络能力对创新网络绩效的影响路径》,《科学学与科学技术管理》2015年第2期。

余维臻、陈立峰、刘锋：《后发情境下创业企业如何成为"独角兽"——颠覆性创新视角的探索性案例研究》，《科学学研究》2021 年第 5 期。

余泳泽、刘大勇：《创新价值链视角下的我国区域创新效率提升路径研究》，《科研管理》2014 年第 5 期。

翟华云、方芳：《区域科技金融发展、R&D 投入与企业成长性研究——基于战略性新兴产业上市公司的经验证据》，《科技进步与对策》2014 年第 5 期。

张可：《产业集聚与区域创新的双向影响机制及检验——基于行业异质性视角的考察》，《审计与经济研究》2019 年第 4 期。

张利斌：《武汉东湖国家自主创新示范区瞪羚企业发展存在的问题及对策》，《绿色科技》2012 年第 4 期。

张柳、陈慧慧、刘青、安然：《典型城市科技小巨人政策比较及武汉对策研究》，《科技创业月刊》2018 年第 1 期。

张萌萌、李建华、裴冬雪、王辰：《高技术企业公司创业影响因素探析及模型构建》，《科研管理》2016 年第 7 期。

张倩、张玉喜：《区域金融发展、企业财务柔性与研发投入——以中小企业为例》，《科研管理》2020 年第 7 期。

张维迎、周黎安、顾全林：《高新技术企业的成长及其影响因素分位回归模型的一个应用》，《管理世界》2005 年第 10 期。

张秀娥、徐雪娇：《创业生态系统研究前沿探析与未来展望》，《当代经济管理》2017 年第 12 期。

张学艳、周小虎、王侨：《新经济独角兽企业的培育路径探析——以江苏省为例》，《科技管理研究》2020 年第 4 期。

张永安、耿喆、李晨光、王燕妮：《区域科技创新政策对企业创新绩效的影响效率研究》，《科学学与科学技术管理》2016 年第 8 期。

章立军：《区域创新环境与创新能力的系统性研究——基于省际数据的经验证据》，《财贸研究》2006 年第 5 期。

赵渺希：《长三角区域的网络交互作用与空间结构演化》，《地理研究》2011 年第 2 期。

赵渺希、李海燕：《基于企业网络的长三角多中心巨型城市区域演化研究》,《城乡规划》2019 年第 4 期。

赵炎、王冰、郑向杰:《联盟创新网络中企业的地理邻近性、区域位置与网络结构特征对创新绩效的影响——基于中国通讯设备行业的实证分析》,《研究与发展管理》2015 年第 1 期。

郑健壮:《独角兽企业现状、特征及发展对策》,《企业经济》2019 年第 12 期。

郑健壮、李佳欣:《地方创业生态系统对独角兽成长的影响以蚂蚁金服为例》,《科技和产业》2020 年第 12 期。

郑琼洁、姜卫民:《高成长企业发展研究报告——以南京为例》,中国社会科学出版社 2020 年版。

郑琼洁:《企业技术创新中的政府激励研究》,中国社会科学出版社 2017 年版。

郑琼洁、王高凤:《人工智能驱动制造业价值链攀升:何以可能,何以可为》,《江海学刊》2021 年第 4 期。

郑琼洁:《新时期小微文化企业金融创新的地方实践——以南京为例》,江苏人民出版社 2020 年版。

周晓艳、侯美玲、李霄雯:《独角兽企业内部联系视角下中国城市创新网络空间结构研究》,《地理科学进展》2020 年第 10 期。

朱婧、胡品平:《广东独角兽企业发展特点与趋势——基于〈2016 中国独角兽企业发展报告〉》,《科技创业月刊》2018 年第 2 期。

朱瑞博:《上海培育成长性企业和细分行业小巨人企业的问题与对策》,《科学发展》2019 年第 10 期。

庄雷、王烨:《金融科技创新对实体经济发展的影响机制研究》,《软科学》2019 年第 2 期。

Ai, M., Research on the Method of Predicting the Overvaluation of Unicorn Enterprises in China, *Academic Journal of Business & Management*, 2020, 2 (1).

Alderson, A. S., Beckfield, J., Power and Position in the World City System, *American Journal of Sociology*, 2004, 109 (4).

Alderson, A. S., Beckfield, J., & Sprague, J., Intercity Relations and Globalisation: The Evolution of the Global Urban Hierarchy, 1981 –

2007, *Urban Studies*, 2010, 47 (9).

Barringer, B. R., Jones, F. F., & Neubaum, D. O., A Quantitative Content Analysis of the Characteristics of Rapid-growth Firms and their Founders, *Journal of Business Venturing*, 2004, 20 (5).

Bathelt, H., Buzz-and-Pipeline Dynamics: Towards a Knowledge-Based Multiplier Model of Clusters, *Geography Compass*, 2007, 1 (6).

Bathelt, H., Clusters and Knowledge: Local Buzz, Global Pipelines and the Process of Knowledge Creation, *Progress in Human Geography*, 2004, 28 (1).

Broekel, T., Hartog, M., Explaining the Structure of Inter-organizational Networks Using Exponential Random Graph Models, *Industry and Innovation*, 2013, 20 (3).

Brown, K. C., Wiles, K. W., In Search of Unicorns: Private IPOs and the Changing Markets for Private Equity Investments and Corporate Control, *Journal of Applied Corporate Finance*, 2015, 27 (3).

Capello, R., The City Network Paradigm: Measuring Urban Network Externalities, *Urban Studies*, 2000, 37 (11).

Chen, X., Zou, H., & Wang, D. T., How do New Ventures Grow? Firm Capabilities, Growth Strategies and Performance, *International Journal of Research in Marketing*, 2009, 26 (4).

Coad, A., Srhoj, S., Catching Gazelles with a Lasso: Big Data Techniques for the Prediction of High-growth Firms, *Small Business Economics: An Entrepreneurship Journal*, 2020, 55 (3).

Companys, Y. E., McMullen, J. S., Strategic Entrepreneurs at Work: The Nature, Discovery, and Exploitation of Entrepreneurial Opportunities, *Small Business Economics*, 2007, 28 (4).

Cooper, A. C., Strategic Management: New Ventures and Small Business, *Pergamon*, 1981, 14 (5).

Dai, L., Maksimov, V., Gilbert, B. A., & Fernhaber, S. A., Entrepreneurial Orientation and International Scope: The Differential Roles of Innovativeness, Proactiveness, and Risk-taking, *Journal of Business*

Venturing, 2014, 29 (4).

Derudder, B., Cao, Z., & Liu, X., et al. Changing Connectivities of Chinese Cities in the World City Network, 2010 – 2016, *Chinese Geographical Science*, 2018, 28 (2).

Derudder, B., Witlox, F., An Appraisal of the Use of Airline Data in Assessing the World City Network: A Research Note on Data, *Urban Studies*, 2005, 42 (12).

Evans, D. S., The Relationship between Firm Growth, Size, and Age: Estimates for 100 Manufacturing Industries, *The Journal of Industrial Economics*, 1987, 35 (4).

Hannah, D. P., Eisenhardt, K. M., How Firms Navigate Cooperation and Competition in Nascent Ecosystems, *Strategic Management Journal*, 2018, 39 (12).

Kadochnikov, S. M., & Fedyunina, A. A., High-skilled Interregional Migration and High-growth Firms in Russia, *Area Development and Policy*, 2018, 3 (2).

Kang, T., Baek, C., & Lee, J. D., R&D Activities for Becoming a High-growth Firm through Large Jumps: Evidence from Korean Manufacturing, *Asian Journal of Technology Innovation*, 2018, 26 (2).

Lasch, F., Beyond the Concept of Human and Social Capital: the Impact of the Regional Environment on High-tech Venturing, *Int. J. of Entrepreneurship and Small Business*, 2011, 14 (1).

Lee, K. S., Kang, D. Y., A Study on the Management Efficiency Analysis of IT high-growth Corporation: Using DEA, *Journal of Digital Convergence*, 2019, 17 (7).

Leonard-Barton, D., Core Capabilities and Core Rigidities: A Paradox in Managing New Product Development, *Strategic Management Journal*, 1992, 13.

Malizia, E., Motoyama, Y., Vibrant Centers as Locations for High-Growth Firms: An Analysis of Thirty U. S. Metropolitan Areas, *The Professional Geographer*, 2019, 71 (1).

Manuel, C., The Rise of the Network Society, Wiley-Blackwell, 2009.

Meijers E. J., Burger, M. J., & Hoogerbrugge, M. M., Borrowing Size in Networks of Cities: City Size, Network Connectivity and Metropolitan Functions in Europe, *Papers in Regional Science*, 2016, 95 (1).

Moore, J. F., Predators and Prey: a New Ecology of Competition, *Harvard Business Review*, 1993, 71 (3).

Moschella, D., Tamagni, F., & Yu, X., Persistent High-growth Firms in China's Manufacturing, *Springer US*, 2019, 52 (3).

Neal, Z. P., The Connected City: How Networks are Shaping the Modern Metropolis, London and New York: Routledge, 2013.

Oakey, R. P., Technical Entreprenenurship in High Technology Small Firms: some Observations on the Implications for Management, *Technovation*, 2003, 23 (8).

Pan, F., Bi, W., et al. Mapping Urban Networks through Inter-firm Service Relationships: The Case of China, *Urban Studies*, 2017, 54 (16).

Pan, F., Bi, W., & Liu, X., Sigler, T., Exploring Financial Centre Networks through Inter-urban Collaboration in High-end Financial Transactions in China, *Regional Studies*, 2020, 54 (2).

Peteraf, M. A., The Cornerstones of Competitive Advantage: A Resource-Based View, *Strategic Management Journal*, 1993, 14 (3).

Pflieger, G., Rozenblat, C., Urban Networks and Network Theory: the City as the Connector of Multiple Networks, *Urban Studies*, 2010, 47 (13).

Rasmussen, C. C., Ladegård, G., & Korhonen-Sande, S., Growth Intentions and Board Composition in High-Growth Firms, *Journal of Small Business Management*, 2018, 56 (4).

Robert, T. H., Sara, S., Regional Spread of High-growth Enterprises in New Zealand, *Australasian Journal of Regional Studies*, 2019, 25 (1).

Sassen, S., The Global City: New York, London, Tokyo, *Princeton. NJ*: Princeton, 1991.

Satterthwaite, S., Hamilton, R. T., High-growth Firms in New Zealand: Superstars or Shooting Stars?, *International Small Business Journal*, 2017, 35 (3).

Sleuwaegen, L., & Ramboer, S., Regional Competitiveness and High Growth Firms in the EU: the Creativity Premium, *Applied Economics*, 2020, 52 (22).

Taylor, P. J., Derudder, B., World City Network: A global Urban Analysis (2nd Edition), London, UK: Routledge, 2015.

Taylor, P. J., Hoyler, M., & Verbruggen, R., External Urban Relational Process: Introducing Central Flow Theory to Complement Central Place Theory, *Urban Studies*, 2010, 47 (13).

Taylor, P. J., Specification of the World City Network, *Geographical Analysis*, 2001, 33 (2).

Taylor, P. J., World City Network: A Global Urban Analysis, London and New York: Routledge, 2004.

Teece, D. J., A Dynamic Capabilities-based Entrepreneurial Theory of the Multinational Enterprise, *Journal of International Business Studies*, 2014, 45 (1).

Townsend, A. M., The Internet and the Rise of the New Network cities, 1969–1999, *Environment and planning B: Planning and Design*, 2002, 28 (1).

Trinh, Q. L., Becoming a High-growth Firm in a Developing Country: The Role of Co-funding, *Finance Research Letters*, 2019, 29.

Zhai, J., Jon, C., The Rise of the Chinese Unicorn: An Exploratory Study of Unicorn Companies in China, *Emerging Markets Finance and Trade*, 2019, 55 (15).

后　　记

回顾2020年，在中共南京市委宣传部的倾力支持下，依托南京市社会科学院，成立"高成长企业研究博士工作站"，聚焦高成长企业发展动态，为高成长企业的健康持续发展建言献策。2021年，江苏省人民政府研究室经济发展研究中心又授牌"江苏省高成长企业研究博士工作站"。工作站坚持"制度立站""研究兴站""人才强站"理念，关注并追踪高成长企业的发展情况、研究创新发展路径、探究企业空间拓展战略，对不同类型的高成长企业针对性地提出优化建议。2020年工作站完成并出版的《高成长企业发展研究报告——以南京为例》，得到了政府、企业和社会各界的广泛关注和积极认可。站在新的起点，2021年工作站不忘初心，将研究对象从南京市扩展至江苏省，基于江苏省高成长企业空间集聚与关联视角，继续问道高成长企业发展，形成高成长研究系列第二本书《高成长企业发展研究——江苏省高成长企业空间集聚与关联》。

回首过去一年时光，工作站成员互商互助、共同努力，从实地调研到倾力撰写，再到精细打磨，汇智汇力完成这本著作，欣喜之情溢于言表。感谢中共南京市委宣传部的鼎力支持，感谢南京市社会科学界联合会、南京市社会科学院、江苏省扬子江创新型城市研究院的领导对工作站一直以来的关心和支持。由衷感谢曹劲松研究员对工作站和课题组系统化的指导，感谢叶南客研究员、季文研究员等为本书提出诸多建设性意见。同时，中国社会科学院城市竞争力中心主任倪鹏飞教授为本书题序，《群众》杂志副主编李程骅教授，南京大学商学院范从来教授、张二震教授等，为工作站的建设和发展提出了很多宝贵的建议，课题组表示衷心感谢。感谢江苏省科技厅和江苏省生产力促进中心的支持，不仅为本书提供翔实的材料和数据，而且对课题思路、方法等诸多细节提出有价值的意见和建议。感谢南京市独角兽俱乐部汪建国、潘定国和林倩在企业调研中给予的诸多帮助和支持。

得益于各方面的支持与帮助，工作站快速发展壮大，目前已经吸纳30位高校和科研院所英才，他们以不同形式参与工作站的工作。本书的研究和撰写工作离不开课题组成员的集思广益和团队合作，郑琼洁、戴靓、姜卫民主要负责综合分析篇的撰写，李祎雯、魏尉、吴慧娟主要负责分类特征篇的撰写，郑琼洁、成凯负责城市专栏篇的撰写。李小坤、龚海侬、李文静、林惠姗、李钰、张文海等硕士生在企业空间数据查找、图表处理，戴靓和纪宇凡在本书数据处理、计算及绘图等方面投入了大量精力，做出了重要贡献。此外，王学凯、潘文轩、余杨、徐峰、宋胜帮、龚维进、王高凤等对本书的框架结构提出了建设性的意见。

毋庸置疑，本书仍存在诸多不足，敬请各位读者多加评点。值得欣喜的是，在高成长企业研究探索之路上，工作站又向前迈进了一步。能将高成长企业持续性地追踪下去，挖掘更多可借鉴的理论启示和发展逻辑是课题组研究的初心。前路多风雨，邀君共论道。创新无止境，成长以致远。课题组全体成员将继续在探寻高成长企业发展之路上砥砺前行！

高成长企业研究博士工作站课题组
2021年5月5日